사회복지실천기술론

사회복지 실천 기술론

Skills and Techniques for Social Work Practice

한현지 · 박지유 · 오승환 · 이송희 · 이용환 · 김우호 공저

동문사

사회복지실천기술론은 실천기술의 기초적이고 전반적인 내용에 있어서 사회복지 3대 방법론(개별사회사업, 집단사회사업, 지역사회조직론)을 중심으로 한 구체적 활동체계의 모든 분야를 총괄한다. 또한 사회복지실천기술은 일선의 사회복지사가 겪는 다양한 사회복지실천현장에서 그 지식을 활용하고 적용할 수 있도록 만들어 주는 매우 중요한 부분이다.

사회복지사들은 사회복지실천기술의 전문성에 대한 이해와 이러한 전문성을 뒷받침하는 주요 실천모델과 개입기술을 습득한다. 특히 사회복지실천에서 대상이 되는 개인, 가족, 집단, 지역사회의 특성과 욕구를 이해하며, 사례연구 및 역할연습을 통해 실천기술과 기법, 상담, 관찰, 기록, 지침 등을 실천대상에게 적용하고 평가하는 방법을 익히는 것이다.

이 책은 변화하는 사회현상에 맞게 일선 사회복지환경과 교육환경을 면밀히 고려하여 그 대상자인 클라이언트에게 실질적으로 도움을 주고 아울러 사회복지실천기술론이 사회복지사 자격을 취득하기 위한 국가시험 필수과목이자 사회복지방법론 교육을 위한 기초 과목이라는 점에서 사회복지실천기술을 좀 더 향상시키기 위한 사회복지실천기술 기본서가 되도록 내용을 구성하였다. 특히 사회복지 관련 대학에서 사회복지실천기술에 대해 강의하시는 교수와 학습하는 학생들이 쉽게 이해할 수 있도록 구성하였다.

한국사회복지교육협의회 사회복지학 교과목 지침서(2016)에는 사회복지실천기술론에 대한 교과목의 목표를 사회복지실천의 전문성에 대한 이해, 주요 사회복지실천모델과 개입기술에 대한 학습, 다양한 사회복지실천 수준에 대한 개입기술 및 기법에 대한 학습, 개입 과정기록과 평가방법에 대한 학습으로 명시하고 있다. 따라서 이 책은 기본적으로 위와 같은 지침서를 근거로 하여 교과목 목표와 내용을 충실하게 반영하여 총 13장으로 구성하였는데, 주요 내용은 다음과 같다.

제1장은 사회복지실천기술의 기초에 대하여 논의하였으며, 제2장은 사회복지실천의 기초 기술, 제3장은 사회복지실천과정과 주요 개입기술을 다루

었다. 제4장은 정신역동모델과 개입기술에 대하여 살펴보았으며, 제5장은 인지행동모델과 개입기술, 제6장은 해결중심모델과 개입기술을 다루었다. 제7장은 개인대상 사회복지실천기술을 제시하였고, 제8장은 가족대상 사회복지실천기술, 제9장은 집단대상 사회복지실천기술을 설명하였다. 제10장은 집단 발달 단계별 사회복지실천기술, 제11장은 지역사회복지실천 개념 및 기술, 제12장은 사회복지실천기록기술, 제13장은 사회복지실천평가기술을 다루고 있다.

이 책은 개별 클라이언트뿐만 아니라 가족과 소집단, 지역에 개입하기 위한 지식과 가치, 기술을 모두 포함하고 있으며, 사회복지실천현장에 적용하기 위한 보다 자세한 개입방법 등을 제시하고 있다. 따라서 이 책은 일반 사회복지교육에 필요한 실천 지식과 개입 기술, 기법 등을 충분히 다루고 있으므로 사회복지실천기술을 배우려는 학생들에게 유용할 것이다.

이 책에서 드러난 아쉽고 부족한 부분들에 대해서는 아낌없는 충고를 바라면서 앞으로도 사회적 욕구와 현실의 변화에 맞게 수정·보완을 위해 최선을 다하는 낮은 자세로 보답할 것을 다짐한다.

끝으로 바쁜 일정 가운데 학생들에게 좋은 교재의 완성을 위하여 집필에 애써 주신 집필진에게 감사의 말씀을 드리며, 이 책의 발간을 위해 적극 지원해 주시고 수고해 주신 도서출판 동문사 이중수 사장님과 임직원에게 감사드린다.

2020년 2월

저자 일동

차 례

Contents

CHAPTER 10 집단 발달 단계별 사회복지실천기술

CHAPTER 11 지역사회복지실천 개념 및 기술

CHAPTER 12 사회복지실천기록기술

CHAPTER 13 사회복지실천평가기술

01
CHAPTER

사회복지실천기술의 기초

01 사회복지실천

1) 개념

사회복지(social welfare)는 인간의 삶의 영위에서 기회와 역할 기회를 제공하는 공평한 사회(equal opportunity), 결핍과 폭력의 탈피에 의한 안전 제공 사회, 경제적으로 생산적인 사회 구현을 추구한다(NASW, 1995). 따라서 사회복지는 실천학문적 성격이 강하므로 인간이 살아가는 현장에 적용되어 활동하고 움직이지 않는다면 사회복지라고 할 수 없다.

사회복지학에서 하나의 방법 또는 접근 노력으로서 사회복지란 모든 국민을 대상으로 하는 제도와 전문 사회복지실천활동이다. 따라서 사회복지실천은 사회복지사가 클라이언트의 욕구와 문제해결을 돕기 위해 일정한 개입 목표와 과정을 통해 활동하는 것이다.

사회복지실천이라는 말은 사회복지 사업법 시행령 및 시행규칙 개정 당시인 1998년에 한국사회복지사협회가 사회복지사업법의 개정과 더불어 2003년부터 사회복지사 자격취득 국가고시제도를 도입하게 되었다. 이로 인하여 과거의 대학교육의 교과목 명칭 중 개별사회사업과 집단사회사업이 없어지고, 사회복지실천론과 사회복지실천기술론으로 변경한 2000년부터 사회복지실천이라는 말을 공식적으로 사용하게 되었다(김주연, 2007).

사회복지실천에 대한 개념은 개인의 사회기능을 유지 또는 증진시킬 의도로 사회적 개입을 하는 것으로, 개인의 문제해결 능력과 대처 능력을 향상시키고 사람들의 자원과 서비스 기회를 제공하는 체계와 연결시키며, 사회정책의 개발과 발전에도 기여한다. 또한 빈곤과 고난을 경감시킬 목적으로 사회가 공공 또는 민간의 형태로 비영리적인 서비스 기능을 하는 것이다(Doloff et al., 1997). 사회복지사가 클라이언트의 욕구와 문제해결을 돕기 위해 일정한 개입 목표와 과정을 통해 활동하는 것이다. 사회복지실천영역은 개인, 가족, 집단, 지역사회 조직과 제도 등 사회적 단위가 포함될 수 있다.

사회복지실천은 한 마디로 목적지향적이며, 시간제한적인 활동으로 사회복지사가 사회복지전문직의 개입을 필요로 하는 모든 현장에서 전문적 도움을 필요로 하는 사람들을 직접 만나 전문적인 서비스를 제공하는 활동이다.

사회복지실천기술론에서 사회복지실천의 목적을 살펴보면, 첫째, 개인과 집단으로 하여금 그와 환경 간에 불균형 상태가 일어났을 때 문제를 정확히 발견하여 그 정도를 경감, 해결할 수 있도록 도와주는 것이다. 둘째, 개인, 집단과 그 환경 간의 상호작용과정에서 발생할 수 있는 잠재적인 문제를 확인함으로써 양자 간에 불균형 상태가 발생하는 것을 사정에 예방하는 것이다. 셋째, 개인, 집단, 지역사회 내의 잠재력을 찾아내고 확인하여 이를 강화시키는 것이다.

또한 사회복지실천의 목표를 살펴보면, 첫째, 사람들의 문제해결, 대처 그리고 발달적인 능력을 신장시키는 것이다. 둘째, 사람들에게 자원과 서비스와 기회를 제공해주는 체계와 연결시켜 주는 것이다. 셋째, 사람들에게 자원과 서비스를 제공해주는 체계의 작동을 효과적이고 인간적으로 해주는 것이다. 넷째, 사회정책을 개발, 개선하는 것이다. 다섯째, 위험에 처한 집단에게 권능을 부여하며, 사회적, 경제적 정의를 증진시키는 것이다. 여섯째, 전문적인 지식과 기술을 개발하고 검증하는 것이다.

한편 리치몬드(Richmond, 1922)는 사회복지실천을 개인 대 개인 및 인간과 사회환경 간에 적응하는 능력을 갖도록 성격을 발달시키는 과정이라고 정의하였다. 셰퍼(Sheafor, 1998) 외는 전문적 지식과 개입기법을 활용할 수 있는 능력이다. 따라서 사회복지사가 이론적인 지식을 기반으로 해서 클라이언트의 삶의 질을 높이기 위해서 요구되는 변화를 강점에 기초해 이끌어내는 과정에 요구되는 모든 지식과 가치를 체계적으로 적용할 수 있는 능력을 의미한다.

사회복지는 사회문제의 원인 및 완화에 관한 지식이 기반이 되는 실천적 학문으로서 김경우 외(2013)는 사회복지실천의 주요 개념 및 특성은 다음과 같다.

첫째, 모든 사람들의 삶의 질 개선에 목적을 두고 있다.

둘째, 개인, 가족, 집단, 조직 및 지역사회 등 상호연관성을 지닌 다양한 수준의 인구 집단들을 대상으로 한다.

셋째, 초점은 인간과 환경, 즉 인간과 환경의 상호관계에 있다.

넷째, 인간의 사회적 기능 향상을 위해서는 환경의 개선이 필요하다.

다섯째, 인간의 존엄, 개별화 및 자기결정의 가치 등 인도주의 이념을 전개한다. 사회복지실천에 대한 이해는 사회복지실천현장의 다양한 상황을 바탕으로 사회복지사가 펼치는 실체 활동에 초점을 두고 이루어져야 할 것이다.

02 사회복지실천기술

1) 의미

사회복지실천은 사회복지사들이 수행하는 모든 활동을 포함하고 있으며, 그 실천에서 각기 다른 상황에 적용하는 다양한 기술이 필요하기 때문에 특정 상황에 적절한 기술을 선택하고 활용하는 능력이 요구되는 것이다. 이로 인해 사회복지실천기술은 사회복지실천의 예술적 측면으로 이해가 되고 있다.

사회복지사는 다양한 이론적 이해를 바탕으로 사회복지실천의 목표달성 과정을 촉진하기 위한 실천기술을 도입 활용하는 것이다. 사회복지실천기술은 사회복지실천이론을 사회복지현장에서 적용하여 지역사회에 거주하고 있는 클라이언트의 삶을 유용하도록 하는 수단 혹은 이러한 목적을 위한 방법이나 능력을 의미하는 것이다.

즉, 사회복지실천기술은 사회복지실천에서 한 가지 기술만 필요한 것이 아니라 상이한 상황에 적용할 수 있는 다양한 기술이 필요하다.

메럴스(Morales, 1998)와 셰퍼(Sheafor, 1998)에 따르면 사회복지실천기술이란 사회복지실천기술을 특수한 상황에 적절한 기법의 선택과 효과적인 활용할 수 있는 능력을 의미한다.

존슨(Johnson, 1995)은 사회복지실천기술을 관심과 욕구에 맞추어 지식과 가치를 행동으로 진화하는 사회복지실천의 구성요소로 보고 특정 목표나 활동을 향한 복잡한 행위체제로 보았다.

모랄레스와 셰퍼(Morales & Sheafor, 1997)는 '지식과 개입기법을 효과적으로 사용할 수 있는 능력'이라고 정의하였다.

베어(Baer)와 페드리코(Federico, 1978)는 사회복지실천기술요소를 정보수집과 사정, 전문적 자기개발과 활용, 개인 가족 및 지역사회의 실천 활동, 평가의 네 가지 영역으로 구분하였다.

이처럼 사회복지사는 다양한 상황에 있는 클라이언트를 대상으로 그들의 욕구나 문제를 해결하기 위해 원조를 하게 되며, 이러한 원조과정은 다양한 이론적 이해와 실천기술을 필요로 한다.

미국사회복지교육협의회에서는

첫째, **인지적 기술**: 상황 속의 사람을 생각하고 사람과 상황에 관한 이해 및 활용해야 할 지식을 명백히 하고, 중재를 위한 계획을 수립하여 평가를 수행하는데 사용되는 기술

둘째, **상호작용 기술 및 관계적 기술**: 개인, 가족, 집단 및 지역사회와 함께 일하는데 이해를 전달하고, 개발하는데 함께 계획을 수립하고 행동계획을 평가하기 위해서 사용되는 기술

로 정의하였다.

사회복지실천기술에 대한 이해는 클라이언트와의 관계에서 사회복지실천의 가치와 지식에 기초하여 클라이언트와 관계된 특별한 상황의 변화를 위하여 심리사회적 개입을 할 수 있는 사회복지사의 능력을 의미한다.

사회복지실천에서 특수한 기법에서의 선택은 가장 유용한 지식을 이용하되 그것이 사회복지실천의 가치와 양립할 수 있는지 주의 깊게 관찰하는 의식적인 노력에 근거한다. 사회복지사는 유용한 지식과 가치를 충분히 고려한 후에 기술을 사용한다.

트레비식(Trevithick, 2000)은 사회복지실천을 위한 50가지 일반적 실천과 개입기술들을 **표 1-1**과 같이 제시하였다(고명수 외, 2019).

표 1-1 사회복지실천을 위한 50가지 핵심기술

면접 계획 및 준비	설득 및 지시하기
라포 형성 및 관계 수립	구체적, 물질적 원조 제공하기
환영기술	지지제공하기
감정이입과 동정	케어제공하기
자기인식과 직관의 역할	모델링 및 사회기술훈련
개방형 질문	재구조화
폐쇄형 질문	해석제공하기
'무엇'을 묻는 질문	적응
순환형 질문	상담기술
다른 말로 바꾸어 하기	불안억제
명확화 하기	임파워먼트와 인애블링기술
요약하기	협상기술
피드백 주고받기	계약기술
인터뷰의 요지와 목적 고수하기	연계망기술
촉구하기	파트너십 갖고 일하기
탐색하기	중재기술
침묵을 허용하고 활용하기	옹호기술
자기노출하기	주장기술
인터뷰 종결하기	도전과 직면
케이스를 종료하고 관계를 종결하기	적대감, 공격성, 폭력 다루기
조언하기	보호제공 및 통제하기
설명하기	전문적 경계 관리하기
격려와 확증 제공하기	기록유지기술
재보증하기	반성적이고 효과적인 실천
	슈퍼비전을 창조적으로 활용하기

03 사회복지전문직의 자기성찰

1) 자기성찰

모든 사람이 개인적인 능력의 신장이나 환경과의 보다 나은 상호작용을 통하여 만족을 경험할 수 있도록 개인, 가족, 집단, 지역사회를 도와주는 전문적인 활동이나 서비스를 제공하는 자가 사회복지실천가이다. 사회복지실천에서 사회복지사는 자신을 무엇보다도 중요한 도구로 활용 준비를 해야 할 것이다.

사회복지사는 원조과정에서 바람직한 변화를 가능하게 하는 가장 중요한 변화매개체로써 사회복지사의 자기성찰은 사회복지실천의 교육 및 훈련과정에 중요한 부분, 즉 사회복지사의 선입견, 편견, 자신의 경험 등을 이해해야 한다. 클라이언트에게 서비스를 제공하는데 있어서 사회복지사들의 업무능력 향상과 필요 이상으로 그들에게 개입하는 것을 예방하며, 전문적인 관계를 형성하며, 사회복지사의 주변 상황 파악, 타인의 수용, 비차별적, 비심판적 행동과 태도, 자기주장, 자기통제, 직관력, 자기노출, 전문적인 경계선 유지하기 등은 사회복지사의 자기성찰이다.

사회복지사의 자기성찰에 있어서 필요한 요소를 살펴보면 다음과 같다.

첫째, **사회복지사의 주변 상황 파악**: 클라이언트의 생태도이다. 개인의 주변 생활환경이 어떠한가를 파악하는 도구로 활용되고 있다.

둘째, **타인의 수용**: 사회복지사 자신의 경험, 즉 자신의 장점, 단점이 어떻게 클라이언트에게 전이될 수 있을 것인가에 대한 생각이라 할 수 있다.

셋째, **비차별적, 비심판적 행동과 태도** : 인간에 대한 기본적인 존엄성의 가치를 인정하고, 인격체로서 클라이언트를 존중하는 것에서 시작된다.

넷째, **자기주장** : 사회복지사 자신이 갖고 있는 지식, 의견, 감정 등을 자신의 권리와 타인의 권리를 모두 존중하면서 표현한다.

다섯째, **자기통제** : 자신의 말, 행동, 감정 등을 적절하게 조절하는 것을 의미하며, 적절한 언어, 목소리, 행동, 제스처, 표정 등을 신중하게 선택할 필요가 있다.

여섯째, **직관력** : 의사소통과정에 있어서 비언어적 표현을 정확하게 파악하는 것이며, 사회복지사가 생각, 본능적인 반응이나 느낌, 인상, 통찰력 충동 혹은 추측으로부터 오는 여러 가지 막역한 의사소통의 형태를 이해한다.

일곱째, **자기노출** : 사회복지사가 자신에 대한 고찰과 경험, 역사를 활용하여 특정 상황에 효과적인 행동을 취하고자 할 때 활용하는 기술을 말한다.

여덟째, **전문적인 경계선 유지** : 전문 역할과 그렇지 않은 것을 구분, 분명한 경계선을 긋는 데 유용한 점이 있다.

- 사회복지사는 자신의 역할, 업무, 책임을 분명하게 규정하여 그 이외의 영역에는 관여하지 않는다.
- 사회복지사는 시간과 자원을 효율적으로 활용하여 업무의 목적과 계약을 분명히 할 수 있다.

04 사회복지전문직의 가치와 윤리

1) 가치

사회복지실천현장에서 사회복지사는 거의 매일 윤리적 상황을 결정해야 하는 상황에 직면하게 된다. 이러한 윤리적 상황 결정은 사회복지의 가치 기준과 사회복지사 윤리강령, 사회복지사 개인의 가치에 의해 영향을 받는다.

윤리, 규범, 도덕 등과 혼용되지만 가치와 윤리는 서로 구별되는 특징이 있다. 여기서 사회사업 실천의 3대 중심축의 하나인 가치는 지식과 기술이 함께 하는 것이다.

로웬버그(Lowenberg)는 가치를 믿음과 같은 것으로 좋고 바람직한 것에 대한 지침이며, 적합한 행동을 선택하는 지침으로 정의하고 있다(양옥경, 2000). 즉, 객관적으로 증명할 수 없고, 주관적으로 선호하는 것으로 인간의 적절한 행동을 선택하는데 있어서 지침이나 기준이 된다.

사회복지사의 전문직의 가치와 사회의 가치는 그 강조점과 해석, 우선순위에서 차이가 있지만, 사회의 가치는 일반적으로 전문적인 윤리적 행동을 위한 지침을 제공하기 때문이다. 또한 사회복지사들은 윤리적 결정과정에서 자신의 개인적 가치를 명료화하기 위한 노력에 필수적이어야 하는데(서미경 외, 2000). 이것은 사회복지사가 가져야 하는 믿음이나 신념을 의미한다. 사회복지윤리에서 레비(Levy, 1976)는 시행하는 데 있어서 가치 행동의 비공식적 인정에 의해 또는 전문직과 관련된 공식적 행동에 의해 사회복지사가 합의적으로 채택하는 가치의 행동적 차원이라고 하였다. 그리고 사회복지전문직의 윤리는 전문인으로서 행하거나 지켜야 할 도리이며, 전문직의 행동 기준과 원칙이 되는 것이다(문인숙, 1991; 송진옥, 2000 재인용).

여기서 윤리는 "사람이 사회적 관계에 있어서 사람으로서 마땅히 행하거나 지켜야 할 도리이다. 또한 전문직 윤리는 사회복지사가 자신의 전문적 가치를 실천적 행동으로 전환하도록 돕는 지침이 되고, 전문가 윤리강령이란 사회복지사에게 기대되는 윤리적 행동을 찾아내어 이를 기술한 것이다 (서미경 외, 2000).

사회복지전문직에 대한 전문성 문제가 제기되면서, 사회복지사들의 직업에 대한 윤리와 가치의 중요성 또한 제기되었고, 사회복지사의 직업윤리와 가치에 대한 지침서로서 "한국사회복지사 윤리강령"이 있다.

한국사회복지사 윤리강령은 미국사회복지사협회(NASW)의 사회사업윤리강령에 기초하며 1992년 한국사회복지사협회가 제정, 공포하여 현재까지 지침으로 활용되고 있다. 한국사회복지사 윤리강령의 중요 내용은 '모든 인간은 인간이라는 점에서 동등한 자격이 있다'라는 생각으로 인류의 공존을 꾀하고 복지를 실현하려는 박애적인 사상인 '인도주의'와 '민주주의 이념'

을 실현하는 데에 윤리강령의 기본 이념을 같이 하고 있다. 따라서 사회복지사는 특정 사례와 관련하여 윤리적, 법적 책임 간에 갈등이 없을 경우, 이 윤리강령에 명시된 적절한 의무를 따라야 한다. 그러나 사회복지실천의 윤리원칙이 배타적인 경우가 발생할 때, 실천현장의 경험이 있는 사회복지사 개인이 사회복지의 가치와 다양한 윤리적 측면을 고려하여 서비스 이용자의 권익을 우선으로 하는 신중한 결정을 내려야 한다(손광훈, 2011).

사회복지실천에서 본질적 4대 요소에는 자립/의존에 대한 가치, 책임/권리에 대한 가치, 도움을 주고받는 것에 대한 가치, 융통성과 준법성에 대한 가치가 있다.

사회복지의 기본 가치는 사회복지전문가로서 사회복지사가 클라이언트를 원조함에 있어서 어떠한 생각을 갖는 것이 바람직하며 문제를 해결함에 있어 어떻게 처리를 하는 것이 바람직한 것인 판단하는 것, 사회복지실천에 있어 전문직의 가치는 다양한 형태로써 개인의 존엄성과 독특성에 대한 존중, 자기결정의 원리, 사회적 평등성의 원리, 개인의 복지에 대한 사회와 개인의 공통 책임이다.

사회복지전문직의 가치 범위에서 레비(Levy)는 가치란 '사람을 다루는 적절한 방법에 대해 전문직으로 갖고 있는 신념'이라고 말한바 있다.

레비(Levy)는 실천 가치에 우선하는 사회복지전문직의 가치를 첫째, 사람우선가치, 둘째 결과우선가치, 셋째, 수단우선가치 등 3가지로 구분하였다.

사회복지실천에서의 가치 갈등문제는 사회복지사는 다양한 가치관과 개인으로서 또한 전문가로서 자기 자신의 가치관을 명료하게 인식, 자신의 가치관이 형성된 배경, 자신의 가치관에서 비롯된 행동과 결정, 자신의 가치관이 타인에게 미치는 영향 등을 지속적으로 검토하고 확인하는 것이다.

2) 윤리

사회복지실천의 윤리에서 가치 문제를 중요하게 다루는 것은 사회복지사의 가치에서 윤리적 원칙들이 나오기 때문이다.

윤리의 의미는 판단이다. 어떤 행동의 옳고 그름에 대한 판단이다. 가치에서 비롯되나 무엇이 옳고 그른가를 판단하여 주는 도덕적 지침이다.

사회복지사가 갖추어야 할 윤리적 결정의 출발은 사회복지실천을 규정하는 윤리강령과 법을 주지하고 준수하는 것에서부터 시작이다.

사회복지사가 가져야 하는 판단 의미를 살펴보면 사회복지실천에서의 윤리적 문제, 즉 자율성, 선행, 무해성, 공정성, 엄수, 정직이다.

우리나라는 사회복지사 윤리강령을 1973년 윤리강령 초안 결의, 1982년 한국사회사업과 윤리강령 제정, 2001년 공포 현재까지 활용되고 있다.

클라이언트와 사회복지사의 원조 관계에서 윤리적 지침을 살펴보면 다음과 같다.

첫째, **비밀보장**: 사회복지사가 비밀보장을 유지하는 원칙에 대해 몇 가지 예외가 되는 것은 아동학대, 노인학대, 살인, 자살의 위기상황의 경우 사회복지사는 법률에 의거하여 비밀을 공유할 것, 공공의 위험이 발생한다면 개인의 보호특권은 끝나게 된다.

둘째, **자기인식**: 자신의 강점과 한계를 알아가는 것은 훌륭한 사회복지사가 되어가는 것이다.

셋째, **다양성에 대한 존중**: 가치 있는 인간이기에 클라이언트를 존중할 수 있어야 한다.

넷째, **이해상충**: 사회복지사의 이익이 도움을 찾는 사람의 이익과 상충되는 것이다.

다섯째, **경계를 유지하기**: 공과 사를 구별해야 한다.

여섯째, **객관성**: 편견이나 왜곡 없이 상황과 사람을 이해하는 능력을 갖추어야 한다.

사회복지사의 윤리적 의사결정 실천에서 원칙들을 서열화하는 것이다.

로웬버그(Loewenberg)와 돌고프(Dolgoff)의 윤리원칙 준거 틀을 살펴보면 첫째, 생명보호의 원칙이다. 즉, 인간의 생명보호가 모든 다른 것에 우선한다. 둘째, 평등 불평등의 원칙이다. 즉, 능력이나 권력이 같은 사람들은 똑같이 취급받을 권리가 있고, 능력이나 권력이 다른 사람들은 다르게 취급받을 권리가 있다. 셋째, 자율성과 자유의 원칙이다. 즉, 클라이언트의 자율성과 독립성 그리고 자유는 중시되나 무제한적인 것은 아니라는 것으로서, 자신이나 타인의 생명을 위협하거나 학대할 권리가 없다. 넷째, 최소해악의 원칙이다. 선택 가능한 대안이 다 유해할 때 가장 최소한으로 유해한 것을 선택해야 한다. 다섯째, 삶의 질 원칙이다. 지역사회는 물론이고 개인과 모든 사람의 삶의 질을 좀 더 증진시킬 수 있는 것을 선택한다. 여섯째, 사생활 보호와 비밀보장의 원칙이다. 사회복지사가 클라이언트에 대해서 알게 된 사실을 다른 사람에게 공개해서는 안 된다. 일곱째, 진실성과 정보개방의 원칙이다. 클라이언트와 여타의 관련된 당사자에게 오직 진실만을 이야기하며 모든 관련 정보를 완전히 공개해야 한다.

3) 사회복지사의 역할과 기능

사회복지사는 많은 역할 중에서 한 가지 역할을 수행하기도 하지만, 여러 역할을 수행할 가능성이 많다. 어떤 실천적 역할이든 여러 가지 특징적 기능을 수행하도록 요구된다(Sheafor et al., 1997).

사회복지사의 역할과 기능을 셰퍼(Sheafor) 외(1997)는 다음과 같이 소개하였다.

① **중개자의 역할**: 복지대상자를 적절한 인간 서비스와 자원에 연결하는 사회복지사를 말한다.

② **옹호자의 역할**: 복지대상자가 자원과 서비스를 받을 권리를 유지하도록 돕거나 복지대상자나 복지대상자 집단에게 부정적 효과를 주는 프로그램과 정책을 변화시키는 운동을 적극적으로 지지하는 사회복지사를 말한다.

③ **교사의 역할**: 복지대상자가 문제를 예방하거나 사회적 기능을 향상시키는데 필요한 지식과 기술을 갖추도록 준비하는 사회복지사를 말한다.

④ **상담가 혹은 임상가의 역할**: 사회복지사가 자신의 감정을 보다 잘 이해하고, 행동을 수정하며, 문제 상황에 대처하기 위해 학습하도록 그들의 사회적 기능수행능력을 향상시키도록 돕는 사회복지사를 말한다.

⑤ **사례관리자의 역할**: 복지대상자를 적합한 서비스에 연결하고 그런 서비스를 활용하도록 조정하는 과정에서 개인과 가족에게 서비스를 지속적으로 제공하는 사회복지사를 말한다.

⑥ **업무량 관리자의 역할**: 복지대상자에게 가장 효율적으로 서비스를 제공하고, 고용된 조직에 책임을 지기 위해 업무량을 관리하는 사회복지사를 말한다.

⑦ **직업개발자의 역할**: 훈련, 슈퍼비전 그리고 인사관리를 통해 기관직원의 전문적 개발을 촉진시키는 사회복지사를 말한다.

⑧ **행정가의 역할**: 인간 서비스조직에서 정책 서비스 프로그램을 계획하고, 개발하며, 수행하는 사회복지사를 말한다.

⑨ **사회변화 대행자의 역할**: 지역사회 프로그램과 삶의 질을 향상시키는 영역을 확인하고, 변화나 새로운 자원 획득을 옹호하기 위해 이익집단을 동원하는데 참여하는 사회복지사를 말한다.

⑩ **전문가의 역할**: 유능하고 윤리적인 사회복지실천에 참여하고 사회복지전문직의 발전에 기여하는 사회복지사를 말한다.

사회복지사는 자신이 속한 실천현장에서 자신에게 맡겨진 업무를 효과적으로 처리하기 위해서는, 사회복지사의 역할과 관련 있는 기본적인 직무상의 기능역할에 능숙해야 한다.

02
CHAPTER

사회복지실천의 기초 기술

01 관계형성기술

1) 특성

사회복지사와 클라이언트가 좋은 관계를 형성하는 것은 변화를 가져오기 위한 필수조건이며, 도움을 제공하기 위한 첫 단계이다. 이러한 관계형성이란 클라이언트를 원조하는 과정에 효율적으로 참여시키기 위한 사회복지사와의 관계이다.

관계형성의 중요성에서 좋은 관계형성을 위해서 사회복지사는 개방적, 정직, 비심판적, 신뢰감이 형성되어 있어야 한다.

사회복지사와 클라이언트는 분명한 목적을 가지고, 제한된 시간 내에 소통하는 특수한 관계를 형성한다. 또한 이러한 특수한 관계는 사회복지사가 클라이언트와의 좋은 원조관계는 물론 문제해결과정을 촉진시켜 목표를 빨리 달성할 수 있고, 이런 좋은 원조관계 형성은 매우 긍정적이며 진솔한 상호작용 속에서 발생하기 때문이다.

밀러(Miller, 1976)의 성공적 전문적인 관계가 형성되면 좋은 점을 살펴보면

첫째, 문제해결과정에 생기와 활력을 불어넣어 준다.
둘째, 임파워먼트 느낌과 행동을 취할 수 있는 느낌이다.
셋째, 모두 자신과 타인에 대한 이해의 폭이 넓어진다.
넷째, 자신감과 능력을 향상시킬 수 있다.
다섯째, 관계형성 욕구가 이전보다 강해진다.

원조관계의 기반을 보면 먼저 사회복지사의 능력에 관한 신념이다. 사회복지사는 강한 자긍심을 가지고 자신의 전문성과 지식에 대한 존중을 기대해야 한다.

다음은 클라이언트 능력에 관한 신념이다. 클라이언트가 변화할 수 있는

능력을 믿어야 할 것이다. 그리고 클라이언트의 존엄성에 관한 신념이 있어야 한다. 클라이언트가 존중받고 있다는 느낌을 주어야 한다.

전문적 원조관계의 기본 요소를 살펴보면 다음과 같다.

첫째, **타인에 대한 관심**: 다정함, 진심에서 우러나오는 호감, 친절, 지지를 나타내는 태도와 클라이언트에 대한 흥미가 있어야 한다.

둘째, **헌신과 의무**: 원조 상황에 대한 책임감으로 신뢰성과 일관성도 관련된다. 사회복지사는 고통과 즐거움, 좌절과 헌신이 수반되는 타인의 세계로 들어가려는 의지가 있어야 한다.

셋째, **수용**: 클라이언트에 대한 현실적인 신뢰와 클라이언트의 감정에 대한 존중뿐 아니라 클라이언트에 대해 비심판적이고 비난하지 않는 사회복지사의 태도를 말한다.

넷째, **공감**: 사회복지사가 클라이언트에게 관심이 있으며, 클라이언트가 인식하고 있는 것을 알고, 클라이언트를 이해하고자 하며, 경청하고, 이해하고 있음을 클라이언트에게 전하는 능력을 말한다.

다섯째, **명확한 의사소통**: 클라이언트에게 보내는 메시지를 클라이언트가 충분히 이해할 수 있도록 의사소통하는 능력을 말한다.

여섯째, **진실성**: 사회복지사 자신과 감정에 대한 정직성, 사회복지사의 경험 및 감정을 클라이언트의 경험 및 감정과 분리하는 능력을 말한다.

일곱째, **권위와 권한**: 사회복지사는 클라이언트가 자신의 문제 상황을 해결하기를 기대하므로 스스로에 대한 책임을 갖고 최선을 다해 노력해야 한다.

2) 관계형성기술의 전제조건

사회복지사와 클라이언트의 관계형성기술에 있어서 전제조건으로는 먼저 자기인식이다. 자기인식은 자신에 대한 이해와 함께 사회복지 관련 기술, 지식, 가치 및 개인적 경험을 의도적으로 활용하여 자신의 업무를 효과적으로 향상시키는 원동력이다. 또한 자기인식은 사회복지사가 필요 이상으로 클라이언트에게 개입하는 것을 예방할 수 있으며, 클라이언트와 전문적인 관계를 형성할 수 있다.

바이스텍(Biestek, 1973)은 사회복지실천 관계의 기본 원칙에서 사회복지사와 클라이언트 간의 원조관계의 기본 원칙을 개별화, 의도적인 감정표현, 통제된 정서적 관여, 수용, 비심판적 태도, 클라이언트의 자기결정, 비밀보장 등 7가지를 제시하였다.

첫째, **개별화**(individualization)

클라이언트는 자신과 자신이 가지고 있는 문제를 어떤 사례나 유형, 범주로 취급받기보다는 자신만이 개별적인 욕구를 지닌 존재로 대우받기를 원한다.

둘째, **의도적인 감정표현**(purposive expression of feeling)

클라이언트는 자신의 감정을 표현하고 싶은 욕구를 가지고 있다. 즉, 긍정적인 감정과 함께 부정적인 감정도 표현하기를 원하므로, 사회복지사는 클라이언트의 감정을 자유롭게 표현하도록 도와야 한다.

셋째, **통제된 정서적 관여**(controlled emotional response)

클라이언트는 자신의 의존적인 상태, 약점, 실패에도 불구하고 가치 있는 사람이며, 존엄성을 지닌 사람으로 받아들이기 바라는 욕구가 있으므로 사회복지사는 자신의 감정이 어떻든 간에 클라이언트의 감정에 민감성과 이해로써 반응하여야 한다.

넷째, **수용**(acceptance)

클라이언트는 자기가 겉으로 표현하는 감정에 대해 사회복지사로부터 공감적인 이해와 반응을 얻으려는 욕구가 있으므로, 사회복지사는 클라이언트를 있는 그대로 인정하고 받아들여야 한다.

다섯째, **비심판적 태도**(non judgemental attitude)

클라이언트는 자신이 처한 어려움이나 문제 상황에 대하여 사회복지사로부터 심판이나 비난을 받고 싶지 않는 욕구가 있으므로 클라이언트를 비심판적인 태도로 대해야 한다.

여섯째, **자기 결정권**(self-determination)

클라이언트는 자신의 삶과 생활에 관한 선택과 결정을 스스로 하고 싶은 욕구가 있으므로, 사회복지사는 클라이언트의 자기결정권을 최대한 존중해 줘야 한다.

일곱째, **비밀보장**(confidentiality)

클라이언트는 자신에 관한 비밀스런 내용 및 정보가 가능한 다른 사람에게 알려지지 않기를 바라므로, 사회복지사는 실천과정에서 알게 된 클라이언트의 비밀을 보장해야 한다.

02 의사소통기술

1) 개념

사회복지사와 클라이언트 간의 중요한 도구이며, 통로가 되는 의사소통은 자신이 전하고자 하는 어떤 정보를 상대방에게 전달하는 과정이면서 타인이 표현하는 생각과 감정을 정확히 받아들이는 것이다.

의사소통기술은 그러한 과정을 보다 원활하게 만드는 수단이며, 사회복지사가 클라이언트와 관계를 맺는데 사용되는 가장 중요한 수단이다.

사회복지의 실천과정에서 기본적 의사소통기술을 살펴보면 다음과 같다.

첫째, 언어적 의사소통

- 사회복지실천에서 훌륭한 의사소통을 위한 태도는 ① 문제를 최소화하려는 자세, ② 효율적으로 표현하고자 하는 의지, ③ 자신의 방어를 줄이고자 하는 의지, ④ 주의 깊게 들으려 하는 의지, ⑤ 책임지고자 하는 의지, ⑥ 충분한 시간을 가지려는 의지 등이 있다.
- 메시지를 전달할 때 규칙은 ① 명확하고 단순한 말 사용, 분명하고 너

무 빠르지 않게 함, ② 당신의 몸짓에 주의, ③ 너무 많은 정보로 수신자를 압도하지 않음, ④ 질문이나 코멘트 등 피드백 요구이다.

둘째, 비언어적 의사소통

- 비언어적 의사소통은 의식적인 통제가 덜한 상태에서 이루어지기 때문에 대화자 간의 좀 더 솔직한 의사소통이 이루어지고 있다. 비언어적 의사소통기술의 구체적인 기법을 살펴보면 ① 눈맞춤: 중요한 의사소통 수단, ② 얼굴표정: 효과적인 의사소통 수단, ③ 목소리의 어조: 감정을 나타내는 수단, ④ 손과 팔 등의 몸동작: 중요한 의사소통 수단, ⑤ 몸의 자세: 정중하게 대하는 수단, ⑥ 옷차림과 외모: 비언어적 의사소통의 중요한 수단이다.

셋째, 효과적인 의사소통기술

- 메시지를 계획하는 기술에는 ① 어느 정도의 시간을 메시지 전달에 사용하겠는가, ② 메시지의 핵심적인 내용은 무엇인가, ③ 어떻게 조직할 것인가, ④ 언제, 어디서 관심을 잘 기울일 것인가, ⑤ 신뢰성과 지위를 가지고 있는가? 더욱 효과적일 것인가이다.
- 자신을 소개하는 기술에는 사회복지사 자신이 누구인지, 역할이 무엇인가를 간단하게 소개한다.
- 의사소통의 목적을 설명하는 기술에서는 메시지를 적절한 맥락에서 파악한다.
  - 비언어적 의사소통을 따라가는 기술은 메시지를 혼란스러워하거나 곤란한 표정일 때 하는 기술이다.
  - 메시지를 수신 확인하는 기술에서는 정확하게 받아들였는지를 확인해야 한다.
  - 자신의 메시지 수신을 확인하는 기술에서는 반복해서 질문을 사용해야 한다.
  - 질문에 응답하는 기술에서는 질문의 내용을 정확하게 듣는 것이 중요하다.

- 단어의 의미를 확인하는 기술에서는 같은 의미로 생각하고 있는가를 확인한다.

사회복지의 실천과정에서 표현적 의사소통기술은 다음과 같다.

첫째, **역할 및 기대의 명료화**

- 자신의 관점에서 역할을 명료하게 설명하며, 기대감을 분명하게 함으로써 염려를 줄일 수 있도록 도와준다.

둘째, **초점화**

- 어떤 부분을 강조하거나 집중시킬 때 사용한다.

셋째, **부분화**

- 문제를 여러 개의 작은 부분으로 나누어 초점화한다.

넷째, **정보공유**

- 현재 상황과 관련 있는 정보를 적절하게 제공한다.

다섯째, **직면**

- 클라이언트의 자기 인식을 증진시키고 변화를 촉진하는 기술, 말과 행동 사이에 불일치하거나 모순일 때 지적한다.

03 상담면접기술

1) 의의

면접은 사회복지실천의 중요한 수단이며, 클라이언트와의 대화 이상의 것이라 할 수 있다. 사회복지사의 입장에서 클라이언트가 사회복지사를 만나러 오면서 갖게 되는 생각, 감정을 미리 헤아려서 가급적이면 클라이언트의 상황에서 사회복지사 자신을 맞추려는 준비활동이 일어나는 단계이다(엄명용 외, 2012).

사회복지사는 면접을 통한 사회복지실천에서 대단히 중요한 역할로써 의사소통을 촉진하고, 가능케 하고, 문제를 사정하고, 계획을 세우고, 개입하고 서비스를 제공하는 것이다. 이러한 면접기술은 클라이언트를 직접 만나 서비스를 제공할 때 이용되고 있으며, 다른 전문가, 가족구성원, 이웃과 일반대중들과 의사소통에 있어서 이용되고 있다.

2) 상담면접의 기본기술

(1) 시작과 맞이하기 기술

첫째, 첫 상담면접에 대한 불안: 양가감정을 갖게 되며 의문을 갖게 된다.

둘째, 신뢰감 있고 좋은 첫인상을 제공한다.

- 첫인상은 매우 중요하다
- 클라이언트는 상담면접에서 사회복지사의 모습에 기대를 갖고 있다.
- 기대가 충족되었을 때 비교적 쉽게 상담면접에 적응한다.

셋째, 비공식적인 대화로 시작한다.

- 비공식적인 대화는 클라이언트의 어려운 문제나 도움 요청에 있어서 편하게 말할 수 있는 기회를 제공한다.

넷째, 전문적 관계 속에서 서로 존중한다.

- 클라이언트는 경험 부족, 자존감이 낮다.
- 사회복지사는 클라이언트에게 세심한 배려와 따뜻하고 수용적인 느낌을 주며, 이런 느낌 속에서 클라이언트는 존중받는 느낌을 받는다.

(2) 상담면접의 시작

면접의 시작에서 사회복지사는 많은 단계에 있어서 과업을 수행하게 된다. 그 외에도 전체적인 사회복지실천의 과정 및 일정에 대한 설명과 확인이 있다.

첫째, **자기소개**: 정식으로 솔직하게 답하는 것이 일반적이다.

자기소개에 있어서 사회복지사의 성명, 소속기관 및 직위, 학력과 경력, 관련 자격증 등 클라이언트에게 있어서 신뢰성을 확인시켜 주는 것이다.

둘째, 클라이언트에게 자신 및 동행인에 대한 소개를 요청한다.

일반적으로 클라이언트가 아동인 경우에 호칭에 있어서 존댓말을 쓰는 것이 좋다.

셋째, **첫 면접의 목적 설명**: 직접적이고 분명하면서 부드럽게 진행하며, 사회복지실천과정에 있어 면접의 시작 단계에서 목적을 설명하는 것은 매우 중요하다.

넷째, **클라이언트의 역할 설명해주기**: 클라이언트의 역할 및 기대 설명은 클라이언트의 사회화라고도 한다.

다섯째, **기관의 성격에 대해 설명하기**: 반드시 설명할 의무가 있다.

여섯째, 행정절차 및 윤리적 요소 다루기와 피드백을 요청한다.

- 비밀보장
- 생명존중과 안전의 원칙에 따른 의무

04 상담면접의 일반기술

1) 일반기술

사회복지사가 클라이언트의 어려움에 상담한다는 것은 상담의 전문적 기법을 적용하기에 앞서 그 사람을 도와주기 위한 인간적인 노력이라 할 수 있다. 즉, 클라이언트의 입장에서 공감하며 어려움이나 문제를 이해하고 수용하는 것을 의미한다.

(1) 적극적 경청기술

클라이언트의 입장에서 공감적 의사소통기술은 그들의 감정, 생각, 표현을 존중하고 이해하고 인정하는 것을 의미한다. 공감적인 이해는 사회복지실천 관계에서 매우 중요한 부분이다.

적극적 경청에서 공감적 피드백과정은 사회복지사가 클라이언트와 라포를 형성하여 지지할 때 그들이 자신을 더욱 가치 있는 존재로 느끼고 긍정적인 자아상을 개발할 수 있게 하는 효과가 있다.

적극적 경청기술의 단계를 살펴보면 다음과 같다.

제1단계는 주의를 끄는 분위기 조성으로 초대의 단계, 신체적 자세와 얼굴표정, 목소리, 어투 등의 준비 자세를 의미한다.

제2단계는 경청의 단계, 말을 듣고, 관찰하고, 격려하고 기억하는 등의 의미 메시지를 수용하고, 보유하기 위해 귀와 두뇌를 활용하는 단계이다.

제3단계는 반영의 단계로 주기적으로 해석하는 것을 의미하고, 진실한 말속에 담겨져 있는 의미를 파악한다.

- 반영의 단계: 반응을 구체적으로 파악한다.
- 내용 반영하기: 클라이언트의 메시지나 정보에 대한 이해를 전달하기 위한 감정이입기술로서, 클라이언트가 말한 내용을 부연하고 다시 클라이언트에게 표현하는 것을 의미한다. 에반스(1998)는 클라이언트의 말 속에 담긴 주된 생각을 재진술하고, 클라이언트의 말의 의미에 덧붙이거나 의미를 바꾸지 않으며, 클라이언트의 말을 앵무새처럼 따라 하지 않도록 제안하였다.
- 감정반영기술: 클라이언트가 표현한 감정을 사회복지사가 이해하고 반응하는 것을 의미한다. 사회복지사는 클라이언트의 감정을 정확하게 이해하고, 이를 공감하며 이해했다는 반응을 보이는 것으로도 문제해결의 선행조건이 될 수 있다.

  사회복지사의 감정반영을 통해 클라이언트는 자신이 느끼는 것을 깨닫는 기회, 자신의 감정을 받아들이고 살펴보게 되며, 클라이언트가 경험하고 있는 것을 상담자가 이해하고 있다는 것을 보여주게 되고, 탄탄한 관계를 형성할 수 있게 되는 것이다.

- 결합적 반영: 클라이언트가 말하는 내용, 감정, 생각, 의미를 혼합하여 직접적, 간접적으로 표현하는 것에 대해 반응한다.

(2) 질문기술

질문은 사회복지사에게는 중요한 기법이다. 클라이언트에게 필요한 정보를 얻기 위해서 사회복지사는 그들의 생각과 느낌을 표현하도록 돕기 위해 활용하는 기술이다.

사회복지사의 개방적이고 탐구적인 자세의 진지한 질문은 클라이언트의 자기탐색을 촉진하고 당연하다고 여겨왔던 기존의 사고방식과 행동방식의 객관성에 대한 평가를 할 수 있다. 질문은 클라이언트의 자기탐색과 표현에 방해받지 않도록 해야 한다.

질문기술에는 첫째, 개방적 질문이 있다. 클라이언트가 자신이 말하고 싶을 때 자신의 생각과 감정을 표현할 수 있도록 질문하는 것이다. 또한 클라이언트가 원하는 방식대로 응답할 여지가 있는 질문을 해야 한다. 둘째, 폐쇄적 질문은 클라이언트에게 선택할 자유의사를 주지 않고 제한을 두는 것으로, 구체적인 상황에 초점을 둠으로써 클라이언트가 대답할 수 있는 범위를 제한하는 질문이다.

폐쇄적 질문은 필요한 구체적인 정보에 대하여 질문하는 것으로써 사회복지사가 특정한 구체적 정보를 필요로 하거나 혹은 클라이언트가 너무 당황하고 혼란스러워 할 때 방향과 초점을 유지하기 위해 선택적으로 사용하고 있다. 셋째, 간접질문과 '무엇'이라는 질문은 직접질문과 간접질문을 구분할 필요가 있다. 간접질문은 넌지시 물어보는 것으로서 그 끝에 물음표가 없는 것이 보통이지만, 그러면서도 분명히 질문을 하는 것이고, 클라이언트의 답변을 구하는 질문처럼 작용하는 표현법이다. 클라이언트의 정보를 찾는 좀 더 부드러운 방법이다. '무엇'이라는 질문은 클라이언트의 가족치료와 단기치료에서 유용하게 사용되는 방법이다. 넷째, 피해야 할 질문에서는 ① 유도하는 질문 - 클라이언트에게 특정한 방향의 응답을 하도록 이끄는 질문, ② 모호한 질문 - 클라이언트가 질문의 방향을 분명하게 이해하지 못할 때의 질문, ③ 이중질문 - 한 번에 두 가지 이상의 내용을 질문, ④ '왜'라는 질문 - 정보를 구하거나 원인이나 이유를 탐색할 때 사용하며, 불쾌감이나 불찬성의 뜻까지 함축한다.

(3) 내용확인기술

사회복지사가 지금까지 클라이언트와 의사소통을 해 온 내용과 의미를 이해했다는 것을 확인하는 방법이다.

첫째, 명확히 하기

클라이언트가 사고, 감정, 행동, 상황의 중요한 측면에 대해 더 명확하게 말하도록 격려하고, 클라이언트가 말한 것에 대해 사회복지사가 이해했음을 입증하기 위해 질문하는 것이다.

둘째, 요약하기

클라이언트의 여러 가지 생각과 감정을 간략하게 묶어 정리하는 것이다. 유용한 점은 회기 간 연결을 자연스럽게 하고 상담을 촉진할 수 있다.

상담의 요약은 정확하고 간결한 부분이나 자세한 내용을 제공할 수 있다. 클라이언트와의 회기가 방향을 잃게 되거나 방향 없이 시작할 때 적절한 시기에 간략하고 정확한 요약을 한다.

셋째, 피드백 주고받기

감정을 반영하는 것을 주목하는 방식으로 사용한다. 클라이언트의 수행에 관한 판단을 하기보다는 생활지도, 지지 그리고 도전을 제공하는 점을 강조하여야 한다.

(4) 핵심과 목적을 유지하는 기술

사정의 목적을 위해 정보를 얻거나 토의되어야 할 이슈를 탐색한 것을 확인하는 것과 같은 구체적인 목적을 실천하기 위해 필요한 것이다.

첫째, **핵심과 목적에 집중하기**: 사회복지사가 면접의 핵심과 목적에 충실하게 하는 것은 클라이언트가 적절하지 못한 이슈에서 벗어나게 하는 실천기술에 달려 있다.

둘째, **고취시키기**: 면접을 시작하거나 면접을 받는 사람을 격려하는 데 사용한다. 다른 사람을 고취시키고 있을 때 다른 사람의 이야기를 차단하기 쉽지만 이는 반드시 피해야 하며 시기 맞추기, 민감성, 친절한 어조 그리고 관심을 보이면서 더 많은 대화가 되도록 하는 것이 필요하다.

셋째, **침묵에 대처하기**

창조적 침묵은 그 자신에 관한 긍정적인 생각이나 감정에 몰두하는 것이다. 이것은 클라이언트의 불안, 당황이나 혼돈의 감정을 나타내는 침묵이나 걱정스러운 형태 또는 철회의 침묵 형태와 반대되는 것이다.

- 침묵을 다루는 기술의 세 가지 방법
  1. 무엇을 생각하고 있는가를 묻는다.
  2. 다른 직접적인 질문을 던진다.
  3. 클라이언트가 다시 얘기하기를 기다린다.

넷째, 훌륭한 사회복지사는 클라이언트가 자신의 생각을 말로 나타내도록 격려하면서 느린 보조에 끈기 있게 맞춰 나가야 한다.

(5) 종결기술

상담에서 종결이 중요한 이유는 사회복지사와 함께 성실히 해온 문제해결과정과 실천 활동을 이제 실제 상황에서 전문가의 도움 없이 해결할 기회를 제공하기 때문이다.

종결은 상담면접 첫 회기를 끝맺음으로써 클라이언트의 관심사를 이야기하는 기회를 주는 것이 중요하다.

상담면접과정에서 회기의 끝맺음은 클라이언트가 중요하고 고통스런 정보를 면접의 끝맺음 시기에 나타내기 때문이다. 또한 어떤 경우에는 표현되고 있는 욕구를 충족시키기 위하여 제한된 시간을 융통성 있게 맞추려는 의지를 보이는 것이 매우 중요하게 여겨질 수도 있다.

사회복지사와 클라이언트의 전체 면접과정에서 종결은 그가 느끼는 감정에 있어 목적을 이루게 된 것에 대한 기쁨과 감사, 사회복지사와 헤어지게 되는 슬픔, 목적을 이루지 못한 것에 대한 실망, 클라이언트가 자기 혼자서 해낼 수 없다는 두려움이 생길 수 있음을 알 수 있다.

사회복지사는 클라이언트가 보이는 종결에 있어서 감정들을 잘 표현하고, 감정을 잘 처리할 수 있도록 도와야 한다. 또한 사회복지사는 클라이언트가 종결을 준비하도록 돕기 위해 초기 단계부터 종결 날짜에 대해 명확히 해주고 실제 종결 및 주전에 종결에 대해 인식시켜 주어야 한다.

03
CHAPTER

사회복지실천과정과 주요 개입기술

01 접수 및 사정

1) 접수

접수(intake)란 원조과정의 최초 단계이다. 클라이언트 중 문제나 욕구를 가지고 사회복지기관이나 시설을 찾아왔을 때, 사회복지사가 클라이언트의 욕구나 문제가 기관에서 제공하는 서비스나 정책에 부합되는 것인지를 판단하는 것이다(양옥경, 2005). 여기에서 사회복지사가 이 접수를 통해서 서비스를 제공할 수 있다면 클라이언트에게 자료 수집과 문제의 사정을 통해서 서비스를 제공받도록 한다. 그러나 적절한 서비스를 제공할 수 없다고 판단되면 해당 서비스를 맞는 쪽으로 의뢰해야 할 것이다. 즉, 사회복지실천에서 사회복지사가 가장 기본적으로 생각하고 처리해야 하는 일에 해당된다고 할 수 있다.

클라이언트가 사회복지사에게 도움을 요청하게 되는 모든 경우에 있어서 그 사람은 일정한 형태의 문제 또는 욕구를 가지고 있으며, 사회복지사의 도움을 통해서 그 문제가 해결되고 욕구가 충족되기를 바라고 있다. 사회복지사는 자신과 자신의 기관에서 도움을 요청하는 클라이언트에게 그가 필요로 하는 전문적인 서비스를 제공할 수 있어야 한다. 이러한 제공에 있어서 사회복지사가 가장 먼저 고려해야 할 사항은 도움을 요청하는 클라이언트의 문제와 욕구가 기관과 사회복지사의 서비스 내용과 일치하는지를 판단해야 할 것이다.

접수 시 초기 단계에서 담당 사회복지사는 전공에 대한 지식과 경험이 풍부해야 한다. 왜냐하면 어떤 사람이 처음으로 사회복지사와 접촉을 하고, 이 접촉 결과를 토대로 그 클라이언트의 적격성을 결정하기 때문이다.

적격성 여부는 클라이언트의 진술, 사회복지사와의 면담을 통하여 클라이언트의 자료에 의존하여 판단하고, 사회복지사의 이론적 지식과 기술을 갖춘 실무경험이 그 여부를 판단할 수 있다. 자칫 판단을 잘못하게 되면 서비스 범위 밖에 있는 사람을 접수하게 되어 혼란을 더 초래할 수 있으며, 그런 경우 접수를 취소하거나 철회하여 다른 기관으로 의뢰해야 할 것이다. 그러므로 신중하게 처리해야 한다.

클라이언트의 문제나 욕구 서비스가 전문화된 일부 사회복지기관에서는 이러한 업무를 전담하는 접수 담당 사회복지사를 두기도 한다. 그러나 현재 우리나라에서는 접수전담 사회복지사가 채용된 기관은 거의 없는 실정이다.

원조의 요청과 접수에 필요한 내용 파악 등 사회복지실천에서 사회복지사와 클라이언트 간의 최초 접촉형태를 살펴보면 다음과 같다.

첫째, 도움이 필요한 사람이 직접 서비스를 신청하는 경우

둘째, 도움이 필요한 사람과 아주 가까운 관계에 있으면서 전문적인 도움을 희망하는 사람, 가족구성원이나 친구, 이웃, 교사, 목회자 등을 통해서 신청하는 경우

셋째, 정부, 공공기관 또는 사회복지 관련기관에서 의뢰되어 오는 경우

넷째, 사회복지사 또는 사회복지기관 등 사회복지체계의 인지와 판단에 의하여 접촉하는 경우

이상의 네 가지 경우 중 두 가지 이상이 혼합되어 접촉이 이루어지는 형태이다.

접수에서 반드시 파악되어야 하는 핵심적인 내용은 신청자가 요청하고 있는 원조의 내용, 해결하고자 하는 문제가 충족되어야 할 욕구 등이다. 하지만 이 단계에서 문제나 욕구, 원조의 구체적인 내용을 파악하고 사정한다는 것은 여러 가지 이유로 인해서 어렵기 때문에, 신청자가 제시하는 자료와 정보, 클라이언트에게 기관이 제공할 수 있는 서비스와 못하는 서비스에 관해 알리는 것, 서비스 조건과 정보를 제공하는 것을 알고 있는 사회복지사를 배정하는 것이 포함되어야 한다.

접수 단계에서 주요 과제는 문제를 확인, 의뢰, 관계 형성을 통한 참여 유도로 요약할 수 있다.

사회복지사는 클라이언트의 객관적인 자료와 정보수집에 있어서 필요한

사항으로 정보를 체계적으로 수집하기 위하여 초기 면접자와 같은 일정한 형식의 서류가 필요하게 되며, 이러한 서류를 살펴보면 신청자의 기본적인 인적사항으로써 성명, 성별, 구분, 주소, 연락처 등 간단한 기록과 신청자가 요청한 사항 및 접수담당 사회복지사의 의견, 원조 범주와의 일치성이 있는지 판단할 수 있어야 한다.

2) 사정

사정(assessment)은 수집된 자료의 해석을 통해서 클라이언트와 그가 직면하고 있는 문제와 상황을 확인하고 이해하기 위하여 자료를 수집하고 분석함과 동시에 문제해결을 위한 계획을 수립하는 일련의 과정을 의미한다. 사정은 클라이언트의 상황을 이해하고 이것을 개입을 위한 계획으로 연결시키는 것으로서, 클라이언트의 문제가 무엇인지 이해하고 문제의 원인을 규명하여 그것을 해결하거나 감소시킬 수 있는 방법에 대한 전문적인 판단을 할 수 있는 과정이다.

사정의 종류는 다음과 같다.

첫째, **역동적 사정**

클라이언트의 문제가 그의 생활상황 중에서 가지고 있는 의미, 개인 문제상황의 복잡한 상호작용의 여러 요인에 관한 사정을 의미하는 것이다.

둘째, **임상적 사정**

한 사람의 인간을 그의 질병 혹은 적응 이상의 성질에 따라 분류하고 평가하려는 시도이다. 임상적 증후군의 정확한 분류는 정신의학에 속하지 사회복지실천에 속하지 않는다. 사회복지사는 성격의 역기능에 관해 일반적인 유형을 확인하는 지식을 가짐으로써 정신의학적 자문이나 의뢰를 해야 하는가의 여부를 결정할 수 있어야 한다.

셋째, **원인론적 사정**

문제의 발생원인과 그 후 발전과정, 즉 문제의 인과적 발전과정을 명백히

하는 것, 클라이언트에게 문제해결의 실마리를 자동적으로 부여하는 것, 자기결정의 원리를 실천하는 것이다.

(1) 사정의 특성

사정에 대해서 주요 학자들의 특성을 살펴보면 다음과 같다(엄명용 외, 2003).

① 사정은 지속적인 과정이다.

② 사정은 상황들이 클라이언트의 이해와 함께 개입계획과 행동을 위한 기초를 제공하는 이중 초점을 둔다.

③ 클라이언트와 관련된 체계들의 욕구와 욕구의 충족을 방해하는 문제나 한계, 변화에 대한 동기, 저항에 대한 정보를 수집해야 한다.

④ 사정은 클라이언트와 사회복지사가 함께 참여하는 상호과정이다.

⑤ 사정의 기본적인 자료수집이 사회복지사와 클라이언트의 상호과정 속에서 이루어지므로, 사정 역시 상호작용 속에서 클라이언트의 반응을 이해하며 진행한다.

⑥ 사정에는 사고의 전개과정이 있으며 이론적 지식을 기반으로 한다.

⑦ 사고과정에서 사회복지사는 클라이언트의 정보가 논리적이며 일관성이 있는지 살펴보면서 지속적으로 필요한 정보를 수집하고, 취합한 정보를 전체적인 맥락 속에 통합하여 사고할 줄 알아야 한다.

⑧ 사정은 수평적, 수직적 탐색을 통하여 이루어진다.

⑨ 초기에는 수평적 정보, 즉 현재의 관계 능력 기능 등을 중심으로 클라이언트의 욕구를 발견하고 시간이 흐르면서 수직적으로 탐색한다.

⑩ 클라이언트의 과거력, 개인력, 문제의 역사 등에 대한 정보를 수집한다.

⑪ 사정은 클라이언트의 욕구를 파악하고 욕구 충족에 방해가 되는 것은 무엇인가를 구체화함으로써 문제해결과정을 원활하게 한다.

⑫ 실천과정에서 클라이언트의 강점이 구출될 수 있도록 사정에서는 클라이언트 및 생태체계의 강점을 확인해야 한다.

⑬ 개인적 성장은 강점으로부터 출발하므로 클라이언트의 신체적, 정서

적, 행동적 강점들에 대한 면밀한 사정이 우선이다.

⑭ 사정은 개별적이다.

⑮ 클라이언트는 그 사람 나름대로 독특한 상황에 처해 있으므로 개별화된 사정이 요구된다.

(2) 사정의 목적

사정이 가지고 있는 목적을 보면 사회복지사가 취급하고 있는 상황을 이해하고 개별화하며, 특수한 상황 속에 관련된 요인들을 확인하고 분석하는데 도움을 받는데 사정의 목적을 두고 있다. 즉, 클라이언트가 제시한 중요문제와 문제에 관한 그의 감정과 신체적, 심리적, 경제적, 문화적인 제 요인들을 상호작용의 측면에서 명백히 하는 것이다.

성공적인 사정을 위한 여섯 가지 질문을 살펴보면 다음과 같다.

첫째, 문제가 무엇인가?
둘째, 문제가 얼마나 심각한가?
셋째, 문제의 역동성은 무엇인가?
넷째, 치료에 관한 클라이언트의 기대는 무엇인가?
다섯째, 무엇이 변화될 수 있는가?
여섯째, 무엇이 변화되어야 하는가?

사정의 요소에서 사회복지사가 클라이언트의 문제를 규정하고 실천방향을 선택하기 위해서 수집되는 자료가 정확하고 클라이언트의 문제를 충분히 담아낼 수 있는지 면밀히 살펴보아야 한다. 이러한 클라이언트의 사정에 있어서 문제의 원인을 바라보는 시각이 중요하다. 즉, 문제의 원인을 인간내면에 두는 관점과 사회구조에 두는 관점, 인간과 환경의 상호작용에 두는 관점을 두는 요소를 알아야 한다.

사정의 범주에서 욕구와 문제의 발견, 욕구와 문제를 좀 더 잘 이해하고 적절한 문제해결을 위한 정보의 발견, 정보의 수집과 분석을 통한 문제형성으로 구분하여 살펴보면 다음과 같다(김용환 외, 2013).

첫째, **문제의 발견**

① 문제를 발견하는 것에서 출발한다.

② 사회복지사가 알아야 하는 클라이언트들의 일반적인 문제

- 대인관계 갈등: 주변인들과의 관계형성 및 유지에 문제가 있는 경우
- 사회관계 불만족: 사회적 관계에서 나타나는 불만족
- 공식 조직과의 문제: 직장생활에서 상사와의 갈등, 기대에 못 미치는 급여 및 복리수준 등에 대한 불만
- 역할 수행상의 문제
- 생의 전환기에 파생하는 문제: 사람들의 생활주기 중 진학, 취업, 결혼, 임신, 이혼 등과 같은 중요한 전환기
- 사건에 대한 부적응과 심각한 정서적 혼란의 문제
- 심리 행동상의 문제: 우울증, 불안, 강박과 같은 심리 정신적인 문제나 범죄행위 등과 같은 통제되지 않는 행동으로 인한 문제
- 자원 부재나 결핍 문제: 기본적인 욕구 해결을 위해 필요한 자원이 없거나 부족한 상황에서 발생하는 문제
- 의사결정의 어려움: 정보의 부족이나 자기결정 능력 부족으로 선택적 혼란을 겪거나 합리적인 선택을 하지 못하는 경우
- 다문화적인 갈등: 다문화, 다인종 간의 문제로 인해서 발생하는 갈등으로 인한 문제

③ **정보의 발견**: 사회복지사의 관찰과 주의로 클라이언트를 알아가는 것

- 누가 문제체계에 관여되어 있는가?
- 참여자들은 어떻게 관여하고 있는가?
- 클라이언트가 문제에 어떤 의미를 부여하는가?
- 문제에 대한 클라이언트의 정서적 반응은 어떠한가?
- 클라이언트는 그동안 문제에 어떻게 대처해 왔으며 문제를 해결하는 데에는 어떤 기술이 필요한가?

- 클라이언트는 어떤 강점과 기술을 가지고 있는가?
- 필요로 하는 외적 자원은 무엇인가?

④ 문제형성

그동안 얻어낸 정보들을 분석하여 사회복지사가 전문적 소견으로 판단하는 것과 이를 통해 목표설정과 개입계획을 세우는 것이다.

클라이언트의 문제체계에 사회복지사는 클라이언트에게 필요한 사정을 위해 여러 가지 사정기술을 사용한다.

첫째, 가계도

① 혈연이나 결혼 관계를 나타낸 그림이다. 일반적으로는 남자는 정사각형, 여자는 원으로 나타낸다.

② 결혼선은 남녀 사이에 가로선으로 자식은 결혼선 중심에서부터 세로선을 내려서 왼쪽부터 표시

둘째, 생태도

클라이언트 및 클라이언트와 관련된 사람, 직접 관련 있는 사회사업기관과 환경적 영향 사이의 상호작용의 변화를 묘사하기 위한 것이다.

셋째, 사회도

넷째, 기타 심리검사

02 계획수립 및 계약

1) 계획수립

계획수립은 사회복지사와 클라이언트가 자료를 수집하고 사정하는 과정을 거친 후 수집된 자료를 근거로 사회복지사와 클라이언트가 상호 합의하에 목표를 구체화시키고, 이를 달성하기 위한 계획을 세우는 과정이다(Johnson & Yanca, 2009).

계획수립에서 목표설정 시에는 다음 사항을 고려해야 한다(Hepworth & Larsen, 1993).

① 목표는 반드시 클라이언트가 바라는 바와 연결되어야 한다.
② 목표는 명백하게 측정 가능한 용어로 진술되어야 한다.
③ 목표는 달성 가능해야 한다.
④ 목표는 사회복지사의 지식과 기술에 상응하는 것이다.
⑤ 목표는 성장을 강조하는 긍정적 형태이어야 한다.
⑥ 목표는 사회복지의 중요한 권리나 가치에 맞지 않는다면 동의가 필요 없다.
⑦ 목표는 반드시 기관의 기능과 일치해야 한다.

2) 계약

클라이언트의 목표설정을 달성하기 위한 전략, 역할, 개입, 평가 방법 등을 구체적인 활동 용어로 기술할 계획에 대해 사회복지사와 클라이언트가 서로 동의하는 것이다. 계약에 포함되어야 할 요소를 보면 개입목표, 참여자의 역할, 개입기법, 시간적 조건 등이다.

03 개입 문제해결 및 종결

1) 개입 문제해결

사회복지실천과정의 초기 단계는 설정된 목표를 달성하기 위한 다양한 활동이 수행되는 시기이다(권오균 외, 2011). 사회복지사와 클라이언트가 합의하여 결정한 표적문제를 해결하기 위한 계획을 실천하는 단계로서, 이때 구체적인 행동을 통해 클라이언트에게 의도적인 변화가 일어날 수 있도록 지원하는 단계이다.

사회복지실천과정에서 핵심적이고 가장 많은 시간이 소요되고 있으며, 실제로 변화가 많이 일어나는 과정이다. 클라이언트는 문제해결 가능성이 있다고 생각할 때에만 움직이며, 자기만의 독특한 방식으로 접근할 수 있기 때문에 사회복지사는 클라이언트의 성격, 가치, 신념체계 평소 일상생활에서의 대처방법 등을 잘 파악해야 적극적으로 행동한 개입의 효과를 나타낼 수 있다.

개입 단계에서 목표(엄명용 외, 2013)는 클라이언트의 문제해결을 위한 구체적인 변화전략의 수립, 개입, 원조, 교육, 동기유발, 자원연결, 행동변화 등을 통한 변화의 창출이고, 지속적인 점검을 통한 변화 정도의 유지와 평가이다.

2) 개입 문제해결기술

(1) 개입기술

개입 단계는 개입목표와 방법을 수립한다. 개입목표와 방법은 클라이언트에게 유익해야 하며, 사회복지사와 클라이언트가 함께 노력해서 세우는 것이 바람직하다. 개입목표와 방법은 상황에 따라 변화될 수 있으며, 클라이언트의 특성을 반영한 현실적 지원 제공을 원칙으로 한다. 개입목표를 설정할 때는 관련된 체계 등의 변화 가능성, 클라이언트 및 주변 체계들의 장단점이나 자원, 클라이언트가 겪고 있는 문제의 성격, 각종 체계들의 역동적 상호 관련성에 대한 이해, 클라이언트에 대한 임상적 진단 등이 고려되어야 한다.

개입방법은 클라이언트 스스로가 정서적 또는 대인관계에서의 문제 등에 대한 자신의 행동과 감정에 대해 이해하고 통찰할 수 있도록 하여 문제해결을 위한 개입방법을 직접적으로 선택하고 결정할 수 있도록 돕는 것이 필요하다. 다시 말해 클라이언트는 개입방법을 선택할 수 있다. 클라이언트의 사회 환경에 개입해야 하는 간접적 개입이 필요한 경우에는 사회복지사가 자원동원자, 자원개발자, 조정자, 옹호자 등의 다양한 역할을 할 수 있다.

(2) 문제해결기술

사회복지실천과정에서 클라이언트의 욕구, 즉 문제를 해결하는 기술이다 (Compton & Galaway, 1989).

첫째, **초점화**

클라이언트가 자기 상황을 언어로 표현할 때 혼란되고 산만하게 느끼고 있는 것을 점검해 줌으로써 클라이언트의 말 속에 숨겨진 선입견, 가정, 혼란을 드러내어 자신의 사고과정을 명확히 볼 수 있도록 해주는 기법이다

둘째, **일반화**

클라이언트가 자기만 이런 상황에 있다고 괴로워하는 것에 대해 자기와 비슷한 상황에 있는 사람들이 일반적으로 그런 경험을 겪는다든지 또는 특별하게 자신만이 가지고 있다고 생각하는 것을 사람들 모두 공통적으로 겪는 것임을 지적해줌으로써 다른 사람들로부터 소외시키거나 일탈감을 갖는 것을 막아주는 기법이다.

셋째, **재보증**

클라이언트의 능력에 대해 사회복지사가 신뢰를 표현함으로써 클라이언트의 자신감을 키우는 기법이다. 재보증은 실제로는 현실적이며 건전하게 수용될 수 있는 사고방식이 있음에도 불구하고, 자신을 믿지 못하는 클라이언트에게 효과적으로 사용되는 기법이다.

넷째, **격려**

클라이언트의 상황해결능력을 향상시키려는 기법의 하나로써 클라이언트의 행동이나 태도를 사회복지사가 인정하고 칭찬해줄 때 사용되는 기법이다.

다섯째, **브레인스토밍**

사고의 범위를 넓혀 모든 사람의 의견을 자유롭게 표현할 수 있도록 하여 가능한 대안을 비난 없이 수용하도록 하는 것이다. 브레인스토밍을 실시하는 이유는 창의성에 제한을 주지 않으므로 비현실적이거나 엉뚱한 생각들도 하나의 대안으로 수용하기 위해서이다. 브레인스토밍을 통해 참여자들은 긍정적 피드백을 주고받으며, 타인의 생각을 비판 없이 수용하는 법을 배우게 된다.

문제해결기술에서 사회복지사들은 전문적 원조 관계를 통해 클라이언트의 당면 문제를 해결하도록 돕는 것뿐만 아니라, 앞으로 일어날 수 있는 일에 대한 대처 능력을 기를 수 있도록 돕는 것 또한 필요할 것이다. 클라이언트의 욕구해결을 위해 사회복지사는 클라이언트가 문제해결기술을 익혀야 할 필요성을 설명하고 상호 협조적으로 노력할 수 있어야 한다.

문제해결의 단계를 살펴보면 다음과 같다(신성자, 2012).

- 1단계: 문제의식
- 2단계: 문제분석 및 참여자 욕구 파악
- 3단계: 가능한 해결책을 찾기 위한 브레인스토밍
- 4단계: 클라이언트의 욕구를 고려하여 각 대안 평가하기
- 5단계: 선택한 대안 실행하기
- 6단계: 결과평가

3) 종결

종결을 한 마디로 표현하면 원조 관계의 공식적 종료를 의미하는 것이다. 일반적으로 종결이 이루어지는 시기를 보면 모든 목적인 달성되었을 때, 목적이 달성되지 않았거나 더 이상 진전이 없는 것으로 보일 때, 다른 요인들이 개입되어 관계를 끝내야 할 필요가 있을 때, 클라이언트의 사회적 기능 수행의 능력을 그의 일상생활로 옮겨서 실천해 나가는 것이다.

종결에 따른 감정 처리에서 사회복지사들은 클라이언트의 감정을 민감하게 이해하고, 이에 따라 적절히 반응할 준비가 되어 있어야 한다. 클라이언트의 감정이 긍정적이든, 부정적이든 적대감이나 방어의식 없이 클라이언트의 감정 표현을 수용해야만 한다.

사회복지사들은 클라이언트의 감정처리를 도와줄 수 있는 방법으로 다음과 같은 두 가지 방법을 고려할 수 있다.

첫째, 클라이언트로 하여금 자신의 감정이 어떤 것인지 탐색하도록 하여 그러한 감정이 적절한가를 살펴보도록 도와주는 것이다.

둘째, 클라이언트의 감정에 영향을 미친 사회복지사의 행동을 탐색하고, 그러한 영향을 미친 요인을 변화시킬 수 있는지를 생각해 보는 것이다.

(1) 종결기술

지금까지의 활동 단계가 성공적으로 완수되어 종결목표가 성취되고 변화가 일상 생활환경 내에서 일반화, 안정화되고, 사회복지사의 중재를 필요로 하는 다른 문제 상황이 없을 때 이루어지는 종결이 가장 이상적인 형태이다.

종결과정의 목표를 달성하기 위하여 클라이언트를 돕는 데 관련되는 것을 살펴보면 다음과 같다.

첫째, 변화된 것을 유지하여 관계를 떠날 수 있도록 클라이언트를 돕는다.

둘째, 종결에 따른 분리감정을 극복하고 종결의 고유한 의미를 이해하도록 클라이언트를 돕는다.

셋째, 클라이언트에게 필요하다면 앞으로의 도움을 활용할 수 있게 하는 것 등이다.

사회복지사가 클라이언트와의 접촉의 빈도와 기간을 감소시키는 것이 종결의 마지막 단계에 있어서는 유용하다. 종결은 클라이언트의 본래의 생활 상황으로 옮기는 변화 목표를 개발하는 데 중점을 두면서 초기 과정부터 점진적으로 실시한다. 사회복지사는 공식적인 관계가 끝난 후에도 클라이언트에게 필요한 도움이 제공될 수 있도록 지역사회의 자원에 대한 그의 지식을 동원함으로써 관계를 원만하게 종결할 수 있을 것이다.

사회복지사가 종결할 때 사용하지 말아야 하는 방법을 살펴보면 다음과 같다.

첫째, "나는 당신을 만나고 싶지 않습니다. 당신은 귀찮은 사람이에요. 당신은 내가 바라는 대로 하지 않습니다"와 같이 공격적으로 표현하는 것이다.

둘째, "당신이 그것을 할 수 있다는 것을 나에게나 당신 자신에게 증명해 보시오" 같은 도전적인 방법으로 종결하는 것이다.

셋째, 사정이나 목표에 근거를 두고 고려한 결정이라기보다는 오히려 사회복지사 자신의 감정이나 행정적 결정의 결과와 같은 독단적인 행동으로 종결하는 것이다.

04 평가 의뢰 및 사후 관리

1) 평가

최근 사회복지 분야에서 사회복지조직의 책무성이 강조되기 시작하면서 프로그램 평가의 필요성이 강조되고 있다. 특히 1998년 사회복지사업법의 개정을 통해 모든 사회복지시설은 3년마다 최소 1회 이상 평가를 받도록 법제화되어 사회복지사가 자신이 제공한 사회복지 서비스의 효과성과 클라이언트의 문제해결능력 그리고 기존에 설정된 목표의 달성 정도를 평가하고, 오류나 부족한 부분에 대해서는 피드백을 통해 수정·보완해야 한다. 평가는 사회복지 서비스의 궁극적인 성공 여부를 확인하고, 프로그램의 진행과정상의 문제점 확인 그리고 프로그램 기획 및 개발에 필요한 정보를 수집하는 목적으로 이루어지므로, 사회복지사는 평가의 절차 및 내용 등에 대한 계획을 수립하고 평가를 실시하는 자세를 갖는 것이 필요하다.

(1) 평가의 유형

모든 평가에는 각각의 목적이 있고, 그에 따라 평가의 방법과 유형이 각기 다르게 나타난다.

평가의 유형을 시기에 따라 분류하면 다음과 같다.

① **형성평가**: 프로그램 개발이나 개선의 목적에 필요한 정보를 수집, 사정하는 평가로, 프로그램의 계획이나 실행과정에 수행된다. 모니터링과 피드백에 필요한 정보가 수시로 산출되어야 하므로 정보 수집의 틀은 비교적 유연하게 적용한다.

② **총괄평가**: 프로그램 종결 후에 실시하는 평가로 프로그램의 성과와 그에 따르는 비용 파악 등의 목적으로 수행된다. 과거지향적인 형성평가와 달리 목표지향적이어서 엄격하고 객관적인 조사기준이 필요하다.

한편 평가의 과정은 몇 가지의 필수적인 과정으로 구성된다. 목적이나 성격에 따라 부분적으로 다른 과정이 나타날 수는 있지만, 대부분 다음과 같이 7단계로 진행된다(한국청소년개발원, 1997).

- 1단계: 평가 근거와 목적의 확인 단계. 누가 어떤 이유로 평가를 필요로 하고, 어떤 목적을 달성하기 위하여 평가를 실시하려고 하는가를 확인함으로써 평가활동을 정당화해야 한다.
- 2단계: 평가준거의 설정 단계. 평가대상 프로그램의 목적, 내용, 관련 요소 등을 정확하게 파악해야만 어떤 관점에서 어떤 점을 평가준거로 삼아 평가할 것인가를 설계할 수 있으며, 평가준거의 설정은 프로그램이 어떤 속성을 평가대상과 평가내용으로 삼을 것인가를 명료화하는 과정으로, 이어지는 평가자료 수집과 평가기준의 설정이 체계적으로 이루어질 수 있다.
- 3단계: 평가활동의 기획 단계. 평가목적과 평가준거를 설정한 다음에는 그것을 바탕으로 구체적인 평가활동을 설계하게 되며, 여기에서는 평가목적을 효율적으로 달성하기 위한 평가 전략을 수립하고, 그에 입각하여 적합한 평가 모형을 선정하거나 관련된 자원을 준비하고, 전반적인 평가활동의 전개를 합리적으로 설계해야 한다.
- 4단계: 평가자료 수집계획의 수립 단계. 프로그램의 가치나 장점 또는 효과와 영향을 입증해 줄 수 있는 근거 자료를 수집하기 위하여 특정

방법과 도구를 활용하여 평가의 시기와 방법을 구체적으로 계획해야만 평가를 진행할 수 있게 된다. 평가기준에 관련된 자료를 수집하는 일이 평가활동의 핵심을 차지하는 일이기 때문에, 여러 가지 관련 요인들을 고려하여 사전에 합리적이고 구체적인 자료 수집계획을 수립할 필요가 있다.

- 5단계: 평가자료 수집 활동의 단계. 수립한 평가자료 수집계획에 의거하여 자료수집 활동을 실제로 전개하는 일에 가장 많은 시간과 노력이 든다. 이는 본격적인 평가 활동으로서 여기에서는 다양한 측정 활동을 포함한 자료수집방법들이 적용되고 그를 위하여 다양한 자원이 동원된다.
- 6단계: 평가결과의 분석과 판단 단계. 여기에서는 수집한 자료를 평가준거에 입각하여 분석하며, 그를 바탕으로 구체적인 평가기준을 설정하고 평가원칙을 명료화하며, 기준과 원칙, 근거자료를 바탕으로 평가적 판단을 내리게 된다. 프로그램의 내용, 그에 대한 기대 수준, 프로그램 실행과정과 결과 등을 고려하고, 수집, 분석된 자료에 근거하여 평가기준을 설정하고 관련된 평가원칙을 적용하여 평가적 판단을 내리게 되면 평가의 목적을 달성한다.
- 7단계: 평가결과의 보고 단계. 평가적 판단 결과를 평가 요구자와 의뢰자 및 평가 관련자들에게 보고함으로써 평가 활동은 종료된다. 이 단계에서는 평가결과를 누구에게 어떤 형식으로 언제, 어떻게 보고할 것인가를 사전에 계획하고 그에 따라 체계적이고 적절한 보고 활동이 이루어져야 한다. 평가자는 평가결과 보고서의 작성과 배포, 평가결과의 활용에 관심을 기울여야만 의도한 평가목적을 성공적으로 달성할 수 있게 된다.

(2) 평가기법

① 개인대상 사회복지 서비스의 평가: 단일체계설계

개인을 대상으로 하는 사회복지실천의 평가를 위해 단일체계설계를 가장 널리 활용되고 있으며, AB설계, 철회설계, 복수기초선설계가 있다.

② 집단대상 사회복지실천의 평가

집단설계는 개입기법과 프로그램의 효과를 평가하는 데 적합한 방법으로 단일집단 사전·사후설계, 실험집단설계, 유사실험설계가 있다.

2) 의뢰

(1) 의뢰기술

의뢰(referrals)는 클라이언트의 문제 상황이 아직 호전되지 않았거나 문제나 욕구가 충분히 해결되지 않았을 경우 사회복지사가 클라이언트를 다른 기관이나 외부 자원에 연결하는 것을 말한다.

의뢰과정은 조심스럽게 다루어야 한다. 왜냐하면 클라이언트는 의뢰를 사회복지사가 자신을 거부하는 것으로 받아들이거나 새로운 관계 형성에 대한 두려움으로 좌절하거나 필요한 도움을 더 이상 받으려 하지 않을 수 있기 때문이다.

해프워스(Hepworth)와 라쓴(Larsen, 1986)이 제시한 의뢰과정 지침은 다음과 같다(허남순, 2004).

① 새로운 서비스에 대한 불신, 걱정, 잘못된 개념에 대한 클라이언트의 감정을 끌어내 다루어 주고 의뢰과정이 꼭 필요함을 강조하면서 준비시킨다.

② 클라이언트에게 최선의 서비스가 무엇인지를 함께 결정한다.

③ 의뢰의 가능한 대안들을 제시하고 항상 클라이언트의 자기결정권을 존중한다.

④ 다른 기관에서 클라이언트에게 줄 수 있는 도움에 대해 비현실적 보증을 하는 것은 피해야 한다.

⑤ 의뢰하는 다른 기관의 기능을 명확히 하는 것은 좋지만 그곳의 사회복

지사가 사용하게 될 방법까지 구체적으로 안내하는 것은 좋지 않다. 왜냐하면 사회복지사마다 스타일과 사용하는 방법이 다르므로, 이는 클라이언트에게 선입견을 갖게 하고, 만약 그 방법이 사용되지 않을 경우 실망할 수도 있다.

3) 사후관리

(1) 사후관리기술

클라이언트는 사회복지사와 전문적 관계가 종결한 후 1~6개월경이 지났을 때 사후 세션을 갖는 것이 클라이언트의 변화를 평가하고 유지하는 데 필요하다.

사후 세션은 클라이언트에게 사회복지사가 개입 이후에도 계속 관심을 가지고 있다는 것을 보여 줌으로써 변화를 지속할 수 있는 동기를 제공한다. 또한 종결 이후 발생한 새로운 문제나 잔여 문제를 다룰 수 있는 여유를 주기도 한다.

르체프니키(Rzepnicki, 1991)의 변화 유지에 저해되는 요인은 다음과 같다.

① 습관적 패턴으로 돌아가려는 경향(알코올이나 약물남용 등)

② 개인적 또는 환경적 스트레스 요인

③ 사회활동과 여가생활의 기회 부족

④ 긍정적 지지체계의 부재

⑤ 미숙한 사회기술

⑥ 기능적 행동의 재강화 부족

⑦ 환경 변화에 대한 미흡한 대처

⑧ 또래 압력을 거절할 수 있는 기술 부족

⑨ 역기능적 가족 환경으로 복귀

⑩ 부적절하게 형성된 새로운 행동

04
CHAPTER

정신역동모델과 개입기술

01 정신역동모델의 기본적 이해

02 정신역동모델의 개입기법

03 정신역동모델의 실천과정

04 정신역동모델의 평가

01 정신역동모델의 기본적 이해

1) 개요

프로이트는 신경학에 대한 관심을 통하여 정신분석학을 구축하게 되었다. 정신분석치료는 무엇보다도 19세기에 수수께끼처럼 유행하던 히스테리를 치료하고 그 원인을 규명하려는 과정에서 발전되었다. 그는 여기서 무의식의 존재와 의미를 밝히고 자유연상기법을 구축하였으며, 아동에 있어서의 성(性)의 의미를 논의했다. 정신분석치료는 프로이트의 연구 이후 심리적인 장애를 가진 아동의 발달과정뿐만 아니라 정상적인 신생아의 발달에 관심을 기울이게 되었다. 무엇보다도 말러(Mahler) 등의 오랜 기간에 걸친 방대한 연구는 아동의 분리와 개별화과정을 이해하는 데 지대한 공헌을 하였다. 그리고 정신분석 지향 가족치료 전문가들이 가족 상호간의 관계를 직접 관찰하면서 치료하고 연구하게 되었다(손광훈, 2009).

프로이트는 인간행동을 동기화 하는 요소를 정신역동적 힘이라고 보았고, 정신역동적 힘의 근원으로서 무의식의 역할에 관심을 두었으며, 무의식적 갈등이 부적응의 원인으로서 신경증 같은 정신장애의 근원이 된다고 보았다. 정신역동이론의 개념은 현대심리학 및 정신의학의 여러 가지 이론의 기본 개념이 형성되거나 발달하는 데 기초가 되었다(설진화, 2008).

2) 주요 개념

(1) 지형학적 모델: 의식, 전의식, 무의식

정신역동이론에서는 인간의 마음을 의식－전의식－무의식의 지형학적 형태로 보는데, 인간의 정신세계를 바다에 비유하면 물밑에 잠겨있는 거대한 산과 같은 지형이 무의식 부분이고, 바다 수면 위로 약간 솟아올라 있는 곳이 의식, 무의식과 의식 사이가 전의식 부분이다.

프로이트에 의하면 무의식은 고통의 근원이 잠재하는 곳이며, 치료를 위한 열쇠 또한 무의식에 묻혀 있는 것이다. 예를 들어, 20층 빌딩의 난간에서서 아래 도로를 볼 때 떨어질까 공포감까지 생기는 것은 높은 곳에 올라서면 떨어져 죽을 수 있다는 잠재된 무의식이 있어서 그러한 생리·심리적 반응을 일으킨다는 것이다(이신영 · 박선영, 2012).

① 의식(conscious)

순간적이고 제한적인 개념으로 설명되고 있는데 주어진 시간제한 속에서 정신 활동의 내용으로 의식의 개념을 파악해야 한다. 의식은 깨어있는 동안 작용하며, 우리가 자신에게 주의를 기울이는 바로 그 순간에 알아차릴 수 있는 경험과 감각을 뜻한다. 주로 여러 가지 감각을 인식하고, 슬픔과 고통 같은 것을 쉽게 알아차릴 수 있는 정신생활의 영역이다.

② 전의식(preconscious)

전의식은 의식과 무의식의 교량 역할을 하는데, 현재는 의식하지 못하고 있지만 조금만 노력하면 의식 수준으로 가져올 수 있다. 기억이나 지각, 생각을 뜻한다. 예를 들어, 지난주에 맛있게 먹었던 음식, 친구가 입었던 옷 등 관심이 사라지면 전의식의 자료가 된다.

③ 무의식(unconscious)

무의식은 우리가 자각하지 못하는 경험과 기억으로 구성된 부분이다. 전의식에 해당하는 부분은 의식 수준으로 바뀔 수 있으나, 무의식은 의식 영역으로 쉽게 바뀌지 않으며, 더 많은 부분의 정신내용이 무의식에 해당되고 인간 행동의 동기가 된다고 하였다. 이는 의식적 사고와 행동을 전적으로 통제하는 힘으로 주로 원초아와 초자아로 구성된 부분이기도 하며, 정신역동 모델에서 가장 중요시 하는 부분으로 보고 있다.

(2) 구조적 모형: 원초아, 자아, 초자아

원초아(id), 자아(ego), 그리고 초자아(superego)라는 세 부분으로 구성되어 있다. 서로 상호작용하여 전체 성격체계를 구성하고, 개인의 행동에 각기 다른 영향을 미친다(금기윤 외, 2013; 배은숙 외, 2013; 임안나 외, 2011).

① 원초아(id)

원초아는 태어날 때부터 모든 인간에게 존재하며, 고통은 최소화시키고 쾌락은 최대화하려는 속성을 지니고 있다. 즉각적인 만족을 구하고자 하며 본능에 따라 움직이는 1차적인 원리로서 심리적 에너지의 원천이자 타고난 본능이 자리 잡고 있어 본능적 욕구를 충족시키는 데 있어서 비논리적이고, 맹목적으로 작용하며 현실 세계의 상황은 고려하지 않는다. 원초아는 두 가지 특성이 있는데, 첫 번째는 신체적 긴장을 경감시키는 데 필요한 대상의 기억표상을 만드는 과정인 일차적 사고과정이다. 예를 들어, 심한 갈증을 느낀 사람이 사막에서 오아시스(Oasis)를 보는 신기루 현상을 말한다. 두 번째는 쾌락을 최대화하려는 속성으로 즉각적인 만족을 구하고자 하는 특성인 쾌락원칙이다.

② 자아(ego)

자아는 원초아의 본능적 바람이나 욕구와 외부세계의 영향을 받는 초자아 사이에서 균형을 잡는 조정 기능을 하여 성격의 조정자 역할을 한다. 또한 원초아로 하여금 사회적으로 바람직하고 수용될 수 있는 방법이 발견될 때까지 충동을 지연시키고 현실을 고려하며, 가장 현실적이고 실질적인 해결방법을 찾아내는 역할로 원초아를 지배하고 통제라는 집행부의 구실을 한다. 이성적인 요소로서 경험을 통해 발달하며, 원초아의 욕구를 현실적인 방법으로 충족시키기 위해 기능한다.

③ 초자아(superego)

초자아는 아이가 주로 3~5세 사이에 부모의 사회적 가치와 이상을 동일시함으로써 발달하는데, 특히 오이디푸스 콤플렉스(Oedipus complex)를 해결하는 과정에서 초자아가 발달하며, 성장하면서 위인이나 지도자의 위대한 삶을 동일시하면서 초자아는 계속 발달하게 된다.

초자아는 주로 사회가 용납하지 않는 원초아의 성적·공격적 충동을 억제하며, 현실적 목표를 도덕적 목표로 전환하도록 자아를 설득하고, 이상과 완벽을 추구하는 기능을 가지고 있다. 가치관, 사회적 규칙, 도덕과 양심이 자라는 곳으로서 부모나 교사와의 상호작용을 통하여 발달하게 된다.

3) 심리성적 발달 단계

정신역동이론에서는 인간의 성격이 성적인 욕구와 관련하여 발달한다고 믿으며, 이를 심리성적 발달이라고 하였다. 프로이트는 리비도(Libido)가 인간의 성격발달을 이끄는 중요한 성적 에너지로 각 발달 단계에서 집중된 부위에 따라 구분하여 심리성적 발달 관점을 주장하였다. 이때 특정 단계에서 적절한 정도의 만족감을 얻지 못할 경우 고착이 일어나는데, 이러한 고착은 개인이 완전한 성장에 도달할 수 있는 능력을 방해한다(임안나 외, 2011; 금기윤 외, 2013).

(1) 구강기oral stage, 출생~18개월

성 본능이 입에 집중되어 있어 빨기, 씹기, 물기와 같은 구강 활동으로부터 쾌락을 얻는다. 이 시기에는 생존을 위해 타인에게 전적으로 의존하며, 원초아가 지배적으로 기능한다.

이 시기에 양육자로부터 신체 및 심리적 보호를 충분히 받은 경우 다른 사람들과 친밀한 관계를 맺을 수 있는 원동력이 형성된다. 반대로 고착될 경우 타인의 인정을 갈구하게 되고 타인에게 의존적이 되므로 미성숙해지고 공격성이 발달하는 경우에는 말로 논쟁하기를 좋아하거나 남을 핀잔주는 비꼬는 식으로 나타나고, 다른 사람을 지배하려는 속성이 발달하게 된다.

(2) 항문기anal stage, 18개월~3세

에너지의 초점이 구강 영역에서 항문 영역으로 옮겨 간다. 이 시기에 유아의 관심과 에너지가 배설기관에 쏠리게 되는데 유아는 배변을 참거나 내보내면서 항문을 통해 느끼는 쾌감을 즐길 수 있게 된다. 그리고 이 시기에는 부모로부터 대소변 가리기 훈련을 받는다. 이때 부모가 보이는 감정, 태도, 반응은 유아의 성격형성에 큰 영향을 미치는데, 배변훈련을 잘 배우게 된 아동은 자기조절, 자부심, 타협 등을 경험하면서 자아를 발달시키게 된다. 고착되는 경우 고집스러움, 인색함, 시간엄수나 청결성에서 결벽성, 권위를 가진 인물에 대한 불만, 난폭함, 분노나 적개심의 폭발 등의 성격으로 발전 될 수 있다.

(3) 남근기phallic stage, 3~6세

남근기는 아동이 성기에 관심을 갖는 시기로 성정체성의 기초를 형성하며, 초자아가 발달하는 시기이다. 이 시기에는 자기중심적인 성향을 가지며 사랑하고 사랑받기를 원하며 특히 칭찬을 갈망한다. 또한 이 시기에 남아와 여아는 서로 다른 콤플렉스를 경험한다. 남아는 어머니를 성적으로 사랑하면서 아버지를 경쟁자로 생각하고 적대적인 감정을 갖는 오이디푸스 콤플렉스(Oedipus complex)를 경험하며, 자신이 어머니를 사랑하기 때문에 아버지가 자신의 성기를 제거할지도 모른다는 두려움으로 거세불안을 느낀다. 반면 여아는 남아의 감정과 반대로 경험하는 엘렉트라 콤플렉스(Electra complex)를 갖는다. 여아 또한 거세불안을 느끼는데, 다만 자신의 남근이 거세되었다고 믿고 그 때문에 어머니를 비난한다. 그리고 남아보다 열등하다고 생각하는데, 이를 남근선망이라고 한다.

남근기에 고착된 남성은 경솔하고 과장이 심하고 야심이 강하며, 여성은 난잡하고 유혹적이고 경박한 성향을 보인다.

(4) 잠재기latency stage, 6세~사춘기

원초아보다는 자아와 초자아가 강해지는 시기로 특정 부위에 집중되지 않고 성적 욕구에 대한 흥미가 약해지며, 그 욕망이 가라앉아 있는 시기로써 지적관심, 운동, 학업에 몰두하며, 또래관계를 통해 사회생활에 필요한 여러 기술들을 습득한다.

리비도(libido)의 지향대상은 동성의 친구여서 이 시기에 고착되면 성인이 되어서도 이성에 대한 정상적인 관심을 발달시키지 못하고 동성 간의 우정에 집착할 수 있다.

(5) 생식기genital stage, 사춘기~성인기 이전

남근기에 나타났던 오이디푸스(Oedipus complex)적 관심과 엘렉트라 콤플렉스(Electra complex)의 생리학적 역동이 다시 나타나게 된다. 단 부모와 다른 성인에 대해 양가감정을 갖고, 성적 관심이 되살아나며, 이성친구에게 옮겨간다. 2차 성징이 나타나며 성역할 정체감이 발달한다.

이 단계가 순조롭게 발달하면 이타적이고 인간관계가 원만하고 책임감이 있게 되고, 제대로 발달하지 못하면 권위에 반항하고 비행행동을 나타내거나 이성에 대한 적응이 곤란해진다.

02 정신역동모델의 개입기법

1) 기본적 접근

(1) 자유연상free association

정신분석에서 주요하게 사용하는 기법으로서, 인간의 갈등과 고통의 기원이 담겨 있는 무의식을 탐구하는 방법이다. 클라이언트를 편안히 쉬는 자세에서 눈을 감게 한 다음 특정한 자극을 주지 않고 마음에 떠오르는 것을 말하게 한다.

이때 사회복지사는 모든 비판을 중지하도록 지침을 주고, 떠오르는 모든 것을 있는 그대로 말하게 하는 것이 중요하다. 자유연상 후 치료자는 클라이언트의 과거와 현재 생각, 느낌, 행동을 연관지어 분석하고 해석해 준다. 클라이언트는 자기 꿈의 기저에 깔려 있는 의미에 도달하게 되며, 무의식 혹은 무의식적 갈등에 접근할 수 있는 통찰력을 갖게 한다.

(2) 꿈의 분석dream analysis

잠을 자는 동안 사람은 무의식에 대한 자아의 방어가 약해지므로 무의식 속에서 억압된 욕망과 감정들이 의식의 표면에 떠오르게 된다. 상담자는 이 꿈의 내용과 상징물들의 의미를 분석하고, 무의식적으로 억압된 욕구들을 찾아내어 클라이언트로 하여금 통찰력을 얻게 한다.

(3) 저항분석resistance analysis

저항은 클라이언트 자신의 억압된 충동이나 감정을 누군가가 알아차렸을 때 느끼게 되는 불안으로부터 자신을 보호하기 위해서 나타난다. 이는 클라이언트의 무의식적 욕구가 표출되는 것을 방해하고 사회복지실천의 진전을 저해한다. 사회복지사는 이러한 클라이언트의 저항을 분석하여 클라이언트로 하여금 직면할 수 있도록 돕고, 근본적인 원인이 어디에서부터 비롯되었는지 발견할 수 있도록 하여 클라이언트의 무의식적 갈등의 자각을 유도한다. 이때 사회복지사는 우선 가장 큰 저항에 대한 클라이언트의 주의를 환기시킨 다음, 수용할 수 있도록 배려하면서 해석을 가하는 요령이 필요하다(임안나 외, 2011).

(4) 전이와 역전이transference, counter-transference

전이는 클라이언트가 인생 초기의 의미 있는 대상(주로 부모)과의 관계에서 발생했으나, 억압되어 무의식에 묻어 두었던 감정, 신념, 욕망을 자기도 모르게 사회복지사(혹은 치료자)에게 옮겨서 그 갈등을 재경험하는 것이다. 이는 클라이언트가 치료 상황 밖의 세상에서 인간관계를 어떻게 수립하여 어떻게 해석하고 있는지에 관한 무의식적인 생각을 드러내며 매우 중요한 실마리를 제공해 준다.

이때 사회복지사는 중립적이고 객관적이며 비교적 수동적인 자세를 취하고, 클라이언트가 어떻게 대하는지, 어떤 감정으로 느끼는지 등을 관찰하고 그 의미가 무엇인지를 이해·분석한다. 이를 통해 클라이언트가 전이에 대한 원인을 통찰하게 되면 전이감정이 해소되는데, 이로써 클라이언트는 과거의 영향으로부터 벗어나게 되며, 주요 정서적 갈등까지 해결하는 계기가 될 뿐만 아니라 보다 정서적으로 성숙한 인간이 될 수 있다.

한편 역전이는 클라이언트가 애정이나 분노를 표현했을 때 사회복지사가 거기에 맞춰 자기감정을 표현하는 경우를 말한다. 이런 경우 사회복지사는 사회복지실천의 개입을 중단하거나 슈퍼바이저에게 조언을 구하는 것이 필요하다.

(5) 해석interpretation

사회복지실천과정에서 나타난 클라이언트 행동의 의미를 사회복지사가 지적하고, 설명하고, 때로는 가르치기도 하는 기법이다. 해석은 시기의 적절성, 내담자가 소화해 낼 수 있을 정도의 깊이까지만 해석하고 클라이언트의 저항과 방어가 어떻게 나타나고 있는지를 먼저 자각하는 것이 중요하다.

(6) 훈습working through

끊임없이 전이와 저항에 대한 분석과 해석을 하여 클라이언트 자신에 대한 이해를 확대하고 반복함으로써 이해의 통합을 가져오게 하는 것으로, 훈습을 통해 클라이언트의 불안은 최소화되고 적합한 방법으로 자신의 문제를 이해할 수 있는 능력을 기르게 된다(설진화, 2008).

(7) 직면confrontation

클라이언트가 문제해결과정에 있어 저항과 비순응적 태도를 보이거나, 말과 행동 사이의 불일치나 모순이 있을 때 그것을 직접적으로 지적하는 것(Coumoyer, 1996)으로 클라이언트가 특정 현상에 대해 주의를 기울이고 무엇을 회피하려 했는지를 인식하도록 한다(설진화, 2008 재인용).

단, 직면은 정서적 부담이 크므로 사회복지사는 상황을 정확히 평가하여 클라이언트에게 거부되지 않으리라는 확신이 있을 때 이를 사용해야 한다(손광훈, 2009).

2) 자기방어기제

자기방어기제는 대부분 무의식적인 두려움과 심리 내부의 갈등을 조절하기 위해 사용된다. 사회적·도덕적으로 용납되지 못하는 성적 충동, 공격적 욕구, 미움 등은 어떤 위험으로부터 간주되어 갈등이나 불안을 느끼게 하는데, 이러한 갈등이나 불안을 처리하려는 자아의 무의식적 노력을 방어기제라 한다(금기윤 외, 2013).

방어기제는 불안을 감소시키고 때로는 대인관계에서 긍정적인 결과를 가져오기도 하지만, 심각한 정신병을 야기하기도 한다. 방어기제는 무의식 속에서 이루어지며, 위기 시에 어떤 방어기제를 두드러지게 사용하느냐에 따라 그 사람의 성격적 특성을 알 수 있다.

방어기제의 종류는 다음과 같다(임안나 외, 2011; 이신영·박선영, 2012; 배은숙 외, 2013; 구혜영, 2013; 설진화, 2008).

(1) 합리화rationalization

좌절이나 자신의 행동에 대한 비판을 겪는 사람이 자신의 진정한 동기를 감추고 행동을 정당화시키는 것으로, 입사시험에 떨어진 경우 자신이 준비를 제대로 하지 않은 것은 의식하지 않고 시험문제가 이상한 곳에서 출제되었다거나 배경이 있는 사람이 합격했다는 등의 이유를 대는 경우이다.

(2) 부정denial

무의식적으로 현실을 거부함으로써 현실과 관련된 정신적 고통을 피해보려고 하는 것으로, 갑자기 배가 아파 병원에 갔더니 말기 암에 1개월 밖에 살지 못한다는 말을 들으면 모두가 아니라고 부정하는 경우이다.

(3) 억압repression

억압이란 현실 세계에서 충족되기가 어렵거나 힘든 내용을 무의식의 본능이 의식화되는 것을 막기 위해서 더 깊은 무의식 속으로 눌러 버리는 것을 말한다. 일단 의식계로 올라온 본능의 내용을 무의식 속으로 눌러버리는 억제와는 달리 무의식적 작업이기 때문에 자신이 그러한 본능을 가지고 있는지, 또 그 본능을 억압했는지를 본인조차도 모른다. 예를 들어, 귀찮은 과제를 하지 않고 '깜박 잊었다'고 말하는 경우이다.

(4) 투사projection

자신의 결점이나 받아들일 수 없는 행동에 대한 책임을 다른 사람에게 돌리는 것이다. 예를 들어, 자신의 실수를 인정치 않고 주위 사람들을 비난하는 경우이다.

(5) 반동형성reaction formation

반동형성은 겉으로 나타나는 태도나 언행이 마음속의 생각이나 욕구와는 정반대인 경우의 방어기제이다. 즉, 위협적인 충동에 대처하기 위해 적극적으로 그런 충동에 반대되는 행동을 하는 것이다. 반동형성은 흔히 두 단계를 거쳐서 일어나는데, 먼저 받아들일 수 없는 충동을 일단 억압하고, 그 다음에 충동에 반대되는 행동을 의식적으로 한다.

이러한 반동형성은 불안을 감소시키기 위한 방어기제이지만 그것은 비합리적이고, 기만적이고, 위선적이다. 그렇기 때문에 반동형성이 자주 나타나는 사람은 현실을 왜곡해서 보거나 엄격하고 융통성 없는 성격으로 발달할 수 있다.

예를 들어, 누군가를 미워하거나 싫어하는 감정이 생길 때 거꾸로 그 사람과 친해지려고 하거나 친절하게 대하려고 한다. 또한 어떤 부모들은 의붓자식들을 미워하고 있다는 사실을 숨기기 위해 과잉보호를 진정한 사랑으로 보이고자 한다.

(6) 전치displacement

전치는 본능적 욕구나 충동의 표현을 재조정해서 자신의 감정을 표출하여도 덜 위험하거나 편안한 대상 혹은 사람을 향해 에너지를 분출함으로써 긴장을 완화시키는 방법이다. 그렇다고 본능적 욕구나 충동의 원천과 목표가 바뀌는 것이 아니라 다만 대상이 변하는 것뿐이다. 예를 들어, 아버지에게 혼이 난 뒤 동생을 때리는 경우이다. 그러나 본래의 대상과 유사하더라도 원래의 대상이 주는 만족보다는 못하기 때문에 긴장이 완전히 해소되지는 않는다.

(7) 퇴행regression

퇴행은 좌절을 심하게 당했을 때, 아주 심한 스트레스를 받았을 때, 과도

한 긴장이나 도전에 직면할 때 미성숙하거나 부적절한 행동을 함으로써 어려움을 피하거나 불안에 대처하는 것을 말한다. 예를 들어, 착하고 똑똑하던 아이가 동생이 생기자 고집도 세어지고, 말도 안 듣고, 대소변을 가리지 않는 경우이다. 그러나 퇴행이 두려움이나 불안정을 덜어 주기는 하겠지만, 결코 건설적인 해결은 못된다.

(8) 동일시identification

동일시는 부모 등 주위의 영향력 있는 사람이나 중요한 인물이 갖고 있는 특성을 자신의 성격 속에 흡수하여 일체화하는 과정이다. 다른 사람을 본받고 모방하려는 동일시는 성격발달을 결정하는 중요한 요소가 되며, 특히 아이들의 성격발달에서 매우 중요한 위치를 차지한다. 남자아이가 아버지를, 여자아이가 어머니를 동일시하는 것은 아동이 성역할을 배워나가는 발달적 과정의 한 부분이지만, 이것 역시 방어기제의 하나인 것이다. 예를 들어, 폭력적인 부모를 가진 아동이 학교에서 친구들에게 폭력적인 태도를 보이는 것이다.

동일시는 어떤 두려움을 극복하려는 측면에서는 방어기제이지만, 규율을 배우고 자기보다 나은 사람을 모방하는 과정을 통해 세상을 배워 나간다는 측면에서는 중요한 발달기제일 수 있다.

(9) 승화sublimation

승화는 직접 표현되면 문제가 될 수 있는 본능적 욕구나 성적 에너지, 참기 어려운 충동 에너지를 사회 규범에 맞게, 양심에 어긋나지 않게 사회적으로 용납되고 인정받으며, 존경받는 방향으로 바꾸어 사용하는 가장 건전하고 건설적인 방어기제이다. 승화는 다른 방어기제와는 달리 원초아를 반대하지 않으며, 자아의 억압이 없고 충동 에너지를 그대로 유용하게 전용하는 것이 특징이다. 예를 들어, 스트레스가 극에 달하여 집안에 있는 물건들을 부수고, 누군가와 싸우고 싶은 공격적 충동이 들 때 운동장에 가서 달리기를 하거나 운동으로 전환하여 승화시키는 경우이다.

그러나 승화가 이루어진다고 해서 본능적인 욕구나 충동이 완전히 사라지는 것은 아니다. 다만 긴장을 감소시켜 주는 대상이나 수단이 바뀔 뿐이다.

(10) 취소undoing

반동형성과 밀접한 관계가 있는 방어기제로서, 죄책감을 느끼는 일을 하고 나서 안한 것처럼 원상복귀라도 하듯이 또는 죄의식을 완화라도 하듯이 상징적인 행동이나 생각을 하는 경우이다. 즉, 타인에게 피해를 주었다고 느낄 때 그 피해적 행동에 대한 일종의 속죄행위이다. 예를 들어, 바쁠 때 보채는 아이를 한 대 쥐어박은 어머니가 하던 일을 제쳐 두고 달려가 구석에서 서럽게 울고 있는 아이를 안아 주면서 "아가, 내가 잘못했다! 울지 마"라고 말하며 달래 주는 경우이다.

(11) 보상compensation

자신의 결점이나 열등한 부분을 다른 것으로 채우려는 것을 말한다. 남보다 못하다는 생각이나 느낌이 사실 여부를 떠나 스스로의 결점으로 인식하여 이를 해결하고자 하는 행동이나 말로 나타날 경우가 이에 속한다. 예를 들어, 키가 작은 사람이 목소리가 큰 경우이다. 또한 성적이 좋지 못한 학생이 운동으로 명성을 얻는 경우 등을 말한다.

(12) 해리dissociation

마음을 편하지 않게 하는 성격의 일부가 그 사람 자신의 지배를 벗어나 하나의 독립된 성격인 것처럼 행동하는 방어기제이다. 예를 들어, 지킬박사와 하이드 같은 이중인격자, 몽유병, 잠꼬대 등이 있다. 주로 현실적인 고통을 참고 처리할 만큼 성숙되지 못한 사람이 감당할 수 없는 큰 고통에 직면했을 때 보이게 된다.

한편 방어기제를 사정하고 반응하도록 돕기 위해서는 몇 가지 유희할 점이 있다. 우선 방어기제 자체보다는 그 이면에 클라이언트가 방어기제에 의존하게 된 원인, 즉 충족되지 않은 욕구와 개인적 고통을 확인해야 한다. 또한 방어기제로 분류한 유형은 사람들이 행동하는 방식에서 추론한 가설적 개념 구성일 뿐이므로, 클라이언트의 행동을 특정 방어기제로 규정하거나 낙인찍어 해석하지 않도록 유의해야 한다.

이 외에도 함입, 전환, 거부, 고립, 환상형성, 원상복귀, 저항, 분리 상환, 유리, 지성화, 대리형성, 압축, 환상, 억제, 고착, 격리, 주지화, 자기로의 전향, 상징화 등이 있다.

03 정신역동모델의 실천과정

1) 실천의 개입목표

정신역동모델의 개입 목표는 클라이언트에게 행동의 패턴, 행동의 의미, 행동의 원인에 대하여 해석해 줌으로써, 과거의 경험에서 갖게 된 불안한 감정이나 무의식적 갈등을 의식화하여 이러한 것들이 어떻게 자신의 행동에 영행을 주고 있는지에 대한 통찰력을 갖도록 하는 것이다.

클라이언트로 하여금 무의식에 억압되어 있던 심리적 긴장과 불안을 똑바로 직면하게 하고, 무의식적 갈등이나 불안을 표현하게 하여 그것을 자각하게 함으로써 클라이언트의 자아강화와 더불어 건강한 방향으로의 성격수정을 유도하고 현실적으로 행동하도록 하는 것에 있다.

정신분석치료모델로 개입함으로써 얻을 수 있는 효과는 다음과 같다(손광훈, 2009).

(1) 성장의 촉진

한 사람의 성장과정이 정상 궤도에 들도록 하고 성장을 촉진시키기 위해서는 무엇보다도 인간의 기본적인 신뢰감과 안정감을 회복시켜야 한다. 또한 자기 동일성을 구축하도록 하며, 초자아로부터 어느 정도 자유로워지고 자기화된 건전한 양심을 형성해야 한다. 자신의 공격성에 대한 불안을 극복하고, 공격성을 건설적으로 활용할 수 있는 능력을 기르며, 성숙한 사랑을 할 수 있는 통합된 인격체가 되도록 해야 한다.

(2) 자기체계의 성숙

자기 책임감, 자기 동일성, 자기가치 감정 등이 포함된다. 자기책임감은 외부의 피해에 대한 걱정과 불안에서 어느 정도 자유로우며 자기반성의 비중이 커지게 되는데, 자기행동, 느낌, 결과 등에 대해 스스로 책임을 지고자 하는 사람은 실수나 실패를 그렇게 두려워하지 않는 것이다. 자기를 자기로 체험하게 하는 굳은 심지가 느껴지고, 갈등·변화·좌절·고난 속에서도 탄력 있는 자기 동일성을 유지하게 된다. 건강한 자기가치 감정은 자기와 타인을 있는 그대로 받아들이고 존경할 수 있는 기본적인 조건이다. 스스로 "이만하면 괜찮다"라고 자기를 평가하게 되면, 타인의 긍정적 반응이나 인정에 덜 의존하게 되며, 자신이나 타인을 비현실적으로 이상화하지 않아도 된다.

(3) 인간관계의 성숙

내적 분리와 개별화가 가능해진 상태이므로 맹목적으로 부모와의 관계에 매달리는 현상 등 훨씬 완화된다. 이와 더불어 동료관계가 원만해지며, 집단의 한 구성원으로서 어느 정도 만족스런 집단생활이 가능해진다.

(4) 현실수용

현실수용을 하면 자신이 "전지전능해야 한다"는 환상이나 그와 비슷한 상상, 신념 등과 같은 비현실적인 남근기적 거대 환상을 포기한다. 그로 인해 자신이 포함되지 않은 다른 사람들끼리의 관계를 인정하게 되며, 동경할 수 있는 능력이 키워진다. 또한 편안하게 마음을 놓을 수 있는 여유가 생기며, 정확한 현실검증 능력이 생긴다.

(5) 성숙한 대처방안

미숙한 방어를 경직되게 사용하는 것을 극복하게 된다. 방어는 심리 내적으로 혹은 어려운 상황에 적응하기 위하여 임시로 활용되는 것이 이상적이다.

(6) 체험의 충만감과 생동성

에너지 관리를 잘 하고 기쁨과 슬픔, 편안함 등과 같은 근본적인 생활감정을 정확하게 느끼고, 어떤 감정인지 알며 명명할 수 있는 능력이 생긴다. 이것은 동시에 삶을 채워주고 생활을 생동감 있게 해준다.

(7) 통합적 수용력

통합적 수용력을 갖게 되면 양가감정을 참아낼 수 있고 인지 능력을 경제적으로 관리하게 된다. 또한 합리적인 것과 비합리적인 것 사이의 긴장을 견디어 낼 수 있다.

(8) 자기분석 능력

자기분석 능력을 갖게 되면 자기통찰 능력을 키우게 되며, 통찰한 것을 행동으로 옮기는 능력을 갖게 된다.

2) 실천과정

(1) 실천대상

정신역동모델로 접근할 대상은 규칙적으로 짜인 일련의 상담 기간에 적극적으로 참여하고자 하고, 할 능력이 있으며, 동기가 있고, 언어 능력을 갖춘 클라이언트이다. 지적 능력이 제한되어 있거나 약물 의존적이거나 당장 해결이 필요한 문제로 인해 지나친 부담을 가진 클라이언트에게는 유용성이 떨어지므로 주의해야 한다(금기윤 외, 2013).

(2) 실천과정

① 초기 단계

상담자와 내담자가 상호 의존적이며 서로 신뢰하는 인간관계를 맺는다. 상담자는 내담자가 분석적 상담과정에 적응할 수 있는지를 평가하여 치료계약을 맺고 전이 관계를 형성하기 전까지의 단계를 말한다.

원조과정의 초기에 발생하는 불안에 직면한 클라이언트에게 편안함을 제공하여 사회복지사와 원조에 대한 저항을 줄이고, 방어적이지 않게 만들어 주는 것이 중요하다.

② 중기 단계

상담자와 내담자가 상호 신뢰를 바탕으로 본격적인 문제해결을 하는 단계로, 내담자가 상담자의 도움으로 자신의 과거와 무의식에 대한 통찰을 경험하는 한편, 통찰을 방해하는 저항을 경험하기도 한다(이장호, 1998; 노안영, 2006; 배은숙 외, 2013 재인용).

상담이 진행되는 과정에서 클라이언트는 사회복지사의 생각과 태도 중 많은 부분을 받아들이기도 하고, 자신의 갈등과 관련 있는 과거의 어떤 중요한 인물에 대한 정서적 반응을 사회복지사에게 옮기게 되는 전이현상을 보인다.

또한 클라이언트가 자신의 문제에 대한 통찰이 깊어지는 단계로 클라이언트가 독립된 하나의 인격체로서 세상을 향해 나아가야 하기 때문에 독립된 정체감을 확립하는 것이 필요하다. 이때 사회복지사는 독립된 정체감을 확립하는 성장을 위한 투쟁과정에서 퇴행을 보일 수 있으므로, 강하고 공정하며 일관성 있는 부모의 모습으로 클라이언트가 독립된 인격체로 성장하는 도전을 이해하고 도와줘야 한다(장인협, 2005).

③ 종결 단계

상담목표에 도달했다고 판단될 때 상담의 종결이 이루어지는데, 내담자가 전이를 이해하고 자신의 문제에 대한 통찰력을 얻게 되어 결과적으로 문제를 이해하게 되었을 때이다.

자신의 행동과 그것의 과거 뿌리를 이해할 수 있도록 원조하여 스스로의 방어기제를 의식하도록 하고, 좌절과 실패에 대응하는 방법을 생각할 수 있게 한다.

04 정신역동모델의 평가

정신역동모델이 사회복지실천에 주는 긍정적 의의를 세 가지 측면으로 보면 다음과 같다.

첫째, 정신역동모델이 인간의 무의식적 동기를 이해하고 그러한 동기와 아동기 경험에 기초한 사회적 기능 및 관계를 맺는 행동을 이해하는 데 준 통찰력은 매우 귀중한 유산이라 할 수 있다.

둘째, 정신역동모델은 언어를 통해 인지, 정서, 관계 행동에 대한 클라이언트의 지각과 느낌을 주고받으며 의미를 재구성하는 방법의 원조로서, 말을 통한 자기이해와 행동의 변화 노력은 사회복지실천에도 중요한 실천적 함의를 준다.

셋째, 정신역동모델은 개별 클라이언트의 상황, 즉 사례를 연구하는 방법의 모태가 된다.

정신역동모델을 사회복지실천에 응용할 때 고려해야 할 한계점도 있다.

첫째, 클라이언트 스스로 자신에 대해 통찰력을 얻고 성장하는 것이므로 심리내적 측면에 많은 비중을 두게 된다. 이는 사회적 환경을 중시하고 다양한 경제, 사회, 문화적 취약성과 장애를 파악하여 그 대응을 돕는 사회복지실천과는 부합되지 않을 수 있다.

둘째, 개인 클라이언트의 역기능적 성격과 행동의 변화를 위해 아동기 양육자와의 관계에서 정서적 고통, 병리적 증상 등을 중심으로 문제 중심 접근을 하므로 클라이언트의 강점을 간과하게 할 수 있다.

셋째, 성인 클라이언트의 경우에도 유아 및 아동기부터의 발달력과 양육자와의 관계 속에서 자아 기능이 중요하므로 정기적 치료과정이 필요할 수 있는데, 현재를 중심으로 서비스를 제공하는 사회복지실천 및 사회복지실천에서 추구하는 단기 개입과 조화를 이루기 힘들 수 있다.

넷째, 정신역동모델은 클라이언트가 자신의 내면을 파악하려는데 관심과 동기가 높아야 하고, 자신에 대해 서술하고 표현하는 데 능숙할 필요가 있으므로 이러한 요건과 적절히 맞는 클라이언트에 한정되게 적용될 수 있을 것이다(이신영 · 박선영, 2012).

05
CHAPTER

인지행동모델과 개입기술

01 인지행동모델의 기본적 이해

1) 개요

인지행동모델은 인간이 생각하고 느끼고 행동하는 것이 상호 관련된다는 전제 하에, 정보처리과정에 주목하는 인지이론과 사회학습을 근간으로 하는 행동이론의 절충적 접근이며, 인지치료와 행동치료라는 두 가지 효과적인 치료가 결합된 인지행동치료이다. 환경 속의 인간(person in environment)의 관점을 취하는 사회복지실천에서 환경과의 맥락 속에서 인간을 이해하는 인지행동적 시각이 필수적이다(양옥경 외, 2009).

2) 철학 및 이론적 배경

인지행동모델은 인지이론과 행동주의이론에서 나온 개념들을 통합적으로 적용한 것으로, 인지치료자들은 행동수정 방법들 중 일부를 채택하여 어려움을 극복하도록 돕는 것을 제시하였으며, 행동수정가들은 인지치료자들의 목표와 과정이 자신들의 목표 및 과정과 유사점이 있다는 것을 지적하였다.

■ 인지행동주의모델의 기본적인 가정

첫째, 인지활동은 행동에 영향을 미친다.

둘째, 인지활동은 모니터되고 변경될 수 있다.

셋째, 바람직한 행동변화는 인지변화를 통한 영향을 받는다는 것이다(Dobson & Dozois, 2001; 설진화, 2009 재인용).

따라서 인간과 환경이라는 사회복지실천의 이중적 관심을 모두 포괄하는 새로운 대안적 관점의 하나가 바로 인지행동적 관점이다.

인지행동모델은 1920년대 최초의 인지치료자인 알더(Adler)의 개별심리학을 시작으로, 엘리스(Ellis)의 이성 및 감성 정신치료, 워커(Walker)의 이성적 개별사회사업, 글래서(Glasser)의 현실치료, 벡(Beck) 등의 이론들을 토대로 발전하였다. 이 모델은 인지활동이 행동에 영향을 미친다는 것과 바람직한 행동변화는 인지변화를 통해 이루어질 수 있다는 기본적인 가정을 공유한다.

3) 주요개념

(1) 벡(Beck)의 인지치료

벡은 인간의 인지를 설명하는 요소를 스키마(Schema), 규칙, 기본, 신념 등으로 설명하였다. 스키마란 인지의 구조를 말하는 것으로서 인간의 사고, 감정, 행동을 결정짓는다.

스키마의 산물인 '자동적 사고(automatic thought)'란 어떠한 사건에 대한 즉각적이고 계획되지 않은 해석을 의미하는 것으로서 정서와 행동에 영향을 미친다.

인지왜곡을 가져오는 자동적 사고의 예로는 임의적 추론, 선택적 추상화, 과잉일반화, 이분법적 사고 등이 있다.

① **임의적 추론**(arbitrary inference): 결론을 지지하는 증거가 없거나 증거가 결론과 배치됨에도 어떤 결론을 이끌어 내는 과정으로 자기 마음대로 추론을 해버리는 경향

예 "내가 너무 뚱뚱해서 지나가는 사람이 다 쳐다보는 것 같아."

② **선택적 추상화**(selective abstraction): 맥락에서 벗어난 한 가지 세부 특징에 초점을 기울이고 보다 분명한 다른 특성은 무시한 채 단편적 경험에만 기초하여 전체 경험을 개념화한 것으로, 여러 가지 일에 신경쓰지 않고, 자신과 관련 있다고 생각되는 일에만 선택적으로 추상화하여 생각하고, 그 이외의 정보는 무시해버림

예 "몸무게만 줄이면 대인 관계도 모든 일도 다 잘된 거야."

③ **과잉일반화**(overgeneralization): 하나하나 그 이상의 특징 사건에 기초하여 일반적 결론을 도출하여 관련되지 않는 상황에까지 광범위하게 적

용하는 경향

예 "내가 몸무게를 조금 더 빼지 못했기 때문에 그 남자가 더 이상 나를 만나려고 하지 않는 거야."

④ **이분법적 사고**(dichotomous thinking): 모든 경험을 양 극단의 범주 중 하나로 평가하는 경향

예 "완벽하게 하지 못하면 실패한 거야", "순결하지 못한 것은 불결한거와 마찬가지지."

(2) 엘리스(Ellis)의 합리적 정서행동치료

우리는 일상생활에서 발생하는 사건이나 상황에 대하여 사람마다 다르게 반응하는 것을 흔히 볼 수 있다. 이는 사건 자체보다 사건을 받아들이는 개인의 신념체계가 인간의 감정이나 행동에 영향을 미친다고 보는 것으로 엘리스의 합리적 정서행동치료의 핵심 개념이다.

합리적 정서행동치료에서는 인지, 정서, 행동이 서로 구분되는 것이 아니라 본질적으로 통합되고 전체적인 것이라고 본다.

엘리스의 합리정서적 행동치료(REBT: Rational Emotive Behavior Therapy)는 자기패배적 행동과 정서적 고통을 야기하는 비합리적 사고와 신념에 초점을 두고 있다.

합리적 정서행동이론의 가정은 ① 사람들은 합리적 신념, 비합리적 신념 모두를 가지고 있는데, 비합리적 신념이 많고 깊이 뿌리박혀 있을수록 고통을 겪게 되고, ② 비합리적 신념을 합리적 신념으로 대체함으로써 심리적 고통은 감소된다고 보는 것이다(오창순 외, 2010).

엘리스는 사람들이 일반적으로 갖고 있는 비합리적 신념을 당위적 사고, 과장, 자신 및 타인 비하, 인내심 부족의 네 가지로 차원화하였다(Ellis & Eryden, 1987: 이현림, 2008, 재인용).

① 당위적 사고

'반드시 ~해야 한다'는 형태의 사고로서, 예를 들면 '세상은 항상 공평해야 한다.', '나는 반드시 이 분야에서 성공해야 한다' 등 경직된 사고를 말한다. 엘리스는 당위적이고 경직된 사고가 인간문제의 근본원인이 되며 과장, 지신 및 타인비하, 인내심 부족 등의 비합리적 결과를 초래한다고 하였다.

② 과장된 사고

과장화 또는 재앙화라고도 한다.

예 '시험에 떨어진다는 것은 세상의 종말을 뜻한다. 그런 끔직한 일은 있을 수 없다', '이혼은 내 인생의 실패를 뜻한다.'

③ 자신과 타인에 대한 극도의 비하, 파멸적 사고

'~ 하면(한 것을 보니), 나(그)는 쓸모없는 사람이다'라는 사고는 일부나 하나의 부정적인 면을 가지고 전체를 부정적인 것으로 간주해 버리는 경향

예 '기말고사를 망쳤으니 나 같은 바보천지가 또 있을까'

④ 좌절에 대한 인내심 부족

부적응적인 클라이언트는 원하는 것이 주어지지 않을 때 그 상황을 견디기 어려워하고 행복감을 느끼지 못한다. 이와 같은 비합리적 신념을 가진 사람은 부적응적 정서와 행동을 보인다. 반대로 합리적 신념이나 융통성 있는 사고를 하는 사람은 긍정적이며, 적응적인 정서와 행동을 보인다. 그러므로 합리적 정서행동치료를 통해 비합리적 신념을 합리적 신념으로 바꾸는 것이 개입의 핵심이 된다.

(3) 스키너(Skinner)의 행동주의이론

스키너의 행동주의이론에서 인간의 행동은 학습된 것이며, 학습 조건의 변화와 조작에 따라 수정이 가능하다고 보았다. 또한 인지이론이 강조하는 인간의 의식, 생각, 신념과 같은 심리적인 측면은 믿을 수 없는 것이라 보고, 관찰 가능한 행동으로서 행동을 변화시키는 데 도움이 되는 학습이나

재학습 경험에 초점을 맞춘다(이현림, 2008).

스키너는 인간의 모든 행동은 긍정적 강화와 부정적 강화에 의하여 결정된다고 하였다. 행동주의이론에서의 주요 개념을 정리하면 다음과 같다.

① 강화와 처벌

강화는 특정 행동에 뒤따르는 결과 중에서 행동재현 가능성을 높여주는 것이며, 벌은 행동재현 가능성을 낮추는 것이다. 행동의 빈도를 증가시키는 강화에는 두 가지 종류가 포함되어 있는데, 즐거운 결과를 의미하는 정적 강화와 혐오적 결과를 제거하는 부적 강화가 있다.

- 정적 강화: 숙제를 잘해오는 아동에게 칭찬이나 선물 등의 보상을 제공하는 것
- 부적 강화: 부모가 지나친 잔소리를 줄임으로써 숙제하기 같은 아동의 긍정적 행동의 빈도를 증가시키는 것

벌은 행동 후에 혐오자극을 제공함으로써 행동의 빈도를 감소시키는 것으로 체벌, 벌금 등이 그 예가 된다. 또한 벌은 그 효과를 유지하기 위하여 계속적인 감독이 필요하며, 새로운 행동에 대한 학습에는 부적절하다. 그러나 어떤 것이 강화이고 벌이 될지는 기능적 분석, 즉 행동의 증가나 감소가 일어나는지를 관찰해야만 구분이 가능하다(권중돈 · 김동배, 2005).

② 강화 스케줄

행동 증가를 목적으로 사용하는 강화물을 제시하는 빈도를 강화 스케줄이라고 한다. 행동의 유지나 새로운 행동의 학습은 강화 스케줄에 따라 달라진다.

연속강화 스케줄은 개인이 특정 행동을 할 때마다 매번 강화하는 것

예 어려운 수학문제를 하나씩 풀 때마다 칭찬을 받은 학생(연속강화)은 칭찬이 중단되면 의기소침해지고 문제 풀기에 흥미를 잃게 된다.

간헐강화 스케줄은 어떤 때는 강화하지만 어떤 때는 강화하지 않는 것이다.

예 가끔 칭찬받은 학생은 칭찬이 끊겨도 공부에 열중하는 경향이 지속된다.

③ 소거

소거는 제공되었던 강화물을 멈추어 특정 행동을 감소시키는 것이다. 소거는 처벌처럼 어떤 것을 새롭게 제시하거나 기회의 특권을 빼앗지 않는다.

예 과자를 달라고 조르는 아이의 행동을 무시해버리는 것

소거는 단지 강화되었던 행동을 무시하는 것이다(이윤로, 2008).

조작적 소거는 강화를 통하여 유지되는 행동과 함께 일어날 수 있는데, 강화물이 중단되면 행동이 일시적으로 강화될 수 있으나, 이어서 줄어들 것이며 궁극적으로는 완전히 소멸된다(양옥경 외, 2010).

④ 자기통제

자기통제란 자신이나 타인에게 유해한 것으로 인식된 역기능적인 행동을 감소시키고, 기능적인 행동을 증가시킬 수 있는 개인의 능력을 말한다. 자기통제는 내담자를 가르치는 것, 내담자가 학습된 레퍼토리를 미래의 자기개입활동으로 유지시키는 것이다(Fischer, 1978; 이화자, 2001).

⑤ 행동조성

행동조성은 복잡한 행동이나 기술을 학습시키는 데 매우 유용한 방법으로, 기대하는 반응이나 행동을 학습할 수 있도록 기대에 부응하는 행동에 대해서 강화를 함으로써 행동을 점진적으로 만들어가는 것이다(권중돈 · 김동배, 2005).

(4) 파블로프(Pavlov)의 고전적 조건화

고전적 조건화는 1900년대 초 러시아의 생리학자이며 노벨수상자인 파블로프가 음식과 침샘분비 간의 상관관계를 알아보는 '개의 침샘실험'에서 비롯된 이론이다.

① 무조건반응

무조건자극이 제시되었을 때 자연적으로 유발되어 나오는 자동적인 반응을 말한다.

예 개는 고기를 보면 무조건 침을 흘리는데 여기서 침을 흘리는 것은 무조건반응이 된다.

② 무조건자극

유기체로 하여금 자동적으로 정서적·생리적 반응을 일으키게 하는 자극을 말한다.

예 개로 하여금 무조건 침을 흘리게 하는 고기는 무조건자극이 된다.

③ 중성자극

반응을 일으키지 못하는 자극을 말한다.

예 개에게 조건자극이 되기 전에 종소리자극은 개로 하여금 침을 흘리는 어떠한 반응도 일으키지 못하는 중성자극이다.

④ 조건자극

유기체로 하여금 조건형성 후 정서적·생리적 반응을 일으키게 하는 자극을 말한다.

예 개에게 고기를 주기 전에 종을 울리면 일정 기간이 지난 후 개는 종소리만 듣고도 침을 흘리게 되는데, 여기서 종소리는 조건자극이 된다.

⑤ 조건반응

조건자극에 의해 유발되는 학습된 반응을 말한다.

예 개에게 고기를 주기 전에 종을 울리면 일정 기간이 지난 후 개는 종소리만 듣고도 침을 흘리게 되는데, 여기서 종소리만 듣고 침을 흘리는 행동은 조건반응이 된다.

⑥ 조건화

조건자극에 의해 조건반응을 보이게 된 상태를 말한다.

예 개가 종소리만 듣고 음식을 보지 않았음에도 침을 흘리게 되었다.

⑦ 조건일반화

훈련을 받아 조건화된 자극뿐만 아니라 다른 유사한 자극에도 반응하는 것을 말한다.

예 특정한 종소리에 침을 흘리도록 학습된 개는 똑같지는 않아도 조건자극의 종소리와 유사한 종소리에도 침을 흘리는 반응을 보인다.

⑧ 변별

비슷하지만 서로 다른 자극에 대해 다르게 반응하도록 학습하는 것을 말한다.

예 특정한 종소리 후에 고기가 제공되지 않으면 개는 곧 고기가 주어지는 특정한 종소리에만 침을 흘리고 다른 종소리에는 침을 흘리는 반응을 중지한다.

⑨ 소거

조건자극이 제시되나 학습된 반응이 점차 사라지는 것을 말한다.

예 획득된 조건반응도 조건자극이 무조건자극과 결합되지 않은 채 계속 단독으로만 제시되면 조건자극은 원래의 중성자극으로 돌아가게 된다. 즉, 개에게 종소리만 들려주고 음식물 제공이 되지 않음이 반복되면, 이미 학습된 조건반응은 희미해지면서 결국 사라지게 된다.

⑩ 자발적 회복

소거가 이루어진 후에도 중성자극과 무조건자극을 반복적으로 재연합시킴으로써 다시 일어나게 되는 조건반응을 말한다.

예 소거를 통해 이미 중성자극이 된 종소리를 무조건자극인 고기와 연합시킨 채 다시 종소리를 반복적으로 개에게 들려주면, 종소리에 침을 흘리는 조건반응이 다시 나타난다.

02 인지행동모델의 개입기법

1) 인지재구조화cognitive restructuring

인지재구조화는 역기능적이고 자기패배적인 사고와 잘못된 신념을 인식하여, 그것을 현실과 부합되며 클라이언트의 기능을 향상시킬 수 있는 행동으로 대체시키는 데 유용한 개입기법이다(장수미 외, 2010).

인지재구조화를 적용시키기에 효과적인 문제에는 낮은 자아존중감, 대인관계에 대한 왜곡된 인식, 자신과 타인, 삶에 대한 비현실적 기대, 비이성적 두려움, 불안과 우울, 분노와 충동의 부적절한 통제, 자기주장의 결여 등이 있다.

인지재구초화는 모델링, 행동시연, 이완훈련, 자기주장훈련, 약물치료, 체계적 둔감화와 같은 기술과 함께 사용하는데, 이는 단독으로 사용될 때보다 병용하는 것이 효과적이기 때문이다.

클라이언트의 사회적, 행동적 또는 감정적 역기능 상태의 해결을 위해 인지재구조화 기법의 실시 단계는 다음과 같다.

- 인지기능에 대하여 이해한다.
- 역기능적 신념과 사고 패턴을 파악한다.
- 역기능적 사고의 발생 상황을 규명한다.
- 자기패배적 진술을 기능적으로 대체시킨다.

마틴(Martin)은 인지재구조화가 효과적으로 나타나는 까닭은 치료자들이 내담자가 일상생활에서 규칙을 계속 적용하도록 하기 위하여 특정 상황에서 특정 행동을 하는 것에 대한 규칙을 연습하도록 가르치기 때문이라고 강조하였다.

피셔(Fisher)는 사회복지실천기법으로 사용할 수 있는 인지적 재구성 전략은 첫째, 외부 세계에 갖고 있는 잘못된 개념, 비현실적 기대 및 잘못된 생각들을 변화시키고, 둘째, 자기 자신에 대한 비합리적 서술을 수정, 셋째, 문제해결 능력 및 의사결정 능력의 배양, 넷째, 자기통제 및 자기관리 능력의 함양 등을 강조하였다.

2) 체계적 둔감화systematic desensitization

체계적 둔감화는 울페(J. Wolpe)가 개발한 기본적인 행동적 절차이다(Gerald Corey; 조현춘, 2004).

체계적 둔감화란 불안을 일으키는 자극을 가장 약한 정도에서 가장 강한 자극으로 옮겨 가며 점차 자극에 대한 반응강도를 감소시켜 나가는 기법이다.

체계적 둔감화는 클라이언트가 불안을 일으키는 상황에 스스로를 드러내기 때문에 노출기법의 형태라고 할 수 있다.

체계적 둔감화기법의 적용은 일반적으로 세 단계로 이루어진다.

1단계는 근육의 이완훈련으로 시작한다. 2단계에서는 클라이언트에게 불안을 일으키는 상황을 제일 위에 두고 가장 낮은 불안을 일으키는 상황을 제일 밑에 두어 불안을 느끼는 정도에 따라 그 순서대로 불안의 위계를 작성한다. 3단계에서는 근육을 이완하도록 한 후 가장 약한 불안을 야기하는 상황에서부터 차례로 상상하도록 하여 불안 유발자극을 제시한 다음 근육이완에 의해 불안을 제거하는 것이다.

각종 불안증, 공포증, 말더듬이, 성적불안증, 여러 가지 신경증적 증상을 가진 클라이언트에게 적용할 수 있다(이현림, 2008 재인용).

3) 모델링Modeling

모델링은 행동견본을 제시함으로써 개인이 유사한 행동을 하도록 유도하는 절차이다. 마틴과 피어(G. Martin & J. Pear)는 모델링을 효율적으로 사용하기 위한 지침을 다음과 같이 제시하였다(임임순 외, 2010).

- 가능하면 내담자의 친구나 동료 중에서 그리고 지위와 명성에서 능력 있는 사람을 모델로 선택하라.
- 모델은 한 명보다는 여러 명의 모델을 사용하라.
- 시범을 보이는 행동의 복잡성은 내담자의 행동수준에 맞게 하라.
- 모델링과 규칙을 결합하라. 규칙은 행동통제를 강화한다.
- 내담자가 모델이 행동을 수행하고 강화 받는 것을 보게 하라.
- 가능하다면 시범으로 보인 행동을 내담자가 정확하게 모방하면 자연적 강화물을 주도록 하라.
- 행동이 아주 복잡한 경우에는 처치를 받고 있는 사람이 매우 쉬운 것부터 더 어려운 것으로 접근할 수 있도록 모델링 순서를 배열하라.
- 자극 일반화를 높이기 위하여 모델링 장면을 되도록 현실적으로 구성하라.
- 모델을 사용하지 않고 다른 자극이 목표행동을 통제하도록 하려면 필요한 만큼 용암법을 사용하라.

4) 자기주장훈련assertiveness training

자기주장훈련은 클라이언트의 자기주장 능력을 증진시키는 기술로서, 자신의 생각이나 감정, 권리를 적절하게 표현하거나 전달하는 데 어려움을 겪는 클라이언트를 대상으로 한다.

자기주장훈련은 인간관계에 있어서 부적응적 불안반응이 습관화되어 자기주장적 감정과 행동을 억제하고 있는 개인들에게 자기를 주장하는 반응을 할 수 있도록 도움을 준다. 자기주장훈련의 목표는 클라이언트가 광범위한 대인관계 상황을 효과적으로 다루기 위해 필요한 기술과 태도를 갖추게 하는 것으로 기본 목표는 다음과 같다(이현림, 2008).

- 자신이 주장할 권리에 대해 자기패배적 신념이나 불합리한 신념을 인식시키고 변화시킨다.
- 자신의 권리와 다른 사람의 권리를 존중하는 것에 가치를 두는 태도를

발달시킨다.

- 공격적, 주장적, 수동적 행동을 확인하고 구분하는 방법을 학습한다.
- 새롭게 배운 주장기술을 특정한 대인관계 상황에 적용할 수 있는 능력을 갖춘다. 주장훈련은 모델링을 활용한다.

5) 소크라테스식 대화법

소크라테스식 대화법은 문답식 산파술이라고도 한다. 이 기법은 학습과 회상에 도움을 준다. 따라서 소크라테스식 대화법은 내담자가 자신을 스스로 돕고 문제를 해결할 수 있는 방법을 배울 수 있게 된다(박경애, 2010).

인지행동치료는 최근 우울증, 불안장애, 공황장애, 범불안장애, 사회공포증, 강박장애, 외상 후 스트레스장애, 강박증, 중독의 문제로 어려움을 겪는 클라이언트들에게 효능 있는 실천방안으로 연구된다.

6) 득과 실의 분석decision matrix

득과 실의 분석기법은 자기 결정에 어려움을 가진 클라이언트가 주요한 결정을 내릴 때 행동 결정으로 인한 득과 실을 충분히 생각해 보도록 돕는 데 매우 유용하다.

예 과다한 음주를 가진 클라이언트에게 득과 실의 분석표를 작성하게 함으로써 음주를 계속했을 경우와 중단했을 경우의 이익과 손해를 스스로 생각하여 최선의 결정을 내리도록 돕는다.

이혼을 고려하는 가정폭력피해 여성에게 이혼할 경우와 하지 않을 경우 어떤 상황이 발생할지에 대해 생각해 보도록 하여 당면한 문제해결에 클라이언트 스스로 최선의 결정을 하도록 한다.

이 기법은 클라이언트의 적극적 참여로 이루어지며, 유사한 문제를 가진 집단을 대상으로 했을 때도 효과적이다. 클라이언트가 사회적인 도움에 빠

졌을 때, 정상적인 사회적 기능을 하도록 돕는 사회기술 훈련기법도 포함될 수 있다.

7) 역설적 의도기법

역설적 의도기법은 사회복지사가 문제의 행동을 의도적으로 하게 함으로써 스스로 그 문제행동이 가져오는 결과에 대해 인지하도록 하는 기법

예 간질 발작을 두려워하는 클라이언트에게 회의가 시작할 때마다 간질 발작을 의도적으로 일으켜 볼 것을 주문하는 것

8) 활동 스케줄 작성기법

활동 스케줄 작성기법은 첫 회기에서 활동 스케줄을 작성하는 일을 과제로 활용하여 클라이언트의 현재 시간 사용을 평가하고, 생산적인 시간 사용을 계획하는데 도움을 주는 기법이다(박영숙 외, 2008).

9) 행동시연기법

행동시연기법은 사회복지사가 클라이언트의 수행에 대하여 피드백을 주면서 보다 나은 행동을 하도록 가르칠 수 있다. 이때 사회복지사는 클라이언트의 인지적 문제가 발생하는 구체적 상황을 다루어야 한다.

10) 이완, 명상 및 호흡기법

이완, 명상 및 호흡기법은 불안한 클라이언트들에게 점진적인 이완, 심호흡, 명상 등을 활용하여 자신의 산란한 마음과 불안에 대해 통제력을 가질 수 있도록 돕는 기법이다.

이외에도 문서, 오디오 테이프나 비디오테이프의 사용을 통한 자기모니터, 독서요법, 역할연습, 상대방 역할 모의수행 등이 있다.

03 인지행동모델의 실천과정

1) 실천의 개입목표

인지행동모델의 목표는 클라이언트가 당면한 문제를 해결하고, 역기능적 사고와 행동을 수정하는 것을 목표로 한다(이영호, 2008). 즉, 인지치료적 방법으로 교육을 통해 상황을 왜곡하여 해석하는 방식을 변화시키거나, 기능적인 차원에서 해석하는 방식을 배움으로써 정서의 변화를 강조한다. 또한 관찰학습을 통해 새로운 기능적 행동을 학습하고 실제 상황에 적용하도록 격려하면서 행동주의적 강화를 통해 행동의 변화를 유지시키는 것을 목적으로 한다(임은희, 2008). 따라서 클라이언트는 자신의 문제를 인지문제로써 이해함에 따라 다음과 같은 유익을 얻는다.

(1) 자신의 문제를 구체적으로 이해할 수 있다.
(2) 자기 자신의 인지를 관찰하고, 자신의 변화를 깨닫기 쉽다.
(3) 치료과정이나 치료효과를 이해하기 쉽다.
(4) 클라이언트는 행동수정을 통하여 자기효능감을 발견하기 쉽다.
(5) 클라이언트는 자기통제를 하기 쉽고, 언어보조가 용이하다는 이점을 얻을 수 있게 된다.

인지행동모델은 클라이언트가 문제에 대한 대처방법이나 자기통제를 할 수 있는 방법의 습득을 인지행동치료의 개입과정에서 학습하는 것을 목표로 한다.

■ 개입의 기본 전제

인지행동모델의 접근 방법 시 기본적인 사회복지사의 자세는 다음과 같다(최선화, 2008).

첫째, 클라이언트가 경험한 주관적 경험의 독특성을 이해해야 한다.

둘째, 사회복지사와 클라이언트는 협력적 노력을 해야 한다.

셋째, 자신과 타인을 위한 무조건적 관심이 있어야 한다.

넷째, 구조화되고 직접적인 접근을 해야 한다.

다섯째, 클라이언트는 적극적으로 참여하고 역할을 수행해야 한다.

여섯째, 교육적인 성격을 지녀야 한다.

2) 개입과정

(1) 초기 단계

① 접수

심신의 이완상태를 유도하는 대화 및 간단한 호흡을 시행하여 클라이언트가 편안한 상태에서 사회복지사와 대화할 수 있는 상태를 만든다.

이 단계에서는 인간이 살아가면서 문제를 경험하는 것은 지극히 정상이며 또한 피할 수 없는 것을 충분히 인식시키고, 클라이언트의 입장에서 문제를 이해하고 받아들이도록 노력해야 한다.

② 문제청취

사회복지사와 클라이언트 사이에 충분한 라포(rapport)가 형성되어야 클라이언트의 문제 또는 사고체계가 드러낼 수 있으므로, 문제청취 단계에서는 클라이언트가 호소하는 어려움을 있는 그대로 받아들이면서 이해하도록 노력해야 한다.

즉, 이 단계에서는 클라이언트의 사고와 논리체계에 문제가 있더라도 일단 받아들이면서 이해하도록 노력한다.

③ 문제 우선순의의 설정

클라이언트의 문제들은 복합적이고 상호 연결되어 있는 경우가 대부분이다. 이러한 복잡하고 다양한 문제들 가운데 우선적으로 개입할 문제를 찾아내야 한다.

문제의 우선순의를 정할 때에는 클라이언트의 입장에서 쉽게 성취 가능한 작은 변화를 목표로 하는 문제를 선정하는 것이 좋다.

④ 부정적 인지 사고체계 탐색

이 단계는 문제 속에 내재하는 역기능적 믿음, 사고체계, 인식체계 등을 찾아내도록 돕는 단계이다.

잘못된 인식체계를 찾아내는 과정에서 사회복지사와 클라이언트는 클라이언트가 갖고 있는 인식 및 사고체계가 어떻게 작용하여 어떤 결과를 낳게 하였는지 알아야 한다. 그리고 그 인식 및 사고체계를 변화시켜야 하는 이유는 무엇인가에 대해 충분히 토의한 후 동의해야 한다.

클라이언트의 잘못된 믿음 체계를 확인하는 전략은 다음과 같다.

- 어떻게 해서 현재 자신이 갖고 있는 믿음에 이르게 되었는가를 질문
- 현재의 역기능적 관점이나 믿음을 뒷받침할 수 있는 증거를 제시할 것을 요구
- 마지막으로 어떤 행위 뒤에 일어날 결과에 대해 지나친 걱정이나 두려움을 갖게 된 논리에 도전하는 방법

⑤ 자료수집

사회복지사의 개입 후 클라이언트의 문제 상황이 해결되었는지를 사후에 평가하기 위해서는 개입 전의 문제 상황에 대한 자료수집이 필요하다.

문제 상황에 따라 자료의 성격이 달라지겠지만 대부분의 문제는 문제의 발생빈도, 문제의 정도나 강도, 문제가 지속되는 기간 등의 형태로 측정될 수 있을 것이다.

(2) 개입 단계

① 부정적 인지 사고체계의 정화분석

클라이언트로 하여금 부정확한 인식이나 잘못된 생각 등을 갖게 한 주변의 사건이나 상황을 클라이언트 스스로 분석하여 그 당시에 자신이 가졌던

생각이나 믿음의 합리성 정도를 평가하도록 한다.

클라이언트로 하여금 어떤 생각을 갖게 했던, 그래서 감정을 상하게 했던 구체적 장소, 관련된 주요 인물. 구체적 상황, 클라이언트의 행동 등으로 나누어 묘사하도록 한다.

② 순기능적 인지 사고체계로 전환

자기파괴적 인식체계를 자기구술로 순기능적으로 바꾸도록 사회복지사가 모델링을 통해 도와준다.

이 과정에는 예전에 해보지 않았던 새로운 생각을 하게 되기 때문에 갈등, 불안 등 내키지 않아 하는 형상이 나타날 수 있으므로, 시범을 보여준 후 그것을 따라 할 마음의 준비가 되어 있는지를 확인하면서 조심스럽게 진행한다.

처음에는 상황에 진입하기 전의 상황에서 자기구술로써 변화연습을 하고, 그것을 어느 정도 소화했을 때 진입 중 및 진입 후의 단계로 이전해 간다.

이때 제시되는 대안적 사고나 행동은 가능하면 구체적이어야 한다.

③ 변화를 지속시키기 위한 과제 내주기

개입과정에서의 변화가 지속되지 않으면 개입의 효과는 없다고 볼 수 있다. 따라서 변화된 인지체계가 현실생활 속에서 계속 유지될 수 있도록 클라이언트에게 과제를 내준다.

과제의 목적은 클라이언트가 일상생활에서 경험하는 심리사회적 어려움 가운데서 자신에게 행하는 역기능적 자기구술을 관찰하고 발견하여, 그것을 순기능적 자기구술로 바꾸는 훈련을 지속적으로 하도록 하는 데 있다.

사회복지사는 클라이언트의 과제수행 여부를 수시로 점검하여 클라이언트의 변화 노력에 지속적인 관심과 지지를 제공한다.

(3) 종결(평가)단계

개입을 종결하면서 개입의 효과성 및 목표달성의 정도를 평가하는 단계이다.

평소에 갖고 있던 역기능적 인식체계나 사고체계가 어느 정도 합리적 대안체계로 변화되었는가를 확인하는 단계이다. 앞서 역기능적 문제를 유발했던 상황 또는 그와 비슷한 상황 속에서 역기능적 사고의 빈도, 강도, 지속시기 등이 어느 정도 변화되었는가를 확인하고 평가한다. 또한 이러한 인지·사고체계의 변화로 인해 전에 경험하던 사회심리적 문제가 현실생활 속에서 어느 정도 해결되었는지를 살펴본다.

04 인지행동모델의 평가

인지행동모델은 인간과 환경의 호혜적 상호교류를 잘 설명하며, 사회복지의 직접적 실천에 쉽게 적용될 수 있는 개입전략과 지침을 포함하고 있다. 하지만 인지행동이론에 근거한 다양한 기술들이 사회복지실천현장에서 활용되고 있음에도 불구하고 이들 기술들을 클라이언트에게 적용하는 데는 몇 가지 한계점이 있다.

우선 개입방법이 매우 지시적이고 교육적이므로 사회복지사의 가치중립적이어야 한다는 원칙과 갈등 인지와 신념에 대한 강조는 자칫 사건 자체의 중요성을 간과할 수 있다. 사회복지사의 접근이 지나치게 지시적으로 되기 쉽다는 것이다. 환경적 개입보다 심리적 개입에 치중하기 때문에 지금 여기에만 집중하면 과거의 상처와 억압된 분노, 적개심을 과소평가하는 결과를 낳게 된다(박경애, 1999).

이 모델을 적용할 때는 클라이언트가 자신의 사고와 감정, 행동의 관계 및 인지행동이론에서 적용하고자 하는 기술을 충분히 이해할 수 있어야 하기 때문에 일정한 교육 수준 혹은 지적 능력을 가진 클라이언트에게는 반복적인 학습과 훈련을 통해 어느 정도의 효과를 기대할 수는 있지만, 그 효과성에는 많은 제약이 따른다. 그리고 이 모델에 근거한 기술들이 일반적으로 4~14회 정도의 치료 기간이 소요되므로 즉각적인 개입을 필요로 하는 클라이언트에게는 적용하기 어렵다.

05 사회복지실천가의 역할

- 클라이언트 및 클라이언트의 문제에 관해 인지행동적인 용어로 공식화하고, 이를 근거로 전개한 계통적 설명에 기초를 두고 있다.
- 건전한 치료관계를 필요로 한다.
- 사회복지사와 클라이언트의 적극적 참여로 이루어지는 협력을 바탕으로 한다.
- 문제에 초점을 두며 목표지향적이고 문제중심적이다.
- '지금 여기'를 강조한다.
- 교육적이며 클라이언트 자신이 스스로 사회복지사가 될 수 있도록 교육한다.
- 가능하다면 시간에 제한을 두도록 한다.
- 면담은 구조화되어 있다.
- 사회복지사는 클라이언트가 역기능 사고와 신념을 확인하고 평가하면서 효과적으로 대응할 수 있도록 돕는다.
- 사고, 감정, 행동을 변화시키기 위해 다양한 치료기술을 사용한다.

06
CHAPTER

해결중심모델과 개입기술

01 해결중심모델의 기본적 이해

02 해결중심모델의 개입기법

03 해결중심모델의 실천과정

04 해결중심모델의 평가

01 해결중심모델의 기본적 이해

1) 개요

해결중심모델은 1957년 펄만(Perlman)에 의해서 처음 소개된 이론으로서 클라이언트의 문제해결 능력과 대처 능력을 향상시키는 것을 목적으로 하는 사회복지실천방법이다(금기윤 외, 2013). 이 치료모델은 1978년 미국 위스콘신 주의 밀워키에 있는 단기가족치료센터에서 김인수(Insoo Kim Berg, 1934~2007)와 스티브 드 쉐이져(Steve de Shazer, 1940~2005) 그리고 그 동료 연구팀이 함께 발전시켰다(이신영 · 박신영, 2012).

이 모델은 과거보다 현재와 미래를 중시하고, 인간의 장점과 유용한 자원을 발견해 작은 변화라도 가져올 수 있는 간단한 전략을 사용하고, 문제해결에 활용되는 단기 치료모델인 해결중심치료를 가족상담에 적용시키기 시작하였다(김용환 외, 2013). 해결중심접근법에서는 무엇이 잘못되었고 고착되었나 하는 것보다 무엇이 잘 되었고, 그것을 어떻게 활용하는가를 찾고자 한다(가족치료연구모임, 2001; 금기윤 외, 2013 재인용).

데용과 버그(De Jong & Berg)는 클라이언트가 이미 자신의 문제를 해결하기 위한 자원을 가지고 있다는 전제하에, 알고 있는 문제의 해결방법을 스스로 발견해낼 수 있다고 본다. 해결중심 단기모델의 치료자 역할은 열쇠를 사용하도록 돕는 것이다. 클라이언트가 잠긴 문을 스스로 열고, 이미 알고 있는 문제해결방안을 생각해내도록 돕는 역할이다. 이때 치료자는 문제해결방안을 구축하기 위해 여러 가지 질문을 사용하고, 그것을 통해 클라이언트의 성공적 경험을 부각시킨다(Berg & Miller, 1992; 송성자 외, 1994; 금기윤 외, 2013 재인용).

해결중심 치료모델의 중심 철학은 첫째, 클라이언트가 문제 삼지 않는 것은 건드리지 않는다. 둘째, 효과가 없다면 그것을 하지 않고 대신 무언가 다른 것을 한다. 셋째, 효과가 있는 것을 알면 그것을 더 많이 하라는 말로 요약할 수 있다(김용환 외, 2013).

2) 이론적 배경

해결중심모델의 중심 사상인 '클라이언트중심'이 반영하듯이 이 모델의 핵심은 클라이언트이고 그 클라이언트가 세우는 목표이다. 해결중심모델에서 목표는 오롯이 클라이언트에 의해 규명되고, 이것이 가능한 것은 클라이언트가 갖가지 강점과 장점을 가지고 있는 그 자신의 삶의 전문가이기 때문이고 사회복지사가 이를 알고 활용하기 때문이다(이신영 · 박선영, 2012).

(1) 세 가지 주요 개념

① 클라이언트

해결중심모델에서 가장 중요한 개념은 클라이언트이다. 즉, 클라이언트는 자신의 삶의 주체이고 무엇인가 중요하고 의미 있는 삶의 목적이 있는 사람으로서, 그에 관해 의논하기 위해 사회복지사를 만나러 온 것이다. 따라서 사회복지사와 클라이언트가 개인, 가족 혹은 어떠한 다른 형태의 체계이든 그 사람이 무엇을 원하는지, 무엇이 어떻게 달라지면 좋을지를 말하고 규명해야 한다. 이는 해결중심모델에서 목표의 개념과 연결된다(이신영 · 박선영, 2012).

② 목표 세우기

목표 세우기는 해결중심모델에서 개입의 성과를 좌우하는 매우 중요한 개념이다. 목표 세우기는 클라이언트가 자신의 삶이 어떻게 되기를 바라는지, 즉 문제와 상관없이 혹은 문제가 없는 상태의 삶을 어떻게 경험하고 싶은지에 대한 의미를 만들어 내는 것이다(Walter & Peller, 1996; 이신영 · 박선영, 2012 재인용).

③ 클라이언트와 사회복지사의 협력관계

클라이언트와 사회복지사는 상호 협력적인 자세로 클라이언트의 경험과 그 의미에 대해 탐구하고, 그러한 과정에서 목표를 정하고 클라이언트에게 가장 잘 맞는 대처방법을 찾는다. 따라서 최고의 변화방법을 알고 있다는 의미를 내포하는 전문성을 상징하는 치료자(therapist)라는 말보다는 의논자(consultant)로 사회복지사를 부른다. 해결중심모델에서 이러한 용어 사용법이 반영하듯이 클라이언트와 사회복지사 사이의 관계는 평등하고 협력적인 특징을 갖는다. 이는 해결중심모델의 기본 철학인 클라이언트중심, 강점중심 접근과 일맥상통하는 언어 및 행동적 실천이다(이신영 · 박선영, 2012).

(2) 기본 가정

멧칼프(Metcalf, 1998), 오코넬과 팔머(O'Connell & Palmer, 2003), 펠러와 월터(Peller & Walter, 1998)는 해결중심이론의 문제해결과정에 있어 다음과 같은 몇 가지 기본 가정을 제시하고 있다(엄명용 외, 2005; 손광훈, 2011 재인용).

① 클라이언트는 자신이 무엇을 원하고 삶에서 어떤 변화가 일어나기 바라는지를 가장 잘 알고 있는 전문가(expert)이다.

② 해결중심이론을 활용하는 사회복지사는 클라이언트를 변화시키는 전문가가 아니라 클라이언트의 변화에 도움을 주는 자문가(consultant)의 역할을 한다.

③ 해결중심이론을 기반으로 한 개입과정에서는 문제내용 자체보다는 문제해결 방안과 새로운 행동유형을 시작하는 데 초점을 둔다.

④ 해결중심이론은 클라이언트의 잠재적인 변화 욕구를 인정하고 중요시한다.

⑤ 사회복지사의 역할은 클라이언트가 문제해결을 위한 열쇠를 사용하도록 돕는 데 있다.

⑥ 사회복지사-클라이언트 관계는 협력적인 동료관계이다.

3) 주요 개념

(1) 기본 개념(김용환 외, 2013)

① 병리적인 것 대신에 정신건강에 대한 강조

클라이언트의 성공적인 경험에 초점을 두며 치료에 활용하되 결함이나 장애는 가능한 다루지 않는다. 무엇이 잘못되었는지보다는 무엇이 잘되었고 그것을 어떻게 활용하는가에 관심을 갖는다.

② 클라이언트의 강점, 자원, 건강한 특성을 발견하여 치료에 활용

클라이언트가 바라는 결과를 성취하기 위해 그가 이미 갖고 있는 자원, 지식, 믿음, 행동, 증상, 사회관계망, 환경, 개인적 특성 등을 활용한다.

③ 탈이론적·비규범적·클라이언트 견해 존중

클라이언트가 경험하는 문제에 대한 어떤 가정도 하지 않는다. 대신에 클라이언트가 호소하는 독특한 불평에 기초하여 개별화된 해결책을 발견하고자 한다. 따라서 클라이언트의 견해는 액면 그대로 수용되어 진정한 클라이언트중심의 치료 접근이 가능하다.

④ 단순하고 솔직한 의미 추구

치료 목적을 달성하기 위해 지표방법의 경제성을 추구한다. 복잡한 문제라고 해서 반드시 해결방법이 복잡할 것이라는 가정은 잘못된 것이다. 작은 변화가 또 다른 변화를 가져오며 더 나아가서는 큰 변화를 가져올 수 있다. 치료는 파급효과를 가져온다고 믿기 때문에 치료 개입은 가장 단순한 것에서부터 시작한다.

⑤ 변화는 항상 일어나며 불가피한 것임

인간의 삶속에서 변화는 끊임없이 일어나고 있기 때문에 종종 치료는 자연스럽게 일어나는 변화를 단지 확인하고 그 변화를 해결책으로 활용하는 작업이 된다. 치료자의 역할은 긍정적인 변화가 일어나도록 돕고 이를 해결

책의 구축을 이어지게 하는 것이다.

⑥ 현재와 미래지향

해결중심치료는 과거를 깊이 연구하기보다는 클라이언트로 하여금 현재와 미래의 상황에 적응하도록 돕는 데 일차적인 관심을 갖는다. 치료면담과정은 클라이언트로 하여금 과거의 문제로부터 멀어지게 하고 미래와 해결책을 지향하도록 한다.

⑦ 치료자와 클라이언트의 협력 관계

클라이언트가 자신의 문제에 관하여 가장 많이 안다는 것과 클라이언트의 변화 욕구를 인정하고 중요시하므로 클라이언트에게 좀 더 나은 해결 방안과 최선의 것을 탐색하고 선택할 수 있도록 협력하기 위해서 시종일관 의식적으로 노력한다.

(2) 실천적 개념(손광훈, 2011)

① 보고식 질문

보고식 질문은 문제가 무엇인가를 밝히기 위한 질문이며, 치료자로 하여금 클라이언트의 현재 상황에 관한 이해를 돕도록 하는 질문이다. 질문의 초점은 과거와 현재에 있다.

■ 개별적 질문

개별적 질문은 클라이언트 개인의 현재와 과거에 대한 생각을 질문하는 것이다.

"언제부터 문제라고 생각했습니까?"

"왜 오늘 상담을 받아야겠다고 결심하였습니까?"

■ 체계적인 질문

체계적 질문은 클라이언트와 관계된 다른 사람은 문제에 대하여 어떻게 생각하는가를 알아보기 위해 질문하는 것이다. 이러한 질문을 통하여 불평의 패턴과 반복되는 행동에 관한 이해를 할 수 있다.

"아버지가 ○○이를 때리면 어머니는 어떻게 하십니까?"

"남편이 이 자리에 있으면 남편은 무엇이 문제라고 하겠습니까?"

② 구조적

구조적 질문은 해결에 초점을 둔 질문이고 목표와 해결에 초점을 둔 미래 지향적인 질문이며, 클라이언트로 하여금 긍정적인 변화에 대한 기대감을 갖게 한다(손광훈, 2011).

■ 구조적 질문에 있어서 개별적인 질문

"상황이 좋아지면 더 좋아진 것을 어떻게 알 수 있겠습니까?"

"남편에게 더 이상 화를 안 낸다면 무엇이 달라질까요?"

■ 구조적 질문에 있어서 체계적인 질문

"당신이 ○○를 덜 한다면 누가 제일 좋아할까요?"

"싸움을 줄이려면 어떻게 하여야 된다고 당신의 아이들은 생각합니까?"

■ 예외질문(exception)

예외란 클라이언트가 일시적으로나마 문제를 나타내지 않고 있는 시기를 가리키는 용어로, 클라이언트의 성공적인 문제해결기술을 토대로 삼게 하기 위해 예외에 초점을 맞춘다(김용환 외, 2013; 사례: 금기윤 외, 2013).

"문제가 발생하지 않을 때가 언제입니까?"

"문제가 발생하는 상황과 발생하지 않는 상황의 차이점은 무엇입니까?"

■ 척도질문(scaling question)

예외를 확인하고 긍정적인 마음가짐을 형성하기 위해 척도질문을 사용한다. 클라이언트가 어떻게 그들이 문제를 해결하고 싶은지, 문제가 얼마나 나쁜지, 지난 회기 때보다 얼마나 더 좋아졌는지 등에 대해 1에서 10까지의 척도질문을 한다(김용환 외, 2013). 척도질문은 문제의 심각성을 사정하는 데 사용될 수 있으며, 치료에서 얼마나 개선되었는지에 대한 평가는 치료 전반에 걸쳐 계속되어야 한다(가족치료연구모임, 2001; 금기윤 외, 2013 재인용).

"최악의 상태를 1점으로 하고 모든 문제가 해결된 상태를 10점으로 한다면 오늘의 상태는 몇 점이라고 할 수 있습니까?"

■ 기적질문(miracle question)

문제 자체를 제거시키거나 감소시키지 않고 문제와 떨어져서 해결책을 상상하게 하는 것이다(금기윤 외, 2013). 클라이언트가 목표와 가능한 해결책을 찾을 수 있도록 돕기 위해 기적질문을 사용한다(김용환 외, 2013).

"밤에 잠자는 동안에 기적이 일어나 지금 염려하는 문제가 다 해결되었다고 상상합시다."

"당신에게 변화가 일어난 것을 다른 가족들은 무엇을 보고 알 수 있을까요?"

■ 적응적인 질문

적응적 질문은 클라이언트가 아무런 예외적인 상황을 발견할 수 없다고 하며, 부정적인 말만 계속하는 경우에 사용하는 질문이다. 부정적인 사람과 연합하여 부정적인 입장에 함께 참여할 때 사용하는 질문이다.

"문제가 매우 심각한 것 같은데 어떻게 상황이 더 나빠지지 않았습니까?"

"상황이 더 심각해지는 것을 막기 위해 무엇을 하셨나요?"

■ 대처질문

대처질문은 클라이언트가 힘든 상황에서 어떻게 대처해왔는지를 물음으로써, 클라이언트가 약간의 성공을 느끼고, 자신의 능력을 확인하여 계속해야 하는 해결방법을 구축할 수 있게 한다(금기윤 외, 2013). 대처질문은 클라이언트가 성공적으로 행한다는 것을 확신시킬 뿐 아니라 클라이언트가 자신의 문제를 해결한다는 것을 알고 있음을 치료자가 확신하고 있다는 것을 알려준다(가족치료연구모임, 2001; 금기윤 외, 2013 재인용).

"저는 놀랐습니다. 이런 상황에서 당신이 어떻게 견뎌왔는지 놀랄 뿐입니다. 어떻게 하고 계십니까? 매 순간을 어떻게 견디고 계십니까?"

■ 관계성 질문

다른 사람의 입장에서 객관적으로 보는 시각을 갖게 한다. 이것은 클라이언트에게 일어나는 어떤 변화라도 다른 사람과의 관계에 영향을 미쳐 클라이언트가 원하는 방향으로 변하게 할 수 있다는 인식에서 출발한다(De Jong & Berg, 1998; 금기윤 외, 2013 재인용).

"아버님께서 아드님에게 더 이상 화를 내며 야단치지 않는다면 아드님은 그 대신 아버님이 어떻게 행동하시는 것을 보게 될까요?"

02 해결중심모델의 개입기법

해결중심모델실천가는 병리에 맞추던 초점을 건강함에 초점을 맞추도록 능숙하게 조정한다. 또한 건강한 유형에 초점을 두는 것은 실천가가 아닌 클라이언트가 자신의 문제에 대해 해답을 갖고 있다는 점을 믿게 해준다(가족치료연구모임, 2001; 금기윤 외, 2013 재인용).

1) 해결중심적 원조면담

해결중심적 원조면담은 일상적인 비공식적 대화와는 다르며 4단계의 과정을 거쳐서 이루어진다(Kadushin, 1983; 윤점열, 2009; 금기윤 외, 2013 재인용).

(1) 1단계: 정서적 차원 – 라포 형성

사회복지사는 편안한 환경과 도움이 되는 분위기를 조성하면서 초기 관계를 수립한다.

(2) 2단계: 인지적 차원 – 사정

사회복지사는 근본 위기나 문제 그리고 어떻게 클라이언트가 상황을 인식하고 있는지 조사한다. 이 단계는 정보를 모으고 클라이언트가 왜 도움을 찾게 되었는지를 말하도록 하는 시간이다.

(3) 3단계: 정서적 차원 – 감정

원조의 핵심이라 할 수 있는 이 단계는 클라이언트가 가지고 있는 감정을 파악하고 수용하여 인정하고 반영한다.

(4) 4단계: 인지적 차원 – 문제해결

마지막 단계로서 클라이언트와 함께 가능한 자원들을 상의하고 행동계획을 세우며 대안책을 제시한다.

2) 해결중심적 개입 단계

해결중심 단기치료의 치료팀은 2명으로 한다. 치료팀의 1인은 주 치료자이고, 나머지 1인은 보조 치료자이면서 관찰자가 된다. 일방경(one-way mirror)을 통하여 치료와 관찰을 동시에 병행한다. 치료자는 일방경에 치료자가 한 명 더 있다는 것을 반드시 알려야 한다. 치료시간은 30~40분이 소요되고, 약 10분간은 일방경에 있는 팀원에게 자문을 받는다. 숙련된 치료자는 혼자서 약 40분간 치료하고 10분 정도는 치료시간에 나왔던 이야기의 내용을 정리한다(손광훈, 2011).

(1) 팀 접근법

사회복지사는 더욱 객관적으로 클라이언트의 문제를 볼 수 있고, 면접진행을 검토·분석하여 과제를 주는데 있어서도 더욱 효과적일 수 있다. 이때 클라이언트는 10분 동안 기다리면서 사회복지사팀의 피드백에 대해 기대를 하게 되고, 사회복지사의 반응에 더욱 집중할 수 있게 된다(금기윤 외, 2013).

(2) 상담기법(김용환 외, 2013)

① 경청과 인정

사회복지사와 클라이언트 간의 신뢰 형성을 위해서 클라이언트의 강점과 능력에 대해 경청하고, 이러한 강점을 인정하므로 클라이언트가 사회복지사로부터 존중받고 있다는 느낌을 갖도록 한다.

② 호기심 갖기

클라이언트를 진단하거나 특정한 어떤 것을 하도록 강요하는 것이 아니라 클라이언트가 원하는 것을 성취하기 위해 어떻게 해야 하는가를 명확히 하도록 질문하고 그에 대한 반응에 호기심을 갖는 것이다.

③ 격려하기

사회복지사가 클라이언트가 효과적인 것을 하도록 용기를 북돋아 주는 것을 중요하게 여긴다.

(3) 연결부분

연결은 칭찬과 과제를 연결시키는 것이다. 과제는 관찰하는 것과 행동을 실시하는 것 두 가지 형태가 있다. 관찰은 해결구축에 유용한 것에 관하여 주의 깊게 관찰하도록 하는 것이고, 행동적인 과제는 잘하고 있는 것을 계속하도록 하거나, 새로운 것을 시도하고 생각하는 것을 관찰이나 행동으로 시도해 보도록 하는 것도 있다(금기윤 외, 2013).

(4) 변화의 평가

클라이언트가 자신에게 중요한 해결책을 얼마나 만족스럽게 수행해나가는지 사회복지사와 함께 수시로 평가해 나간다. 사회복지사는 회기마다 이를 기록해두고 이전과 비교하며 클라이언트의 진보를 함께 평가할 수 있다(이신영 · 박선영, 2012).

03 해결중심모델의 실천과정

1) 실천의 개입목표

해결중심모델에서 개입목표 설정은 클라이언트와 협력하여 치료를 효과적·능률적으로 이끌 수 있는 목표내용을 구체화하는 것이 치료의 성공을 결정한다고 본다. 즉, 관계형성과 종결을 위해서는 구체적인 목표설정이 필요하며, 목표성취의 결과를 평가하기 위해서는 평가기준이 구체적이고, 명확해야 한다(김용환 외, 2013; 손광훈, 2011).

(1) 클라이언트에게 중요한 것을 목표로 하기

목표의 성취는 직접 관찰이 가능한 것이어야 한다. 치료목표가 클라이언트에게 중요할 때 목표를 성취하기 위해 더 노력하게 된다. 클라이언트에게 중요한 것과 치료에서 성취하기를 원하는 것을 분명히 하는 것은 치료자에게 목표설정을 명확히하는 데 도움이 된다.

(2) 작은 것을 목표로 하기

자존감이 낮기 때문에 성공했던 경험을 가지고 하는 것이 중요하며, 클라이언트가 성취할 수 있어야 한다. 작은 목표를 구체적으로 설명하면 목표가 성취된 것을 확인하기가 용이하다. 목표를 성취하는 것은 클라이언트에게 성공하고 있다는 감정을 주고 희망을 가지게 하며, 변화하고자 하는 동기를 증가시킨다.

(3) 구체적이고 명확하며, 행동적인 것을 목표로 하기

목표를 정확하게 설정했을 때 치료자와 클라이언트가 진행하고 있는 것을 쉽게 평가할 수 있다. 애매모호한 목표설정의 문제는 치료과정이 이루어졌는지를 파악하기가 불가능해진다. 분명하게 설정된 목표는 클라이언트가 목표를 성취하기 위하여 좀 더 필요한 것을 파악하는 데 도움이 된다.

(4) 없는 것보다는 있는 것에 관심을 두기

클라이언트는 문제가 제거되거나 해방되기를 원한다. 목표는 클라이언트가 하지 말아야 하는 것 대신에 해야 하는 것에 관하여 긍정적이고 보호적으로 설정되어야 한다.

(5) 목표를 중시하기보다는 시작으로 간주하기

목표는 클라이언트가 성취하고자 하는 처음의 작은 시작단계를 설명하여야 한다. 클라이언트는 처음 치료를 받으러 올 때 자신이 성취하고자 희망하는 최종 결과를 목표로 이야기한다. 치료자는 클라이언트의 목표를 수용하면서 원하는 결과를 성취하기 위하여 처음 단계에서 필요한 것을 명확하고 구체적으로 설명해야 한다.

(6) 클라이언트의 생활에서 현실적이고 성취 가능한 것을 목표로 하기

치료자가 클라이언트의 생활환경에서 어떠한 것이 현실적이고 비현실적인지 혹은 성취가 가능한지 아닌지에 대해 목표를 설정하는 것은 어렵지만, 대부분의 클라이언트 자신이 가장 중요한 자원이 된다.

(7) 목표수행은 힘든 일이라고 인식시키기

목표수행은 "힘든 일"이라고 인식시켜야 한다. 변화를 위해 노력하는 것은 힘든 일이라는 것을 생각하게 한다. 클라이언트가 변화하는 것이 힘들다는 것을 아는 것은 매우 중요한 기능을 한다.

이와 같이 치료목표를 설정하는 것은 해결중심치료가 목적지향적이라는 점에서 7가지 원칙들을 반영할 때, 치료과정이 잘 이루어졌는지 확인할 수 있고, 치료를 좀 더 효과적이며 능률적으로 할 수 있다(금기윤 외, 2013).

2) 개입과정

사회복지사는 상담 후 상담실을 나와 치료팀과 함께 치료과정을 검토하고 자문을 받으며, 클라이언트에게 전달할 메시지를 만든다. 메시지 작성이 끝나면 사회복지사는 다시 치료실로 들어가 클라이언트에게 메시지를 전달하고 상담을 마친다(정문자 외, 2008; 김용환 외, 2013 재인용).

(1) 첫 회기 상담

첫 회기 상담과 2회기 이후의 상담과정은 약간 다르며, 첫 회기 상담에서는 클라이언트와 관계형성과 목표설정이 우선시된다.

상담에서 해결을 원하는 목표를 확인한다. 사회복지사는 질문하고 클라이언트의 반응을 살피며, 상담 진행과정에서 사회복지사는 클라이언트를 칭찬한다. 상담을 마치면 다음 상담을 약속한다. 이때 과제부여는 하지 않는다.

클라이언트는 문제가 없는 예외의 상황이 있다 혹은 없다고 반응한다. 만일 클라이언트에게 예외 상황이 있다면 예외의 상황이 의도적 또는 우연적인지를 확인한다. 클라이언트의 예외적 상황이 의도적이었다면 과제 부여를 하는데, 과제는 같은 것 더하기로 예외 상황이 일어날 수 있는 행동을 더 많이 하도록 하게 한다. 클라이언트에게 예외 상황이 없다면, 사회복지사는 기적질문을 활용해서 기적이 일어난 것처럼 행동하게 하며, 무엇이 달라지는가를 관찰하게 한다.

예외를 찾지 못했다면 대처방식에 대해 관찰하도록 지시한다. 이에는 다음 상담 때까지 상황이 왜 더 나빠지지 않았는지 관찰하게 하고, 다음 상담 때까지 클라이언트의 생활에서 더 일어나기를 원하는 것이 무엇인지를 관찰하여 보고하도록 한다.

(2) 첫 회기 이후 상담

2회 상담부터 첫 상담 이후에 일상생활에서 조금이라도 나아지거나 변화된 것에 초점을 두며, EARS로 요약된다. 구체적으로 무엇이 나아졌는지를 이끌어내고(Elicit: E), 나아진 것을 확장시키며(Amplify: A), 이를 강화하면서(Reinforce: R), 또다시 나아진 다른 것에 관하여 묻는다(Start again: S). 변화가 없다고 한다면 작은 변화라도 찾아보게 함으로써 변화의 파급효과를 기대한다.

04 해결중심모델의 평가

해결중심 치료모델은 인간을 병리적으로 보지 않고 강점 관점에서 바라보며, 문제보다 해결을 지향하는 단기치료라는 점에서 다른 치료모델보다 경제적이며, 치료 효과 또한 높다고 할 수 있다. 개입과정에서 전문가가 아니라 클라이언트 중심의 관계 및 협조를 활용하고 클라이언트가 무엇을 할 수 없는가 보다 무엇을 할 수 있는가에 초점을 맞춰서 강점을 파악한다(김용환 외, 2013).

이 모델은 치료기법이 단순·명료하므로 학습이 용이하고, 효율성이 높다고 할 수 있다. 사회복지사가 느끼는 책임감과 부담감이 상대적으로 적고, 클라이언트가 후퇴하거나 악화되어도 노력 부족으로 생각하고, 좀 더 노력하거나 다른 효과적인 방법을 시도하도록 돕기 때문에 사회복지사와 클라이언트가 낙심하지 않고 다시 노력하므로 문제해결 가능성이 높다(김용환 외, 2013).

또한 대부분의 상담모델이 클라이언트의 문제사정과 평가에 많은 시간을 보내는 것에 비해 해결중심모델은 클라이언트가 원하는 것에 초점을 맞춰 목표를 설정하고 개입하므로 상담이 단기에 끝날 수 있다(정문자 외, 2012; 김용환 외, 2013 재인용).

해결중심모델은 다른 모델에 비해서 철학적 접근 방법이 잘 구조화되어 있다기보다는 여러 기법의 배합 혹은 절충주의적 접근법처럼 보이기도 한다. 이론 활용 시 비용 효과성에 대해서 비현실적인 기대를 갖고 있으며, 이 이론을 적용하는 데 많은 시간과 노력이 필요하다. 또한 클라이언트가 추후 상담과 종결을 결정하기 때문에 사회복지사의 업무 일정을 계획하고 실행하는 데 어려움을 경험할 수 있다(손광훈, 2009: 221; 김용환 외, 2013 재인용).

이 모델의 철학과 원리를 이해하고 숙달하지 못한 채 질문기법을 사용하는 것은 클라이언트에 대한 수용과 존중, 문제해결에 궁극적으로 도움이 될 수 없으므로 해결중심모델을 사회복지실천현장에서 사용하려면 많은 훈련과 실습이 필요하다고 볼 수 있다(김용환 외, 2013).

07
CHAPTER

개인대상 사회복지실천기술

01 개인대상 사회복지실천기술의 이해

1) 면담 준비 및 시작기술

실천의 가장 기본이 되는 개인을 대상으로 한 면담은 문제에 직면하고 있는 개인과의 관계 확립 및 정보제공을 통한 원조과정에서 이슈를 파악하고 제거하는 것이 그 목적이다. 사회복지사는 면담 및 의사소통기술을 통하여 클라이언트의 감정, 사고, 욕구, 결정, 기대 등을 알 수 있게 되며, 동시에 클라이언트에 대한 존중과 관심을 전달하게 된다.

사회복지실천과정에서 첫 면담은 사회복지사와 클라이언트 모두에게 다양한 감정과 반응을 불러일으킨다. 더욱이 어려움에 직면하여 도움을 요청한다는 측면에서 클라이언트는 도움 요청에 대한 양가감정을 갖게 되며, 문제 상황을 어디서부터 설명해야 할지 당황스러워하며, 혼돈을 경험하게 된다. 즉, 문제해결에 대한 희망을 가지면서도 사회복지기관으로부터 실제적인 도움을 받을 수 있을지, 자신의 문제 상황을 사회복지사가 이해하고, 수용할 수 있을지 등 갖가지 의문을 갖게 된다. 첫 면담은 사회복지사와 클라이언트 모두 상대방에게 첫 인상을 심어 준다는 측면에서 후속 상담 및 관계형성 그리고 문제해결 및 서비스의 효과성에 많은 영향을 줄 수 있다. 또한 성공적인 첫 면담은 조기종결이나 중도탈락을 예방할 수 있는 기회를 제공할 뿐 아니라, 비자발적 클라이언트의 참여 동기를 강화할 수 있기 때문에 매우 중요하다.

이에 면담의 준비 및 시작 단계는 사회복지실천과정 가운데 중요한 과정이라고 할 수 있다. 면담을 위한 준비를 철저히 함으로써 면담의 효율성을 높이며 클라이언트의 만족도를 높일 수 있다. 사회복지사는 면담을 위한 사전 준비를 통하여 어떻게 면담을 진행시킬 것인지 해결방안을 모색해보고, 요구되는 정보를 수집하며 필요한 경우 다른 사람의 조언을 구할 수 있다.

(1) 면담의 준비 기술

면담 전의 준비는 사회복지실천과정 가운데 가장 중요한 과정이며, 면담 전 원조과정 전반을 체계적으로 검토하고 준비하는 것은 사회복지실천의 효과를 높이는 데 중요한 역할을 한다.

클라이언트가 사회복지사에게 전달하는 간접의사소통과 비언어적 의사소통을 통해 클라이언트의 생각과 감정을 정확히 읽어 내어 그 상황에 맞춰 가려는 준비를 해야 한다.

코노이어(Cournoyer, 2000)와 김인숙·김용석 역, 엄명용 외(2008)는 사회복지사가 면담 준비를 위해 활용할 수 있는 여덟 가지 기술을 제시하였다.

① 사전 검토(preparatory review)

사전 검토란 클라이언트의 이전 기록과 기관의 정보를 검토하고 기본 배경(예 교육정도)을 검토하는 것이다. 이 단계에서 클라이언트에 대한 편견이나 선입견을 갖는 것에 주의해야 한다.

② 사전 탐색(preparatory exploring)

사전 탐색이란 접수나 초기 면담을 담당한 사람과 클라이언트의 의뢰자에게 클라이언트 및 그의 상황에 대한 질문을 통해 정보를 수집하는 것이다. 클라이언트가 같은 기관의 다른 사회복지사로부터 서비스를 제공받은 경우에는 처음 서비스를 제공한 사회복지사로부터 정보를 수집하는 것도 포함해야 될 것이다.

③ 사전 협의(preparatory consulting)

사전 협의란 사회복지사가 슈퍼바이저나 동료에게서 조언을 구하는 것을 의미한다. 예를 들어, 우울증을 보이는 주부 클라이언트를 면담할 예정인 사회복지사는 우울증 증상 및 잠재적인 자살 가능성을 파악하기 위한 질문 목록을 슈퍼바이저, 동료와 함께 협의해 볼 수 있다.

④ 사전 정리(preparatory arranging)

사전 정리란 첫 면담을 위해 체계적인 물리적 환경을 조성하는 것이다. 물리적 공간은 면담에 중요한 영향을 미친다. 공간의 크기, 온도, 채광, 조명, 실내장식, 안락한 의자 등 실내의 분위기뿐만 아니라 비밀보장을 받을 수 있는 공간의 위치와 방해를 받지 않을 수 있는 독립성 그리고 교통의 편의를 고려한 접근성 등이 영향을 미친다. 상담은 마음의 물을 열고서 사적인 어려운 이야기를 나누어야 하므로, 클라이언트의 기분이나 감정을 편안하게 할 수 있는 분위기를 만드는 것이 중요하다. 면접이 사무실에서 시행된다면 사회복지사는 클라이언트와 대화가 잘 이루어지도록 의자나 책상의 배열에 신경쓰고 산만한 물건들이 나열되지 않도록 해야 한다.

⑤ 사전 공감(preparatory empathy)

사전 공감이란 클라이언트가 초기 면담에 오기 전이지만 클라이언트가 겪을 수 있는 느낌이나 현재의 문제 및 상황에 민감하게 반응할 수 있도록 사전 공감을 실천해보는 것이다.

⑥ 사전 자기탐색(preparatory self-exploration)

사전 탐색이란 사회복지사의 자기인식 및 전문적인 자질 향상과 관련이 깊다. 효과적인 의사소통을 방해할지도 모를 자신의 감정과 태도를 잘 인식하고 있어야 한다. 예를 들어, 사회복지사가 과거에 부모님으로부터 학대를 받았던 경험이 현재 내가 만나는 클라이언트에게 어떤 영향을 줄 것인지 혹은 자신의 미해결된 문제가 클라이언트에게 영향을 미쳐 의사소통에 방해를 주지 않는지 탐색할 수 있어야 한다.

⑦ 집중적인 자기 관리(thorough self-management)

집중적인 자기 관리란 사회복지사의 개인 사정이 전문가로서의 의무와 서비스 전달에 방해가 되지 않도록 하기 위한 것이다. 예를 들어, 집안의 갈등으로 인하여 업무에 집중하기 어렵고 면담 중에도 집안 문제가 자꾸 떠오르면 사회복지사는 적절한 조치를 취해야 한다.

⑧ **사전계획기록**(preliminary planning)

사전계획기록이란 사회복지사가 면담 전에 면담의 목적과 목표를 검토하고, 면담에서 논의할 주요 과제를 임시적으로 설정하는 것을 의미한다. 예를 들어, 클라이언트의 면담이 생계수단을 위한 것인지, 심리적 고통을 감소시키기 위한 것인지, 가정폭력의 피해자로서 재발방지책을 모색하기 위해서인지, 아니면 이혼을 위한 법률적 조언을 구하러 온 것인지 등에 따라 면담의 방향은 다르게 된다. 따라서 클라이언트가 '지금 여기'에서 얻기 원하는 것이 무엇인지를 정확하게 파악하고, 그에 대한 해결방안을 강구해 봄으로써 면담의 목적을 명료화할 수 있다.

예시: 사전계획기록(도광조, 2018)

① 나와 내 직업, 기관과의 관계를 소개한다. 이때 "K부인"이라고 부르되 그녀에게 어떻게 부르는 것이 좋은지 물어본다.

② K부인의 딸, 사이가 멀어진 남편, 문제 영역, 문제 상황에 관련된 정보를 수집한다.

③ K부인의 현재 가구 상황을 명확히 한다. K부인의 상황에 대해 질문하고 식구들과 관련된 중요한 사람이 누구인지 확인한다.

④ 다음 면접을 어떻게 할지 결론을 내린다. K부인만 면접할지, 가족과 함께 면접할지에 대해 고려한다.

(2) 면담의 시작기술

도움을 요청하는 클라이언트의 입장은 서로 잘 알지 못하고 처음 만나는 사람에게 자신의 사적인 어려움이나 문제를 이야기하고 도움을 구한다는 것은 쉬운 일이 아니다. 사회복지사 또한 독특한 개성을 가진 클라이언트가 처한 상황을 도와주기 위한 전문적 관계를 맺어 나간다는 것은 여러 가지 어려움에 직면할 수 있다. 이러한 과정을 좀 더 용이하도록 도와주기 위해서는 사회복지사의 전문적인 관계 형성기술과 분위기 조성기술 등이 요구된다.

참고

관계의 기본 원리

사회복지실천은 사회복지사와 클라이언트의 원조관계가 기반이 된다. 즉, 사회복지사와 클라이언트의 협력적 작업관계를 형성하기 위해서는 무엇보다 클라이언트와의 긍정적 관계를 유지하는 것이라 할 수 있다. 다음은 전문적 원조관계의 기본 원리이다.

- **개별화**(individualization)

개별화란 사회복지사가 클라이언트를 만날 때 클라이언트는 자신만의 고유한 역사와 능력, 성격을 가진 인간이며, 세상에 단 한 사람밖에 없다는 것을 인식하는 것이다. 사회복지사는 클라이언트가 아무리 다양한 문제 전반에 노출되었다 하더라도 그런 문제를 갖게 된 데에는 고유한 이유가 있다는 것에 주목해야 하며, 이를 위해서는 클라이언트에 대한 정보인식이 가장 필요하다. 사회복지사에게 필요한 정보는 클라이언트의 외형적 정보도 물론 중요하지만, 무엇보다 필요한 정보는 클라이언트를 오늘까지 이끌어 온 개별적인 역사와 환경이므로 그 상황에 따른 개별적인 의미를 이해해야 한다는 것이다.

- **의도적 감정표현**(purposive expression of feeling)

의도적 감정표현이란 사회복지사가 클라이언트로 하여금 자신의 의견과 감정을 자연스럽게 표현할 수 있도록 관계를 형성하는 것을 말하며, 클라이언트가 말하는 동안 정서적인 지지를 의도적인 감정으로 표현함으로써 클라이언트가 감정을 표시할 수 있도록 기회를 마련해 주는 것이다. 클라이언트는 어떠한 분위기가 조성되는가, 자신을 상담하고 있는 사람이 어떠한 태도와 감정을 가지고 있는가에 따라 솔직한 감정을 표현할 수도 있고 그렇지 않을 수도 있다. 따라서 사회복지사는 의도적으로 적극적인 태도와 감정을 표현함으로써 클라이언트가 솔직한 자신의 감정을 표현할 수 있도록 해야 한다.

- **통제된 정서적 관여**(controlled emotional response)

사회복지사와 클라이언트와의 관계 속에서 가장 중요한 것은 사회복지사와 클라이언트의 '공감'이다. 사회복지사는 클라이언트의 감정에 호응하기 위해 정서적인 관여를 하게 된다. 그러나 이러한 정서적 관여는 상담자에 의해 그 정도와 방향이 통제될 수 있어야 한다. 즉, 통제된 정서적 관여가 필요하다. 사회복지사가 통제할 수 없는 정서적 관여는 상담자나 내담자 모두에게 상담의 합리성과 객관성을 확보하기보다는 서로의 입장만을 나열하여 자신의 처지와 상황을 더욱 비참하게 할 뿐이다.

- **수용**(acceptance)

수용이란 클라이언트의 강점과 약점, 바람직한 성격과 그렇지 못한 성격, 긍정적인 감정과 부정적인 감정 등 있는 그대로를 이해하는 관계의 원칙이다.
이것은 클라이언트의 존엄성과 인격에 대한 가치를 존중한다는 말이며, 이때 존중하고 받아들여야 하는 것은 선한 것(the good)이 아니라 있는 그대로의 참된 것(the real)이다.

• **비심판적 태도(nonjudgmental attitude)**

비심판적 태도란 문제의 원인이 클라이언트의 잘못과 어떠한 관련이 있는지를 판단하지 않는 것으로, 클라이언트의 특성과 가치관을 비난하지 않는다는 원칙이다.

• **클라이언트의 자기결정권(self-determination)**

클라이언트는 자신의 인생에 대해 스스로 결정할 수 있는 욕구와 능력이 있다는 원리에 바탕을 둔 것이다. 이는 사회복지사가 클라이언트에게 뭔가를 해주는 것이 아니라 클라이언트와 함께 해결하는 것을 말한다.

클라이언트가 스스로 결정을 내리게 하는 것 역시 시간과 노력이 많이 필요한 과정이다. 이때 사회복지사는 클라이언트가 선택할 수 있는 결정의 여러 가지 가능성과 한계에 대해 고민할 수 있도록 도와주고, 그 결정에 따르는 시간과 노력, 희생에 대해서도 충분히 고려할 수 있도록 조언해 주어야 한다.

• **비밀보장(confidentiality)**

비밀보장이란 사회복지사가 전문적 관계를 통해 알게 된 클라이언트의 비밀스러운 정보를 치료적 목적 이외에 타인에게 알려서는 안 된다는 원리다.

그러나 비밀보장의 원칙에도 예외는 있다. 자살이나 방화 등 극단적인 상황 속에서 사회와 클라이언트의 보호가 시급하다고 판단될 때에는 비밀보장은 지켜질 수 없음을 클라이언트에게 알리고 해당 문제가 발생하지 않도록 신속하게 조치해야 한다.

면담의 시작단계는 접수, 치료관계 접수, 치료관계의 착수, 면담 시간의 처음 진입 등이라고 볼 수 있다. 이 단계는 ① 자기소개, ② 클라이언트에게 클라이언트 자신 및 동행인에 대한 소개를 요청하기, ③ 첫 면담의 목적 설명, ④ 클라이언트의 역할 설명하기, ⑤ 기관의 정책 및 윤리적 요건에 대해 설명하기, ⑥ 피드백 요청하기 등과 같은 과업을 수행하게 된다(Cournoyer, 2000).

• 첫 면담에서 처음으로 해야 할 것은 자기를 소개하는 것이다. 사회복지사는 자신의 성명, 소속기관 및 부서 그리고 직위 등에 간략하게 소개한다. 흔하지는 않지만 클라이언트 가운데는 사회복지사의 학력과 출신학교, 자격증 소지 여부에 대해 문의하는 경우도 있다. 사회복지사는 이러한 사항에 대해 솔직하게 답하는 것이 일반적이다. 사회복지실습생은 학생 신분인 점과 실습기간을 명료하게 설명하여 후에 오해의 소지가

없도록 한다.

- 자신의 소개가 끝나면 클라이언트에게 클라이언트 자신 및 동행인에 대해 소개해 줄 것을 요청한다. 경우에 따라서는 클라이언트와 동행인을 어떻게 부를 것인지 확인하는 것도 필요하다. 예를 들어, "제가 ○○선생님이라고 불러도 될까요?" 혹은 "○○아버님이라고 불러도 될까요?", "나이를 고려해 보니 내가 너를 ○○라고 불러도 될 것 같은데 괜찮겠니?" 등과 같은 확인이 필요하다.
- 서로 인사를 마치면 사회복지사는 면담의 목적을 설명한다. 목적의 설명은 가급적 직접적이고 분명하면서도 부드럽게 진행되어야 하며, 어려운 전문적 용어는 피하는 것이 좋다. 예를 들어, "오늘 저희 기관에 처음 방문하셨는데 저희 기관에 오시게 된 이유를 알고 싶습니다. 그 후에 저희 기관에서 제공하는 서비스에 대해 설명을 드리도록 하겠습니다." 혹은 "저희 기관에 어떻게 오시게 되었나요?", "어떤 도움이 필요하신지 말씀해 주시면 저희 기관에서 어떤 도움을 줄 수 있는지 함께 모색해 보도록 하지요" 등이다.
- 클라이언트가 기관을 처음 방문하여 면담을 할 경우에 많은 불안함이나 불확실한 느낌을 갖게 된다. 여기서 불안감을 감소시킬 수 있는 방법으로 사회복지사는 첫 면담에서 구조화시키는 방법을 고려해 볼 수 있다. 즉, 첫 면담이 어떻게 진행될 것이고, 몇 분간 진행될 것인지, 첫 면담에서 행할 과업이 어떤 것이 있다는 점을 설명해 준 후에 본격적인 면담을 시작하는 것이다.

  또한 사회복지사는 클라이언트의 역할과 클라이언트에 대한 기대를 설명한다. 몇 가지 예는 다음과 같다. ① 면담을 위해 시간 약속을 꼭 해주고 지킬 것, ② 약속을 취소할 경우에는 하루 전에 사전통보해 줄 것, ③ (해당되는 경우)합의된 상담료를 납부해 줄 것, ④ 클라이언트에게 과제를 내어줄 수 있으므로 이를 성실히 수행해 달라고 요청할 수 있다.
- 사회복지사는 기관의 정책 및 윤리적 요소를 설명할 의무가 있으며, 이

를 첫 면담에서 실행할 필요가 있다. 그런 다음 기관의 서비스 수혜자격과 요건, 수혜기간, 전달방법, 절차, 후속조치 등에 대해 클라이언트가 이해할 수 있는 수준으로 충분히 설명하고, 이를 이해했는지 피드백을 받을 필요가 있다. 윤리적 요소에서는 비밀보장이 가장 중요한 과제이다. 외국에서는 사회복지사의 비밀보장이 지켜질 수 없는 경우를 ① 아동학대가 발생하는 경우, ② 클라이언트가 타인을 해칠 위험이 있는 경우, ③ 클라이언트가 자해의 위험이 있는 경우, ④ 클라이언트가 사회복지사와 기관을 대상으로 소송을 제기했을 경우로 제한하고 있으며, 아동학대, 자살 혹은 타인에 해를 끼칠 경우에는 생명존중과 안전의 원칙에 따라 해당기관이나 당사자에게 알려 줄 의무를 갖고 있다(Hersen & Van Hasselt, 1998; 엄명용 외, 2008 재인용).

- 이상과 같이 첫 면담을 통해 클라이언트의 상황에 대한 이해와 기관에 대한 설명을 마치면 사회복지사는 클라이언트에게 궁금증이나 의문점이 있으며 물어볼 것을 요청하고 이에 답해 준다.

2) 의사소통기술

사회복지실천현장에서 면담이 효과적으로 진행되기 위해서는 의사소통기술이 필수적이다. 사회복지실천에서 사용되는 의사소통기술이나 상담기술 등에는 여러 가지가 있다. 여기에서는 경청기술, 표현촉진 및 제공기술, 목적유지기술, 질문기술로 분류하여 설명하고자 한다.

(1) 경청기술

경청기술은 ① 클라이언트가 하는 말을 주의 깊게 듣는 것뿐 아니라, ② 클라이언트의 비언어적 자세를 관찰하고, ③ 클라이언트가 자유로이 표현할 수 있도록 적극 격려하고, ④ 사회복지사와 클라이언트 양자 간의 대화 내용을 기억하는 것을 포함한다. 적극적 경청은 이를 포함하여 사회복지사가 클라이언트의 메시지를 정확하게 받아들여 이해하고 있음을 끊임없이 클라이언트에게 전달해 줌으로써, 클라이언트가 자신이 정확히 이해받고 있다는 생각을 갖도록 하는 행위까지를 포함한다. 트레비딕(Trevithick, 2000: 59)은 보다 자세하게 경청기술과 관련된 기본 기술을 다음과 같이 제시하고 있다.

① 가급적이면 최대한 개방적이고 직관적이며 공감하고 자기인식을 하고 있도록 한다.
② 눈맞춤을 유지한다.
③ 개방적이고 주의를 기울이는 몸자세를 취한다.
④ 비언어적 형태의 의사소통에 주의를 기울이고 의미를 파악한다.
⑤ 의사소통의 한 방법으로 침묵을 허용하고 활용할 수 있도록 한다.
⑥ 적절한 신체적 거리를 유지한다(너무 멀지 않게, 너무 가깝지 않게).
⑦ 주요한 단서를 파악하고 이를 확인한다.
⑧ 사회복지사 자신의 산만한 행동과 매너리즘에 빠진 행동을 인식한다.
⑨ 모호하고 혼돈스러운 언급을 회피한다.
⑩ 사람들이 시대에 맞는 적절한 언어를 활용하는 중요성을 인식한다.
⑪ 면담 장소와 일반적인 물리적 환경의 중요성을 인식한다.
⑫ 간섭되거나 산만해질 가능성을 최소화한다.
⑬ 면담의 전반적인 분위기, 특히 의사소통이 되고 있지 않는 분위기에 민감해진다.
⑭ 면담에서 정서적인 내용을 경청하면서 이에 적절한 질문을 한다.
⑮ 가능할 때마다 그리고 적절할 때 피드백을 제공한다.

■ 주의할 점

- 민감한 문제나 고통스러운 주제를 말할 때는 목소리 톤에 주의를 기울인다.
- 예상하거나 편견 혹은 낙인을 찍는 일을 피하며, 조숙한 판단이나 평

가를 내리는 것을 피하도록 한다.

- 도움이 될 만한 이론들을 상기하고 적절한 시점에서 이해를 돕기 위해 이론을 이해 가능한 언어로 설명토록 한다.

⇒ 사회복지사가 돕고자 하는 마음이 앞서기 때문에 클라이언트의 말과 상황을 듣기도 전에 성급한 판단과 조언, 자신의 경험, 감정, 의견 등을 제공하는 실수를 범하기 쉽다. 따라서 사회복지사는 일체의 판단이나 충고의 충동을 억누른 채 클라이언트의 말을 끝까지 인내심을 갖고 들어야 한다는 것이다.

참고

침묵의 활용

면담과정 가운데 클라이언트가 침묵을 지키면 클라이언트와 사회복지사 모두에게 긴장을 유발하게 되고, 어려운 상황을 만들게 된다. 사회복지사나 클라이언트는 면담과정에서 항상 말을 많이 해야 하고 침묵하는 동안에는 어떤 의사전달도 없고 의미가 없다고 생각하기 쉽다. 그러나 면담 도중의 침묵은 불안이나 위협이 아니라 오히려 기회라고 할 수 있다. 즉, 침묵은 나름대로 의미를 갖고 있기 마련이므로 상황에 따라 각기 다른 의미를 파악하는 노력이 필요하다.

■ 클라이언트가 보이는 침묵의 의미 예

1. 대답하기 힘든 질문에 대한 적절한 내용의 답을 발견해내지 못하는 경우
2. 대답하기에 너무 감정이 격한 경우
3. 질문 사항이나 면담 상황에 전체적으로 불만을 갖고 있는 경우
4. 자신의 느낌을 표현하려고 최대한 노력을 하는데도 말로 잘 표현하기 어려운 경우
5. 클라이언트 자신이 방금 이야기했던 것에 관해서 생각을 계속하고 있는 경우

⇒ 간단한 침묵의 경우 사회복지사는 인내를 갖고 조심스러운 침묵을 지키는 것이 좋다. 하지만 침묵이 길어질 경우 그 원인을 파악하여 대응할 필요가 있다. 특히 사회복지사의 질문이나 면담상황에서 불만이 있어 저항적 침묵을 할 경우에는 진솔하게 대응하는 노력이 필요하다. 예를 들어, "제가 질문을 드렸는데 아무 말씀을 하지 않으셔서 조금 당황스럽네요. 혹 제 질문이 선생님을 곤란스럽게 했는지 걱정이 되네요"하고 물을 수 있다.
위의 경우가 아니면 사회복지사의 잘 조율된 경청과 침묵은 결코 수동적인 태도라고 할 수 없으며, 대화가 공백 상태에 이르렀다는 것을 뜻하지도 않는다. 예를 들어, 내담자가 생각하

거나 말하고 싶어 할 때는 상담자가 침묵을 지켜주고 경청의 태도를 가지되, 내담자가 무언가 반응을 기대할 때에는 적절한 말과 반응을 해주어야 한다(이장호 외, 2011).

(2) 표현 촉진 및 제공기술

① 짧은 언어적 반응(minimal prompts)

짧은 언어적 반응이란 "음", "네~", "그래서요", "와~"와 같은 사회복지사의 반응을 말한다. 이는 사회복지사가 주의 깊게 듣고 있다는 것을 전달해주며 클라이언트가 계속 이야기할 수 있도록 지지한다.

② 반영(reflection)

반영은 클라이언트의 말과 행동에서 표현된 기본적인 감정·생각 및 태도를 사회복지사가 다른 참신한 말로 부언해 주는 것이다. 이것은 내담자의 자기 이해를 도와줄 뿐 아니라 클라이언트로 하여금 자기가 이해받고 있다는 인식을 갖게 한다. 여기에서 주의할 점은 ㉠ 클라이언트의 말 속에 담긴 주된 생각을 재진술하고, ㉡ 클라이언트의 의미에 덧붙이거나 의미를 바꾸지 않으며, ㉢ 클라이언트의 말을 앵무새처럼 따라 하지 않는 것이다.

반영의 예는 다음과 같다.

⇒ 클라이언트 : "이번 시험 정말 끝이에요. 다 포기해야 할 것 같아요. 엄마에게 당당하게 이야기하고 싶었는데……."
사회복지사 : 이번에는 시험을 잘 봐서 엄마에게 자랑스럽게 내보이고 싶었는데, 점수가 잘 나오지 않아서 무척 실망스럽고 속상하다는 말이구나…….

연습] • 클라이언트: "남편 보란 듯이 아이를 잘 키우고 싶었는데…… 우리 애가 저렇게 될지 몰랐어요… 선생님 꼭 도와주세요……."
• 상담자:

③ 명료화·명확화(clarification)

명료화는 클라이언트의 말에 내포되어 있는 뜻을 내담자에게 명확하게 말해 주거나 분명하게 말해 달라고 요청하는 것이다. 이 기술은 클라이언트가 표현을 분명하게 할 수 있도록 격려함과 동시에 클라이언트가 말한 내용을 정리하면서 사회복지사가 잘 이해하고 있는가를 확인하기 위한 질문이다. 이 기술의 장점은 사회복지사가 클라이언트의 이야기를 주의 깊게 경청하고 있으며, 한편으로는 이야기에 중요성을 부여하고 있음을 보여 주는 것이다.

명료화의 예는 다음과 같다.

⇒ 사회복지사 : "남편과 사이가 좋지 않다고 하셨는데, 무슨 말인지 잘 이해가 가지 않습니다. 구체적으로 이야기해 주실 수 있겠습니까?"

⇒ 사회복지사 : "죄송합니다. 지금 하신 말씀을 제가 잘 듣지 못했습니다. 다시 한 번 말씀해 주시겠습니까?"

⇒ 사회복지사 : "지금 하신 말씀은 남편이 돌아가시고 경제적으로 너무 어려워 도움을 받고 싶다는 말씀으로 이해하면 되겠지요?"

④ 요약기술(summarizing)

요약기술은 지금까지 클라이언트가 한 말의 내용과 그 속에 담겨 전해진 감정들을 전체적으로 묶어 정리하는 것을 의미한다. 이 기술을 통하여 면담 동안 진전된 사항을 파악할 수 있고, 중요 문제나 요점을 다시 한 번 생각할 수 있는 기회를 가질 수 있다.

요약기술의 예는 다음과 같다.

⇒ 사회복지사 : "지금까지 어머님의 말씀을 들어보니 남편이 갑작스럽게 돌아가시면서 자녀분들과 어떻게든 살아가야겠는데 일을 하자니 마땅한 일자리도 없고, 아이도 어려서 맡길 곳도 없고, 빚도 갚아야 하고 더 슬픈 것은 이런 문제를 누구와 상의할 사람이 없다는 점이군요. 지금까지 어머님이 하신 말씀을 정리해 보았는데 제가 잘 이해를 했는지요?"

클라이언트 : "선생님께서 이렇게 정리를 해주시니 제가 요즘 무엇 때문에 고통스러웠는지 알겠네요……."

⑤ 조언 및 정보제공

- 조언기술은 실제 임상에서 많이 사용되고 있지만 여러 가지를 고려하여 신중하게 사용되어야 한다. 사회복지사가 제공하는 조언이 정확하지 못하거나 혹은 잘못된 것일 가능성이 있으며, 클라이언트의

자기결정권을 침해하고 클라이언트에게 사회복지사의 가치관을 심어 주게 되어 문제해결과정에 있어 사회복지사에 대한 의존성을 높일 수 있다. 또한 사회복지사의 조언으로 클라이언트의 행동에 부정적인 결과가 발생했을 때 이에 대한 책임이 사회복지사에게 있을 수 있기 때문이다.

- 정보제공은 사회복지사가 클라이언트에게 의사결정이나 과업수행에 필요한 정보를 제공하는 것을 말한다. 예를 들면, 국민기초생활보장의 수급자격, 장애인 생활시설 이용 자격 등과 같은 구체적이고 정확한 정보를 필요로 할 때 사회복지사는 이를 제공해 줄 수 있다. 이 기술을 사용할 때는 사회복지사가 말하고자 하는 정보를 분명하게 알도록 확인하고 클라이언트의 교육 수준 및 어휘 능력에 맞게 정보를 제공한다. 또한 제공하는 정보를 클라이언트가 수용할 의지가 있는지 확인하고, 이에 따라 세심하게 정보를 제공해야 한다.

⑥ 직면

직면은 클라이언트가 모르고 있거나 인정하기를 거부하는 생각과 느낌에 대해서 주목받도록 하는 사회복지사의 언급이다. 예를 들면, 클라이언트가 부정(denial)하고 있는 과거와 현재의 연관성, 행동과 감정 간의 유사점이나 차이점 등을 지적해 주고 그것에 주목하도록 한다. 그러므로 직면은 클라이언트가 자신의 경험의 일부로 지각하기를 두려워하거나 거부하는 어떤 측면에 주의를 돌리도록 요청하는 것이다. 직면은 클라이언트의 변화와 성장을 증진할 수 있지만 클라이언트에게 심리적인 위협과 상처를 줄 수 있으므로, 직면을 사용할 경우 시의성, 즉 내담자가 그것을 받아들일 준비가 되어 있는지를 면밀히 고려해야 한다. 또한 사회복지사의 직면 반응은 클라이언트를 배려하는 상호 신뢰의 맥락에서 행해져야 하며, 결코 클라이언트에 대한 좌절과 분노를 표현하는 수단으로 사용되어서는 안 된다.

직면기술의 예는 다음과 같다.

⇒ 사회복지사 : "○○○선생님께서 세 번씩이나 저와의 약속을 어기시니 제가 조금 당황스럽습니다. 왜냐하면 지금까지 제 도움이 별로 도움이 되지 않았나 하는 생각이 들었기 때문입니다. 선생님 생각은 어떠신지요?"

⇒ 사회복지사 : "선생님께서는 여성들에게도 공평하고 평등한 권리를 가져야 한다고 말씀하셨는데, 실제적으로 부인께서 일을 하신다고 하실 때는 반대가 심한 의견을 내놓고 있습니다. 이에 대해서 어떻게 생각하시나요?"

연습] 가정폭력 가해자인 클라이언트와의 면담에서 클라이언트가 다음과 같이 언급할 경우 어떻게 반응할 것인지 연습해 보도록 한다.

⇒ 클라이언트: "저는 아내를 그렇게까지 때리지는 않았어요…… 물론 화가 났을 때 몸을 몇 번 밀친 적은 있지만 이 정도는 남자들이 화나면 그렇게 하지 않나요? 그리고 선생님도 우리 부인과 같은 사람하고 한 번 살아보세요. 얼마나 답답하고 자기 멋대로만 하려고 하는지…… 손이 올라가게 만든다니까요. 저는 그래도 제 성격 바꾸어서 잘 살아 보자고 하는 건데 오히려 제가 너무 억울하지요……(그러면서 옆에서 울고 있는 아내에게 버럭 화를 내면서) 왜 그렇게 울고 있어! 창피하게…… 이렇게 나에게 창피를 주니까 속이 시원해! 내가 왜 여기까지 와서 이런 수모를 당해야 해!!"

⇒ 사회복지사:

⑦ 해석하기

해석은 클라이언트에게 어떤 의미를 전달하고자 하는 사회복지사의 시도라고 할 수 있다. 즉, 해석은 클라이언트가 새로운 방향에서 문제를 바라볼 수 있도록 행동이나 생각, 감정 등에 새로운 의미와 원인을 설명하는 것으로, 말 속의 숨은 메시지에 초점을 둔다. 예를 들면, 겉으로는 각각의 사건들이 분리되어 있는 것 같지만, 비슷한 동기에서 발생한 연결된 행동이라는 사실을 설명해 주거나, 클라이언트의 행동이나 감정 그리고 생각에서 반복적으로 나타나는 주제를 지적해 주고 이해시키기 위해서 새로운 시각을 제공하는 것이다.

여기에서 가장 중요한 것은 시기의 문제다. 해석은 클라이언트가 받아들일 준비가 되어 있다고 판단될 때 조심스럽게 하는 것이 중요하다. 즉, 내담자가 스스로 거의 깨달은 후에 해석을 하거나 내담자가 스스로 해석을 내리도록 인도하는 것이 가장 현명하다. 받아들일 준비가 되어 있지 않을 때 해석하면 클라이언트의 심리적인 균형이 깨져 몹시 불안하다. 클라이언트가 자신에 대한 통찰력을 얻어가는 속도와 사회복지사에 대한 신뢰와 관계형성이 적절할 때 효과적으로 사용될 수 있다.

참고

해석기술의 예

현재 남편과의 친밀감을 갖지 못하여 어려움을 호소하는 클라이언트에게 과거 부모님과의 관계를 묻고 답하는 과정에서 부모님과의 미해결된 문제가 발견된다면 이를 해석할 수 있다. "지금까지 말씀을 들어 보았는데, 과거의 부모님, 특히 아버지와의 관계에서 해결되지 못한 문제가 현재 남편과의 관계에서도 반복되어 나타나는 것 같습니다. 제 생각에 대해 어떻게 생각하시는지요?"

(3) 목적유지기술

① 초점유지기술

사회복지사를 찾아오는 클라이언트는 대부분의 경우 조리 있게 말을 하거나 자신의 생각을 표현할 수 있는 경우보다는 혼돈되거나 불안하고 생각을 적절히 표현할 수 있는 능력이 부족한 경우가 많다. 이때 사회복지사는 클라이언트의 문제 상황에 맞게 면담을 유도할 필요가 있다.

초점유지기술의 예는 다음과 같다.

⇒ "오늘 우리가 아드님 문제에 대해서 이야기를 나눠 보고자 했는데, 지금까지 시어머니에 대한 이야기를 나눴습니다. 그럼 아드님의 문제에 대해서 이야기를 나눠 볼까요?"

② 촉구기술

촉구기술은 클라이언트가 말을 시작하거나 계속하도록 할 때 활용하는 것으로, 추가로 설명할 것을 권하는 방법과 한 가지 진술내용과 다른 진술내용을 연결시킴으로 계속 말을 할 수 있도록 하는 방법 그리고 중단된 문장이나 말을 끝맺도록 하는 방법 등이 있다. 이 기술 또한 사회복지사는 적절한 시기를 고려하고 강압적으로 느껴지지 않도록 유의해야 한다.

촉구기술의 예는 다음과 같다.

⇒ "조금 더 말씀해 주실 수 있으신지요?"
⇒ "조금 전에는 엄마와의 관계에서 많이 힘들어 도움을 받고 싶다고 했는데, 지금은 괜찮다고 하니 선생님이 어떻게 이해하면 될까?"
⇒ " 지금 말씀을 중간에 그치셨는데, 조금 더 말씀해 주시겠습니까?"

③ 환기기술

환기(ventilation)는 클라이언트의 억압된 감정, 특히 부정적인 감정인 증오, 슬픔, 죄의식, 수치심, 불안 등이 문제해결을 방해하거나 감정 자체가 문제가 되는 경우 이를 표출하도록 함으로써 감정의 강도를 약화시키거나 해소시키는 기술이다. 나아가 클라이언트의 기능에 부정적인 영향을 줄 수 있는 감정을 표현할 수 있도록 돕는 것으로서, 해소되어야 할 감추어진 감정이 표면으로 표출될 수 있도록 하는 방법이며, 이러한 감정을 탐색하고 고려해 볼 수 있는 기회를 제공한다.

④ 중재기술

중재기술은 분쟁 당사자들 간의 차이점을 조정하여 합의점에 도달하도록 돕는 기술이다. 합의점을 찾기 위해서 사회복지사는 중립적인 입장을 취하면서 분쟁 당사자들 간의 공통점을 찾아내도록 해야 한다.

⑤ 계약기술

계약기술은 클라이언트와 사회복지사가 각자의 역할, 책임, 기대 및 수행할 업무의 목적을 공식화하고 구조화하는 것이다. 이를 위해 클라이언트와 사회복지사는 성취하고자 하는 목표에 대한 합의점을 모색해야 한다. 계약은 클라이언트의 욕구에 기반을 두기 때문에 말로써 혹은 문서로써 합의되며 때로는 편지의 형식을 띠기도 한다. 합의사항은 가급적 문서로 보관하는 것이 좋다. 이를 작성하는 과정에서 클라이언트의 자유를 최대한 보장하여 문제설정 및 목표설정, 해결방법에 있어 클라이언트의 참여를 촉구할 필요가 있다.

(4) 질문기술

클라이언트의 문제상황에 대한 정보를 수집하고 동시에 클라이언트로 하여금 문제에 관한 자신의 생각과 느낌을 표현하도록 효과적으로 이끄는 것은 질문하는 기법에 달려 있다. 이에 면담과정에서 질문은 매우 중요한 기술 가운데 하나이다. 일반적으로 질문은 크게 개방형 질문과 폐쇄형 질문으로 나눌 수 있다. 이들 질문은 모두 다양한 상황에 따라 유용하게 사용될 수 있지만 질문에 따라 한계를 갖는다.

① 개방형 질문

개방형 질문은 클라이언트에게 선택의 자유를 주어서 자신의 생각이나 감정을 자신의 방식대로 편하게 표현할 수 있도록 한다. 이에 이 질문은 클라이언트가 하고 싶은 말을 자율적으로 충분하게 하게 함으로써 많은 정보를 수집할 수 있는 장점이 있다.

개방형 질문은 클라이언트가 내면에서 탐색하도록 돕고 격려하는 질문으로, 집중하고 몰입하게 함으로써 자신의 감정을 파악하고 생각을 명료화하도록 도우며, 구체적인 예를 이끌어낼 수 있다. 그러나 개방형 질문은 자신의 생각이나 감정을 언어로 표현하는데 익숙하지 않은 클라이언트에게는 오히려 위협이 되거나 불안감을 야기할 수 있다. 따라서 개방형 질문과 폐쇄형 질문을 다양하게 혼합하여 사용하는 것이 도움이 되며, 클라이언트가 성취하고자 하는 것이 무엇인지 그리고 면담이 이를 성취하는 데 어떤 도움이 될 것인지를 강조하는 것이 좋다.

개방형 질문의 예는 다음과 같다.

⇒ 사회복지사 : "댁의 남편에 대해 말씀해 주시겠습니까?"
⇒ 사회복지사 : "오늘 너의 기분이 나쁜 것 같은데 이유를 말해 줄 수 있겠니?"
⇒ 사회복지사 : "아드님의 행동 중에서 좋은 점과 변화했으면 하는 점에 대해 말씀해 주시겠습니까?"
⇒ 사회복지사 : "부인이 변해야 한다고 하셨는데, 구체적으로 무엇이 어떻게 변했으면 하시는지요?"
⇒ 사회복지사 : "다시 음주를 시작하셨는데, 어떤 이유가 있으셨는지요?"

② 폐쇄형 질문

폐쇄형 질문은 '예', '아니요'로 답할 수 있거나 분명하고도 간단하게 응답할 수 있는 유형의 질문이다. 이 질문 기법은 시간이 제약된 상황에서 사실이나 자세한 정보를 얻고자 할 때 그리고 위기적인 상황에서 신속하게 정보를 얻고자 할 때 활용하는 것이 유용하다. 폐쇄형 질문은 자신감이 결여되어 있거나 타인을 잘 신뢰하지 못하는 경우, 자신의 생각이나 감정을 표현하기 어려운 경우, 개방형 질문에 답하기 어려워 할 수 있는 클라이언트에게는 폐쇄형 질문이 개방형 질문보다 상대적으로 잘 대답할 수 있다.

그러나 클라이언트가 매우 제한된 범위 내에서 답하게 되며, 클라이언트의 문제를 다양하게 탐색해 볼 기회가 줄어든다. 또한 클라이언트는 취조당하는 듯한 느낌을 받을 수 있고, 위협적으로 느낄 수 있으므로 조심해서 사용해야 한다.

폐쇄형 질문의 예는 다음과 같다.

⇒ 사회복지사 : "이름이 무엇인지요?"
⇒ 사회복지사 : "자녀가 몇 명입니까?"
⇒ 사회복지사 : "오늘 기분은 좋은 편입니까? 아니십니까?"
⇒ 사회복지사 : "학교 가는 것이 좋았습니까? 아니십니까?"

연습] 개방형 질문을 10개씩 적어보고 이를 폐쇄형 질문으로 바꾸어 보십시오. 그리고 이때 어감의 변화에서 어떤 느낌이나 생각이 나는지 토론해 보십시오.

③ 질문에서의 주의점

- 유도질문: 사회복지사가 일정 방향으로 응답을 유도하기 위해 질문하는 것을 뜻한다.
  예를 들면 마음만 먹으면 술을 끊을 수 있다는 클라이언트에게 "어제 술을 마시지 않기로 했는데, 오늘 약속에 늦은 것을 보니 어제도 술 마신 것이 맞지요? 역시 단주하는 것이 쉽지 않다는 것을 아시겠지요." 이러한 유형의 질문은 클라이언트가 방어적인 입장이나 혹은 사회복지사의 비위를 맞추기 위해 솔직하지 않은 답을 하도록 영향을 줄 수 있다. 또한 이 질문은 모욕적일 수 있으므로 회피해야 한다.

- 이중질문(중첩질문): 이중질문은 너무 많은 질문을 한 번에 물어 보는 것 혹은 이전 질문에 대한 대답이 끝나지 않았는데 다른 질문으로 넘어가는 것을 의미한다. 예를 들면, "오늘이 마지막 상담인데 어때 상담 결과는 만족하니? 참 친구들이랑 헤어지니 속상하겠다. 엄마는 뭐라고 하시니?"이다.
- '왜'라는 질문을 피한다: 예를 들면, "왜 오시지 않았나요?", "왜 남편과 잘 지내시지 못하나요?", "왜 학교에 가지 않는 것인지요?" 등이 해당된다. 이러한 질문은 반감이나 불쾌감을 주고 그 상황에 대하여 비난하는 것으로 들린다. 이런 질문은 "오시지 않은 이유가 있으셨나요?", "남편과 관계를 어렵게 하는 것은 무엇인가요?", "학교에 나가지 않게 된 배경이 있나요?" 등으로 물어볼 수 있으며, '어떻게' 또는 '무엇'이라는 질문으로 바꾸는 것이 필요하다.

02 개인대상 사회복지실천 개입과정

개인대상 사회복지실천과정은 사회복지사가 클라이언트와 클라이언트를 둘러싼 다양한 환경 내의 체계들을 변화시키기 위해 그의 전문적 가치와 지식에 기초하여 개입하는 과정이다. 일반적으로 실천과정은 접수, 자료수집 및 사정단계, 사정에 근거하여 개입의 목표를 정하고 필요한 서비스를 제공하기 위한 개입 단계, 종료 단계인 평가 및 종결의 단계로 이루어져 있다.

1) 초기 단계: 접수 및 사정을 위한 자료수집

초기 단계는 접수를 통해 클라이언트와 기관에서의 계약관계가 형성되면 개입에 앞서 사정을 위한 자료를 수집하고, 서비스를 제공하기 위한 정보와 클라이언트가 당면한 어려움 및 자원 등을 파악한다.

(1) 접수Intake

접수란 문제를 가진 사람이 사회복지기관을 찾아왔을 때 사회복지사가 그의 문제와 욕구를 확인하여 그것이 기관의 정책과 서비스에 부합 여부를 판단하는 과정으로, 서비스 제공 여부를 결정하고, 앞으로 진행될 전문적 관계의 양상을 결정하는 중요한 만남이다. 이 단계는 무엇보다도 사회복지사와 클라이언트의 첫 만남이 시작되므로 사회복지사의 태도가 중요하다(이 부분은 위에서 제시한 면담준비 및 시작기술 참조).

접수 단계의 과제는 ① 클라이언트와의 관계형성 및 문제 확인, ② 클라이언트의 욕구와 기대 확인, ③ 서비스에 대한 정보제공, ④ 서비스 수혜여부 결정, ⑤ 의뢰 여부 확인, ⑥ 클라이언트의 동기화, ⑦ 원조과정에 대한 안내 등이 있다.

(2) 자료수집 및 사정Assessment

① 자료수집(data collection)

자료수집은 클라이언트의 문제를 이해·분석·해결하는 데 필요한 자료를 모으는 것을 말한다. 이렇게 수집된 자료를 바탕으로 사정을 하게 되므로 일반적으로 자료수집이 사정에 선행되어 이루어져야 할 것으로 보이지만, 실제 자료수집과 사정은 거의 동시에 혹은 반복적으로 이루어진다. 즉, 사회복지사는 자료를 수집하면서 문제를 분석하고, 분석과정에서 필요한 정보를 수집할 수 있다.

일반적으로 활용되는 자료수집방법은 다음과 같다(최혜경, 2010).

- 클라이언트가 작성한 기본정보 수집
- 면접을 통해 얻은 정보들, 즉 클라이언트의 문제와 그동안의 사건 경과, 견해, 생각 등을 수집
- 비언어적 행동에 대한 직접적 관찰자료 수집
- 부부, 가족구성원, 집단구성원 간의 상호작용에 대한 직접적 관찰 수집
- 검사 혹은 평가도구를 활용한 수집
- 클라이언트와 직접적 상호작용에 근거한 사회복지사의 개인적 경험 수집

기본 정보수집은 초기 면접지의 구조화된 양식을 사용한다. 초기 면접지에 해당하는 정보들은 다음과 같다.

- 클라이언트의 기본 정보: 이름, 성별, 나이, 결혼관계, 주소, 전화번호, 직업 등
- 가족관계: 동거 중인 가족을 중심으로 가족구성원의 이름, 나이, 직업, 교육수준, 종교, 관계 등
- 주요 문제: 클라이언트가 사회복지사에게 도움을 청하는 문제가 무엇이며, 언제부터 어떠한 과정을 거쳐 지속되었는지에 관한 내용
- 기관에 오게 된 동기
- 의뢰이유: 타기관 혹은 가족에 의뢰된 경우
- 이전의 사회복지 서비스 경험: 과거에 어떤 사회복지기관에서 어떤 서비스를 받았는지에 관한 내용

수집되는 자료의 정보 출처 중에는 심리검사, 선별도구, 사정도구 등 다양한 측정도구들이 있다. 구조화된 자료수집면접에서 검사 또는 사정도구를 사용할 수 있는데, 예를 들면 지능검사, 불안장애 면접 양식, 우울, 자존감, 스트레스, 결혼만족도 관련 검사도구를 비롯한 다양한 임상적 현상들을 측정하는 도구들이 사용될 수 있다.

여기에서는 일반적으로 임상현장에서 공통적으로 사용하는 사정도구로서 가계도, 생태도, 생활력표에 대해서 알아보도록 한다.

㉠ 가계도

가계도는 사람을 표시하는 기호, 관계를 표현하는 선, 개인관련 주요 정보를 사용하여 3세대 이상의 가족에 나타나는 결혼, 이혼, 출생, 사망, 입양 등 중요한 생활사건과 성별, 연령, 교육수준, 직업 등 인구사회학적 정보들을 나타낸다.

가계도에서 사용하는 상징들을 보면 다음 그림과 같다.

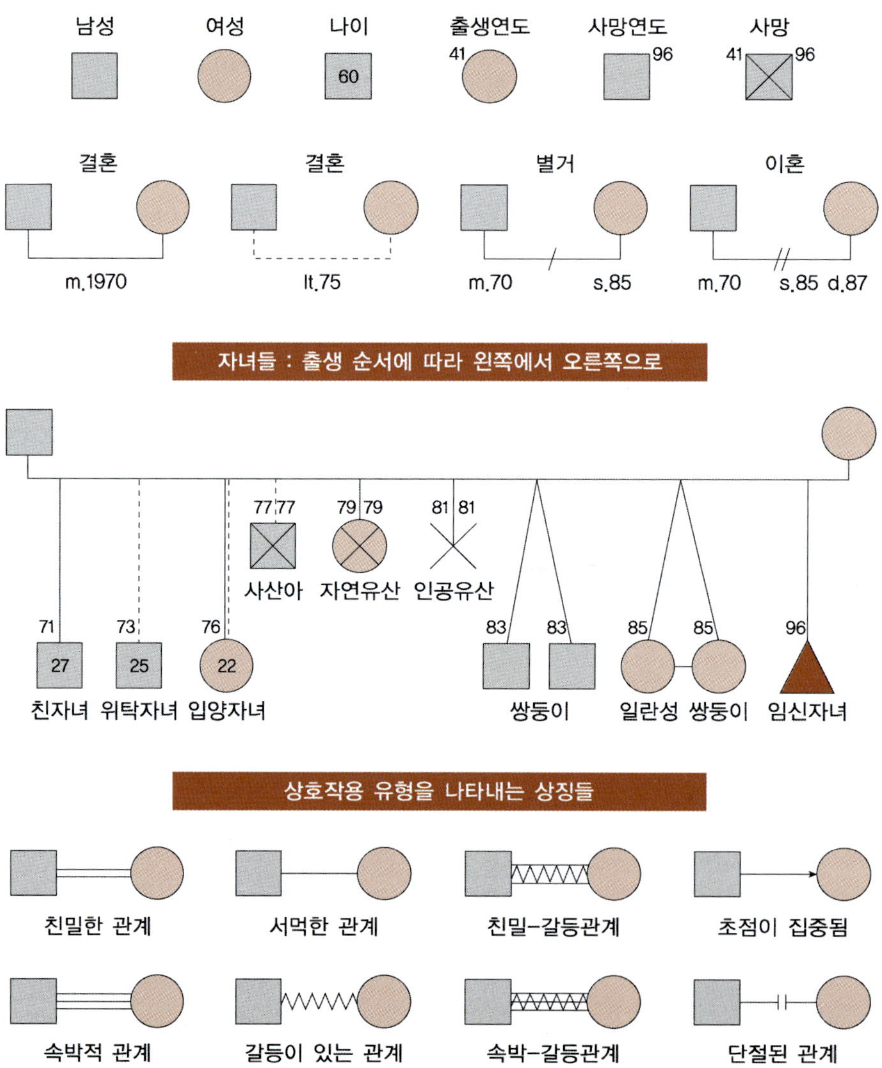

▎그림 7-1▎ 가계도에서 사용되는 상징들

아래의 그림에서 알 수 있는 것처럼 가계도는 가족구성원들의 출생과 사망, 중요한 특성 및 생활사건, 관계 등 개인과 그 가족과 관련된 연대기적 정보를 제공해 준다.

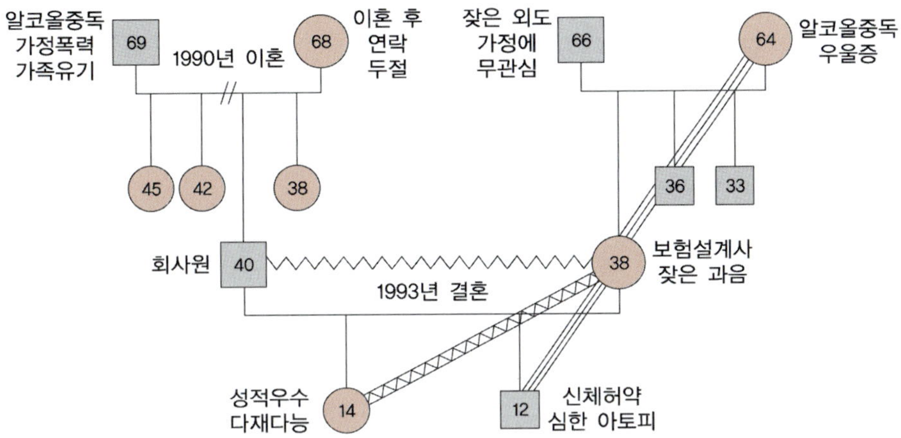

| 그림 7-2 | **가계도의 예(최혜경, 2010)**

사회복지사는 가계도를 통해 개인과 가족 내에서 반복되어 나타나는 유형과 사건을 발견할 수 있다. 가계도는 가족관계나 기능을 도식화함으로써 클라이언트가 원가족 혹은 생성가족과 어떠한 관계를 형성하고 있는지를 파악할 수 있다. 가계도의 장점은 첫째, 가족의 구성과 구조를 분석할 수 있고, 둘째, 가족의 생애주기를 분석할 수 있으며, 셋째, 세대 간에 유형의 반복이 있는지 분석할 수 있고, 넷째, 가족구성원들의 역할과 기능이 균형을 이루고 있는지 분석할 수 있다.

㉡ 생태도

생태도는 개인을 둘러싸고 있는 사회적 관계를 모두 포함시킴으로써 사회적 관계의 장단점과 자원을 파악하는 데 유용하다. 생태도는 하트만(Ann Hartman, 1978)에 의해 개발된 것으로, 개인 및 가족의 사회적 맥락과 개인 및 가족을 둘러싼 사회체계들과의 상호작용 상태를 하나의 그림으로 나타낼 수 있도록 고안된 도구이다. 생태도의 유용성은 다음과 같다.

- 가족을 둘러싼 자원 또는 에너지의 유입, 유출을 표시할 수 있다.
- 주요 주변 환경체계들, 가족과 그들과의 관계, 주변 체계들 간의 관계 등을 표시할 수 있다.
- 가족의 장점을 위축시키는 외부 요소들을 찾아내 표시할 수 있다.
- 가족의 적응과 대처 능력을 향상시킬 수 있는 외부 요인들을 확인해 낸다.
- 조정되어야 할 갈등요소, 연결·동원·추구되어야 할 자원들을 확인해 낼 수 있다.
- 생태체계적인 공간 내에서 가족구성원을 향한 에너지의 출입 경향을 확인함으로써 가족구성원의 현 상태에 대한 객관적인 이해와 수용을 유도할 수 있다.

생태도의 기본적인 모형은 다음의 그림과 같다.

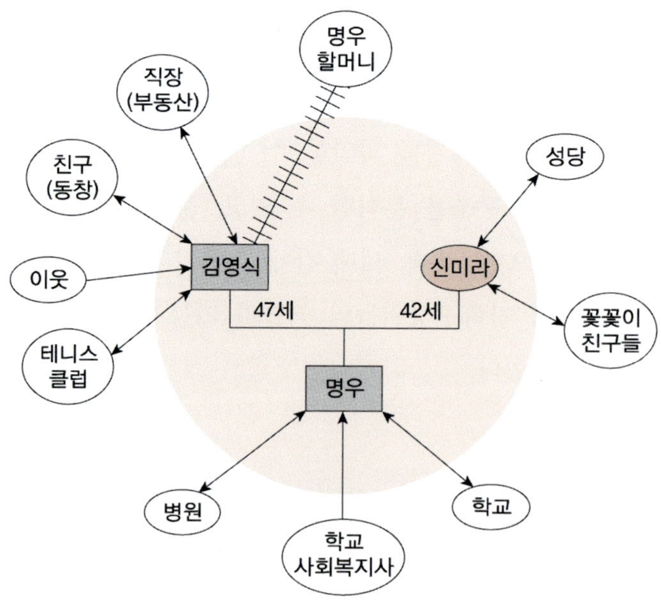

그림 7-3 생태도의 예(엄명용 외, 2008)

그림에서 주변의 원들은 가족을 둘러싸고 있는 여러 가지의 환경 체계를 의미한다. 주변 환경체계는 물리적으로 가까운 거리에 있는 환경은 물론 물리적으로 떨어져 있으나 일상생활의 경계 내에 있어 일상생활을 하면서 접촉하고 관심을 갖는 모든 체계들을 포함한다.

㉢ 생활력표

개인의 삶을 시계열적으로 중요한 사건이나 특성들을 나열함으로써 일목요연하게 도표로 표시하기도 한다. 연대기에는 가족 상황의 변화와 그 시기에 문제가 되었던 질병, 문제 또는 특정 사건 등을 포함한다. 경우에 따라서는 삶에서 일어났던 중요한 사건과 주기적으로 반복되는 문제 또는 환경적 변화 등을 좀 더 자세히 파악하는 것이 요구되기도 한다. 이것은 클라이언트나 가족이 겪고 있는 문제의 발생시점과 촉발사건 등을 파악할 수 있는 장점이 있으며, 사건 간에 보이는 양상이나 사건 간의 관계를 파악할 수 있다. **표 7-1**은 생활력표의 예를 나타내고 있다.

표 7-1 생활력표의 예

년도	나이	소재지	건강	가족	학교	활동	문제	기타
1985	1	광주	정상	父 30 母 25				자연 분만
1986	2	경주로 이사		할머니와 동거			고부갈등	
1987	3	서울로 이사	발육이 늦음	할머니 입원			할머니 간호로 가족의 부담	병원비 문제로 친척과 갈등
1988	4		감기를 자주 앓음	할머니 사망			경제적 이유로 부모님의 잦은 싸움	고모가 주로 양육
1989	5			부모의 이혼	유치원 적응의 어려움	피아노 시작	또래와의 부적응	엄마가 양육

② 사정(Assessment)

㉠ 사정의 기본 특성

사정은 수집된 자료 혹은 정보를 종합하여 해석하고 의미를 부여함으로써 문제를 최종적으로 규정하여 실천의 방향을 결정하는 데 그 목적이 있다. 그리고 클라이언트의 상황을 정확하게 사정하면 정확한 개입계획을 수립할 수 있고, 결과적으로 사회복지실천의 효율성 및 효과성을 높일 수 있게 된다.

사회복지실천에서 사정은 다음과 같은 특성을 갖는다(엄명용 외, 2008).

- 사정은 계속되는 과정이다.

  클라이언트와 초기 면접 시 사정으로 모든 사정이 끝난 것이 아니라, 사회복지실천의 과정이 종결되는 시점까지 계속적으로 이어지는 과정이다. 따라서 반복적으로 클라이언트를 만나야 할 경우라면, 새로운 면접을 시작하는 첫 단계에서 클라이언트의 상황에 변화가 있었는지를 물어봄으로써 클라이언트의 최근 상황을 이해할 필요가 있다.

- 사정은 이중 초점을 갖고 진행된다.

  클라이언트와 그를 둘러싼 환경 그리고 클라이언트와 환경체계 간의 상호작용을 동시에 이해해야 하므로 이중 초점을 갖는다.

- 사정은 클라이언트와 사회복지사의 상호과정이다.

  사회복지사는 클라이언트를 신뢰하는 관계 속에서 그러한 정보를 그대로 수용할 수도 있는 반면, 보다 정확한 정보를 수집하기 위해 클라이언트의 진술에 대해 반복하여 질문하거나 심층적인 질문을 할 수 있다.

- 사정에는 사고의 전개과정이 있으며, 이론적 지식을 기반으로 한다.

  사정의 방향과 맥락은 대개 이론이 설명하는 바에 의해 설정되므로 사회복지사는 특정 문제현상과 관련된 이론을 숙지할 필요가 있다.

• 수평적, 수직적 탐색 모두가 중요하다.

사회복지사는 클라이언트의 수평적 정보, 즉 현재의 기능과 능력 및 대인관계 등을 파악하면서 동시에 수직적 탐색, 즉 과거력 및 생활사 등을 모두 판단할 필요가 있다.

• 사정은 개별적이다.

사회복지사가 대면하는 클라이언트는 그 사람 나름대로의 개별적인 독특한 상황에 처해 있기에 개별화된 사정이 요구된다.

㉡ 사정 시 고려 사항들

• 발달 단계와 과업 파악하기

특정 클라이언트의 문제나 그가 처해있는 상황을 이해하기 위해서는 클라이언트가 생애 발달 단계에서 어떤 위치에 처해 있으며, 이 시기의 발달상의 특성과 과업은 무엇인가를 파악하는 것이 요구된다. 이러한 발달 특성에 따른 이해를 통해서 그 단계의 과업을 수행할 수 있도록 도와주는 것이 개입의 중요 목표가 되기 때문이다.

• 가족생활주기 파악하기

특정 클라이언트의 욕구가 가족생활주기의 단계와 어떻게 연관되어 있는지를 파악하고, 가족주기상의 특성과 발달적 이슈와의 상호작용적 요소를 파악하는 것이 요구된다. 예를 들면, 부인의 우울증이 가족생활주기 상으로 볼 때 자녀들이 성장해서 집을 떠나고 난 빈둥지 현상과 관련이 있는지를 파악한다.

• 클라이언트의 강점 사정

문제 상황에 처해 있는 클라이언트라 할지라도 많은 자원과 강점을 지니고 있다. 그러므로 이러한 클라이언트의 강점을 활용해서 욕구와 문제를 해결해 나갈 수 있게 된다. 그래서 클라이언트의 강점과 긍정적인 측면과 자원 파악에 대해서 강조하게 된다. 또한 비슷한 상황에서 성공적으로 문제를 처리할 수 있었던 예가 있는지도 알아본다.

2) 중기 단계: 목표설정과 개입

(1) 목표설정

사정 단계가 끝나고 나면 변화를 위한 목표가 설정되어야 한다. 목표는 다시 궁극적으로 달성해야 하는 최종 목표와 이를 실천하기 위한 세부 목표가 세워져야 한다. 클라이언트의 문제는 복합적이기 때문에 개입의 목표를 설정하기 위해서는 사정과정에서 드러난 여러 문제들 중에서 가장 중요하고 시급히 해결해야 할 문제를 선정하여 개입의 목표를 설정한다.

이러한 목적을 달성하기 위해서 실행해야 하는 개입의 목표는 구체적이고 단순하며 세분화되어야 한다.

① 목표설정의 원칙(최선화, 2009)

수집된 정보를 바탕으로 사정을 통해서 적절한 개입목표를 정해야 한다. 적절한 목표를 설정하는 것은 능률적인 개입과 개입의 효과를 높이는 데 필수적이다. 목표설정의 원칙은 다음과 같다.

㉠ 클라이언트에게 중요한 것을 목표로 정한다.

모든 개입의 목표는 클라이언트를 돕기 위한 것이며 클라이언트 중심으로 이루어져야 한다. 상담자는 클라이언트만큼 클라이언트의 문제에 대해서 잘 알지 못하기 때문에 클라이언트 스스로가 중요시 여기는 것을 목표로 정해야 한다.

클라이언트가 원하는 목표가 여러 가지인 경우 우선순위를 정하는 기준은 다음과 같다.

첫째, 클라이언트에게 가장 시급한 문제
둘째, 단기간에 성취 가능한 것
셋째, 클라이언트에게 강한 동기를 부여할 수 있는 것
넷째, 무리 없이 달성 가능한 것

㉡ 작고 쉬운 것을 정한다.

이렇게 순위를 정하는 이유는 클라이언트에게 가장 필요하고 원하는 일을 달성하기 쉬운 것부터 실시해서 성공적으로 달성하면, 자신감을 회복할 수 있게 되기 때문이다. 그리고 복잡하고 어려운 문제는 작은 목표로 쪼개어서 단계적으로 접근하는 것이 좋다.

㉢ 목표를 구체화한다.

클라이언트들은 상담을 하러 올 때 복잡하고 추상적이며 모호한 목표를 가지고 온다. 예를 들면, '우리 아들 사람 좀 만들어 주세요' 또는 '저 좀 도와주세요', '살맛나게 해주세요' 등의 모호한 표현을 자주 한다. 이렇게 모호하고 구체적이지 않은 목표를 작고 쉬운 것으로 구체화해서 구체적으로 어떤 변화를 원하는 것인지 명확히 할 필요가 있다. 이렇게 구체화하는 형태는 바로 행동적으로 나타나는 것, 변화를 측정할 수 있고, 수치화할 수 있는 것으로 목표를 정하는 것이 효과적이다.

㉣ 현실적이고 성취 가능한 것을 목표로 한다.

개인의 목표가 비현실적이거나 성취 불가능한 목표를 설정하지 말아야 한다. 사회복지사는 클라이언트의 비현실적이고 성취가 어려운 목표를 상담을 통해서 현실적이고 성취 가능한 목표로 바꿀 수 있도록 도와야 한다. 이러한 점은 사회복지사에게도 적용된다. 목표는 사회복지사의 능력과 기술에 상응하는 것으로, 자신이 성취 가능한 범위 내에서 목표를 정해야 하며, 그렇지 못하다면 슈퍼바이저를 통해서 능력을 성장시키거나 다른 능력 있는 사회복지사에게 넘겨야 할 것이다.

㉤ 부정적인 것보다 긍정적인 목표를 정한다.

개입의 목표는 부정적인 것보다는 긍정적인 것이 더 효과적이다. 예를 들면, 초등학생 클라이언트에게 '그렇게 하면 안 된다'라고 하면 다른 방법을 모르기 때문에 당황하게 된다. 그러므로 그렇게 하지 마라 대신 '이렇게 하라'고 하는 것이 더 효과적이다. 개입의 목표도 이렇게 긍정적인 목표를 가짐으로써 더 효과를 가질 수 있다.

ⓑ **선택의 폭을 넓혀 주며, 스스로 선택하게 하고 선택에 대한 책임을 지게 한다.**

이들에게 선택의 가능성과 폭을 넓혀 주며 스스로 선택하게 하고 선택에 따른 책임을 지게 도와 나가야 한다.

ⓢ **목표가 사회복지사의 중요한 권리나 가치에 위배된다면 동의하지 않아야 한다.**

사회복지사는 클라이언트의 권리와 선택권을 존중한다. 그럼에도 불구하고 클라이언트가 정하는 개입의 목표가 사회복지사에게 받아들이기 힘든 권리나 가치에서 나온 것이라면 동의하지 말아야 한다. 이런 면은 사회복지사에 대한 신뢰성과도 관계되는 것으로, 마음으로는 동의하지 않으면서 겉으로 동의하는 척하는 이중성을 가져서는 안 된다. 예를 들면, 실직한 가장이 아동이 수급권을 받을 수 있도록 하기 위해서 일부러 아이들을 버리고 가출하려고 할 경우 사회복지사는 아버지의 결정에 동의하지 않아야 한다.

ⓞ **목표는 기관의 기능과 일치해야 한다.**

클라이언트나 사회복지사가 시도하는 변화를 위한 노력이 기관의 기능이나 설립목적과 일치하지 않거나 위배될 때, 사회복지사는 클라이언트를 다른 기관으로 의뢰해야 한다. 예를 들면, 미혼모가 임신중절을 원할 경우 특정 기관에서는 동의하지 않을 수 있다. 이럴 경우는 다른 기관으로 의뢰하는 것이 요구된다.

(2) 개입

초기 활동을 마친 후 사회복지사와 클라이언트는 개입 단계로 들어가게 된다. 이 단계는 사회복지사와 클라이언트가 초기 단계에서 설정한 목표를 달성하고, 문제를 해결하기 위한 구체적인 행동을 실천하는 단계이다. 개입 단계는 변화를 일으키기 위한 직접적인 과정이면서 사회복지실천과정의 핵심적인 단계이다.

개입 단계의 기술이란 문제해결을 위한 접근이 필요한 실천과정의 기술을 말한다. 여기에는 문제해결이나 적응, 성장발달을 위한 클라이언트의 능력을 향상시키고 회복시키는 기술, 사회적 기능을 향상시킬 수 있는 자원·서비스·기회 등을 제공할 수 있는 지역사회체계로 사람들을 연결시키는 기술 등이 포함된다.

사회복지사가 클라이언트에게 영향력을 행사하며 의도적인 변화를 일으키는 과정이고, 결과적으로 클라이언트는 자신이 직면한 문제를 해결하거나 자신의 능력과 잠재력을 개발하는 것이 핵심적인 내용이다.

구체적 개입기술은 모델링, 인지적 재구조화(cognitive restructuring), 연습(rehearsal) 등의 상담기술이나 조언, 교육 등의 기술이 포함된다(Cormier & Cormier, 1985). 이러한 개입기술은 전문가로서의 지식과 신념, 경험 등이 필요하며, 특정한 개입방법을 선택하는 데 따르는 명확한 근거와 전문가적인 판단이 중요하다.

3) 종결 단계

종결 단계는 목표달성에 따라 혹은 목표달성의 여부와 상관없이 사회복지사와 클라이언트의 전문적 원조관계를 끝내는 과정을 말한다. 그러나 종결 단계(termination phase)는 갑작스러운 종결을 피해야 하며, 점차적으로 클라이언트가 종결을 준비할 수 있도록 과정이 마련되어야 한다. 종결은 클라이언트의 목표가 달성되었거나 클라이언트의 변화를 기대할 수 없거나 다른 기관에 의뢰할 때, 클라이언트가 개입을 거부할 때 이루어진다. 종결 단계에서 이루어져야 할 과업은 다음과 같다.

- 클라이언트와 함께 서비스 전달체계, 서비스의 효과성과 성취도를 확인하는 과정이다.

- 사회복지사의 개입과정에 대한 검토와 평가가 이루어진다.
- 앞으로의 방향에 대한 논의가 이루어진다.
- 클라이언트와의 종결을 준비한다.
- 만일 별다른 변화가 없거나 부정적인 결과를 보이는 경우, 이전의 사정이나 계획, 개입 단계에 대한 점검이 필요하다.
- 종결의 사유는 목표를 성취했거나, 클라이언트의 변화를 기대할 수 없거나, 다른 기관에 의뢰한 경우, 클라이언트가 개입을 거부하는 경우이다.
- 종결 감정을 공유하는 것과 개입과정에 대한 요약, 사후활동의 계획을 다루며 종결기록을 작성하는 것이 중요하다. 종결 시 클라이언트의 감정으로는 장래에 대한 두려움, 자신이 획득한 성과에 대한 의문 등이 있을 수 있는데, 이 경우 상실감을 극복하고 새로운 생활 상황을 부딪치게 하는 것은 클라이언트에게 중요한 학습경험을 제공하는 것이다. 따라서 종결 단계에서는 최종 평가와 함께 원조관계를 끝내는 데 대한 클라이언트의 종결 소감을 함께 나누면서 다루는 기술이 중요하다.

08
CHAPTER

가족대상 사회복지실천기술

01 가족대상 사회복지실천기술의 이해

02 가족대상 사회복지실천 개입과정

01 가족대상 사회복지실천기술의 이해

1) 가족중심 사회복지실천의 기본 개념

(1) 가족의 기본적 속성

가족을 단위로 한 사회복지실천을 행하기 위해서는 사회 단위로서의 가족에 대한 이해가 필요하다. 가족이 어떤 속성을 갖고 있고 어떤 기능을 수행하고 있는지에 상관없이 모든 가족은 공통적으로 두 가지 차원의 속성에 영향을 받아 형성되고 유지된다. 하나는 시간적 차원이고 다른 하나는 공간적 차원이다.

먼저 시간적 차원에서 가족은 역사성을 띠고 있다. 가족의 역사성이란 현재 우리가 속해 있는 가족은 여러 세대를 거쳐 아버지 쪽과 어머니 쪽 가족의 특성이 전해 내려오면서 통합과 조정의 과정을 거쳐 형성된 결과물이라는 것이다. 하지만 가족의 속성은 역사성에 의해서만 영향을 받아 형성되는 것은 아니다. 동시대에 함께 존재하는 가족을 둘러싼 각종 환경과의 교류를 통해 가족의 속성이 변화될 수 있다. 이것을 가족의 공간성이라고 말할 수 있다. 가족의 공간성이란 가족이 진공상태에서 존재하는 것이 아니라 주변 환경과 끊임없는 교류를 하면서 생존, 적응해 가고 있음을 의미한다. 권위적이고 경직된 가족관계 양상에 영향을 받고, 성장한 아버지라 할지라도 애정중심적이고 비권위적인 이웃 가정과 전반적인 사회분위기 속에서 생활해 가면서 자신의 가족관계 양상에 변화를 가져올 수 있을 것이다. 이렇게 볼 때 가족은 역사성과 공간성을 동시에 띠고 있다고 볼 수 있다. 골덴버그 부부(Goldenberg & Goldenberg)의 가족에 대한 기본적인 속성을 보면 다음과 같다.

① 가족은 특정한 목적달성을 위해 인위적으로 형성된 집단이 아니라 자연스럽게 형성된 사회집단이다. 가족의 목적과 기능은 가족이 생활해 나가는 가운데 가족구성원 간의 상호교류, 타협, 조정의 결과로 자연

스럽게 형성된 것이라고 볼 수 있다.

② 가족은 생활해가는 가운데 일련의 생활유형 또는 규칙을 발전시키게 된다. 이러한 생활규칙은 대부분 분명하지 않아 가족구성원도 모르고 지내는 경우가 많다. 이것을 우리는 가족의 생활방식, 가족관계 양상, 가족관습 등으로 부를 수 있다.

③ 가족의 각 구성원은 나름대로 할당되고 부여된 역할이 있다. 이러한 역할의 종류와 특성은 가족이 성장해 가면서 가족 내부 상황 또는 가족 외부환경의 영향에 따라 생성, 소멸, 분화 또는 변화될 수 있다. 경제적 부양의 책임, 가사 운영의 책임, 자녀교육의 책임, 가족 내 감정 조절의 책임 등이 각 가족구성원에게 분담될 수 있다.

④ 가족은 나름대로의 권력구조를 갖고 있다. 어느 가정은 아버지가, 다른 가정은 어머니가, 또 다른 가정은 할아버지나 할머니가 상대적으로 강한 가족의 의사결정권과 통솔권을 갖고 있을 수 있다. 자녀가 장성한 뒤에는 자녀 중 누군가가 상대적으로 강한 권력을 갖게 될 수도 있다.

⑤ 가족은 공공연하거나 은밀하면서 복잡한 형태의 의사소통 형태를 갖고 있다. 이러한 특성은 두 번째 항목에서 설명한 가족의 생활유형 또는 규칙과 겹치는 부분이다. 가족의 생활유형 중 의사소통 유형만을 놓고 볼 때 가족은 그 나름대로의 의사소통 유형이나 특성이 나타난다. 언어적 표현이 매우 발달한 가족이 있는가 하면 비언어적 의사소통이 지배적인 가족도 있다. 감정표현이 풍부하고 세심한 가족이 있는가 하면 감정의 표현이 극도로 억제되는 가족도 있다.

⑥ 가족은 나름대로 문제를 해결하고 타협·협상하는 방법을 갖고 있다. 가족은 문제에 직면했을 때 그 문제를 해결하는 나름대로의 방식을 가지고 있다. 차분한 대화로 가족구성원의 의견을 수렴하여 이성적으로 해결하는 가족이 있는가 하면, 감정적인 면이 강하게 드러나면서 감성에 의지해 충동적으로 문제를 해결하는 가정도 있다. 가장을 중심으로 권위적 의사결정에 의해 문제가 해결되는 가정이 있을 수 있는

반면, 민주적 의사결정 방식에 의해 문제가 해결되는 가정도 있다.

⑦ 가족은 역사, 세상에 대한 관점, 목적의식 등을 공유하고 있다. 이것은 가족의 세상에 대한 인식이라고 불릴 수 있다. 세상을 살만한 곳, 믿을 만한 곳, 희망과 포부를 갖고 한 번 도전해 볼 만한 흥미진진한 곳으로 바라보는 가정이 있는가 하면, 세상은 못 믿을 곳, 불안한 곳, 미움·다툼·시기·질투가 가득한 곳으로 생각하는 가정도 있을 수 있다. 이런 인식은 가족구성원 사이에 공유된다는 것이다.

⑧ 한 번 구성원은 영원한 구성원이다. 가족은 이혼, 사망, 별거, 유기 등에 관계없이 한번 가족구성원이면 영원히 가족구성원으로 남아 있다. 가족관계가 법적으로 정리될 수는 있어도 그 외의 측면은 각 개인의 생각, 정서, 감정, 행동 등에 끊임없이 영향을 미치는 존재가 바로 가족이다. 가족구성원 중 한 명이 의도적으로 다른 가족구성원과 멀리 떨어져 생활한다고 하더라도 그 영향력은 여전하다(엄명용 외, 2008).

(2) 개인치료와 가족치료의 차이점

개인치료와 가족치료는 고통받고 있는 개인을 돕는다는 치료목표에서 본다면 이견을 달리할 수 없을 것이다. 또한 사회복지사와 치료관계를 맺고 있는 클라이언트의 권리를 존중해야 한다는 것도 모든 치료가 가진 공통점이다. 그러나 어떻게 도울 것인가에 대해서는 많은 차이를 보인다. 가족치료는 개인의 심리적 문제보다는 그 사람의 환경이나 생태학적 체계처럼 개인을 둘러싸고 있는 관계 속에서 일어나는 문제에 더 많은 관심을 가지고 있다. 따라서 개인보다는 가족이라는 한 집단을 치료의 단위로 취급하게 된다. 개인치료와 가족치료의 차이를 크게 구분하면 다음과 같다.

① 병리적인 초점의 차이이다. 전통적인 개인치료는 문제의 원인을 개인에게 두고 정신 내면의 과정에 보다 많은 관심을 기울여왔다. 그러나 이러한 개인에 대한 접근에는 한계가 있다. 그러므로 가족치료에서의 병리적인 초점은 개인을 둘러싼 가족이나 사회체계에 둔다. 왜냐하면

사회맥락 속에서 의미 있는 사람과의 역기능적인 상호작용 양상의 결과로 어떤 문제가 발생한다고 보기 때문이다.

② 치료개입 대상의 차이이다. 개인치료에서는 일반적으로 개인이 치료의 대상이 된다. 사회복지사는 개인에게 집중하여 그의 생활을 보다 만족스럽게 변화시키기 위해서 어떻게 할 것인가를 그들의 과거와 현재에서 찾으려고 노력한다. 한편 가족사회복지사는 클라이언트의 가족체계를 치료 대상으로 삼는다. 가족 안에서 문제를 가지고 있는 사람을 IP(Identified Patient)라고 부른다. 이들은 단지 가족으로부터 문제시되고 있는 사람일 뿐이다. 따라서 가족사회복지사는 IP와 다른 가족과의 관계의 변화에 관심을 가지게 될 것이다.

③ 치료의 단위이다. 개인치료는 일반적으로 개인을 치료의 단위로 삼는데 반해서 가족치료는 체계의 많은 구성원이 치료의 단위가 된다. 문제시되는 개인을 둘러싼 맥락 속에서 개인과 개인의 관계를 강조하는 대인관계적인 모형을 강조한다고 말하면, 가장 먼저 떠오르는 질문은 그 관계에 누가 포함되어야 하는가라는 것이다. 가족치료라고 반드시 모든 가족이 다 참석해야만 하는 것은 아니다. 현존하는 문제에 영향을 끼쳐서 그 과정을 바꾸는 데 꼭 필요한 가족구성원을 필요로 한다.

④ 치료 기간의 차이이다. 치료 기간도 개인이 가진 지난날의 경험에 기초한 내면의 갈등을 해결하고자 하는 개인치료는 자연히 많은 시간을 필요로 할 수밖에 없다. 사회복지사의 이론적 지향이나 어떤 문제를 가지고 있느냐에 따라 다르지만, 일반적으로 일 년 이상의 치료 기간이 필요하다고 알려져 있다. 한편 가족사회복지사는 가족과 관련된 문제의 해결을 위하여 단기치료를 추구하는 경향이 있다. 따라서 개인치료보다는 상당히 짧아서 6개월이나 그보다 짧은 것으로 알려졌다. 왜냐하면 가족사회복지사는 가족구성원의 오래된 내면의 갈등을 해결하기보다는 개인을 둘러싼 역기능적 상호작용에 의한 위기를 해결함으로써 고통을 경감하려고 노력하기 때문이다.

2) 가족치료 모델별 주요 개입기술

(1) 보웬M. Bowen의 체계적 모델

보웬의 가족치료는 행동장애를 증가된 불안의 산물로 본다. 이들은 고립되고 분화되지 못한 가장 상처받기 쉬운 개인이 갈등의 중심이 되기 쉽다고 본다. 다시 말해 행동장애는 한 세대에서 다른 세대로 전수된 정서적 융해의 결과이다. 따라서 치료목표는 이와 같이 다세대에 걸친 삼각관계화를 이루고 있는 사람을 거기서 해방시키는 탈삼각관계를 꾀하는 것이다.

이상적인 발달은 원가족과 자율적인 분화가 잘 이루어져 있고 불안이 낮으며, 부모가 그들의 원가족과 좋은 정서적 접촉을 할 때 일어난다. 이전 세대와 분화가 잘 된 사람은 원가족과 밀착 또는 격리된 사람보다 훨씬 안정적이다. 자기분화는 보웬 가족치료에서 치료목표인 동시에 성장목표이다. 즉, 분화되지 않는 가족자아집합체(undifferentiated family ego mass)에서 자신을 분리 독립시켜 정체감을 형성하고, 자기 충동적, 정서적 사고와 행동에서 자유를 획득해 나갈 수 있도록 돕는 것이 치료의 목표이다(김유숙, 2000).

① 치료적 삼각관계

삼각관계를 해결하기 위해서 사회복지사는 가족이 가지고 있는 삼각관계와 다른 종류의 삼각관계를 만든다. 아버지와 어머니 그리고 아들이 삼각관계를 가지고 있다면 사회복지사는 치료적 삼각관계(therapeutic triangle)를 만든다. 아버지와 어머니는 아들이 말을 하지 않을 때마다 불안하고, 아버지와 어머니는 아들을 재촉하면서 말을 하도록 한다. 반면 사회복지사는 아들이 말을 하지 않는 경우에 조용하고 부드러운 말로 아버지와 어머니가 어떤 느낌이 드는지 알아본다. 즉, 아버지와 어머니의 불안을 탐색함으로써 사회복지사는 아들에게 향하는 부모의 투사를 돌리게 된다. 사회복지사는 부모가 자신에게 초점을 맞추도록 돕는 데 역할을 한다. 아들이 말을 하지 않는 측면에 초점을 맞추게 되면 부모는 불안해지고, 불안해지면 자신이 가지고 있는 오래된 삼각관계의 형태가 나오게 된다. 사회복지사는 부모의 불안이 어디에서 오는가 하는 점을 질문하여 스스로 자신의 불안에 초점을 맞추도록 하는 역할을 한다(김용태, 2004).

② 관계경험

관계경험은 핵심적인 삼각관계를 구조적으로 변화시키기 위한 것이고, 궁극적인 목적은 가족구성원이 체계과정을 알도록 하며, 체계과정에서 자신의 역할을 인식하도록 돕는 것이다. 예를 들면, 정서적 애착관계에 집착하고 있는 가족구성원은 애착관계에 대한 요구를 멈추고 정서적인 연결로 인한 압박을 줄이도록 용기를 주고, 자신과 타인의 관계에서 무엇이 발생하였는지를 보도록 돕는다. 냉담한 가족구성원은 다른 가족구성원에게 가까이 가는 것과 자신의 생각과 감정에 관하여 이야기하는 것에 관하여 용기를 준다. 관계경험은 다른 가족구성원의 요구에 대하여 회피하거나 항복하는 문제에 대해서 변화할 수 있는 방법을 찾도록 하는 것이다.

③ 코치하기

코치(coaching)란 사회복지사의 역할을 나타내는 개념으로 사회복지사가 마치 운동경기를 하는 선수를 돌보는 감독과 같은 역할을 한다는 데서 나온 말이다. 사회복지사는 몇 가지 기본이 되는 원리를 가르치고 이를 통해서 가족이 스스로 행동하게 한다. 사회복지사의 일은 가족의 행동을 때때로 지시하기도 하지만, 대부분 가족이 자신의 상호작용을 자율적으로 할 수 있도록 돕는 과정을 진행하는 진행자의 역할을 한다(김규수 외 2008).

④ 자기 입장 취하기

타인의 행동에 관하여 말하는 것이 아니라 자신이 느끼는 것을 말하는 방법이다. 이는 자기 유형을 취하는 것으로 정서적인 반응의 악순환을 깨는 가장 직접적인 방법이다. 예를 들면, “나는 당신이 그렇게 말을 하니까 매우 소외감을 느끼고 섭섭하네요…, 그래서인지 화가 나고, 지금은 어떠한 말도 떠오르지 않아요…”, “당신이 자세한 말을 하지 않고 소리만 지르니까 나는 당신이 무엇을 원하는지 알 수가 없어 뭐라 이야기하기 어렵네요" 등 여기서 예를 든 대화는 화가 나고 속상한 상태에서 그 원인을 추적하거나 상대방에게 책임을 추궁하는 것이 아니고, 자신의 현재 감정 상태를 표현하는 것이다. 따라서 상대방이 말하는 사람의 상태를 이해하게 하며, 반응적이며 악순환적인 대화를 벗어나서 무엇인가 해결방법을 찾을 수 있는 생각을 시작하게 할 수 있다.

(2) 미누친S. Minuchin의 구조적 가족치료모델

구조적 가족치료는 문제가 역기능적 가족구조에 의해 유지된다고 보았다. 치료는 가족구조를 변화시켜서 가족의 문제를 해결할 수 있도록 하는 것이다. 치료목표는 구조의 변화이며, 문제해결은 체계적 목표의 부산물이다. 사회복지사는 경계선을 바꾸거나 하위체계를 재정비하기 위하여 가족구성원 각각의 행동과 경험을 바꾼다.

구조적 가족치료의 목표는 가족이 서로 지지하면서 개인이 문제행동을 해결하고 성장하도록 촉진하는 것이다. 가족목표는 가족이 제시하는 증상과 구조적 역기능의 특성에 의해 파악될 수 있다.

가족체계의 상호교류 규칙을 재구조화하는 것은 구조적 가족사회복지사가 가진 또 다른 목표이다. 가족은 대안적인 방식과 다른 가족구성원과 보다 만족스러운 상호작용 방식을 하는 방법을 배워 미래의 갈등과 스트레스에 바람직하게 대처할 수 있게 된다. 이를 위한 세부적인 치료목표는 하위체계 간의 명확한 경계선 설정, 가족위계질서의 강화, 가족의 실상에 맞는 규칙의 대체이다. 새로운 구조의 출현은 전체로서의 가족은 물론 IP에게 변화를 주기 위해 의도된 것이다. 이러한 관점에서 볼 때 새로운 구조는 부적당한 가족 규칙을 새로운 규칙으로 대처하고, 가족구성원이 고정된 역할과 기능에서 벗어나 가족항상성을 유지하기 위한 문제행동이 더 이상 필요하지 않게 됨으로써 IP의 현재 문제를 사라지게 한다.

이와 같은 가족 재구조화의 결과로써 또다시 문제행동이 나타날 가능성은 줄어들고, 전체로서의 가족이 그들의 성장잠재력을 증가시킬 수 있는 가능성은 커지는 것이다. 사회복지사는 가족이 가진 가능한 융통성과 변화의 영역을 탐색하고 잠재적인 구조적 대안을 활성화시켜 변화하도록 한다(김유숙, 2000).

① 합류화

합류하는 것은 사회복지사가 가족의 현실 상황에서 함께 경험하는 과정이다. 합류는 가족의 구조를 관찰하고 존중해 줌으로써 이루어진다. 가족의 상호교류패턴에 사회복지사가 합류하는 것은 사회복지사의 역할을 활성화하고, 가족구성원 간의 상호교류를 다루는 기술이다. 사회복지사가 가족과 합류가 잘 이루어져야 신뢰의 기초가 튼튼해져서 가족은 대안적이고 발전적인 구조를 위하여 사회복지사를 믿고 따를 수가 있다.

가족체계에 합류하기 위하여 사회복지사는 ① 가족의 조직과 유형이 역기능일지라도 먼저 받아들인다. ② 가족의 상호교류 양식패턴의 장점을 경험한다. ③ 중립화는 가족 가운데 누가 소외당하거나 희생양이 된 가족구성원의 고통을 사회복지사는 느낄 수 있어야 하고 공감해 주어야 한다. ④ 가족구성원이 가장 중요시하는 가치나 자아존중감 정도를 알아야 한다. ⑤ 가족구성원과 함께 문제 탐색과정에 참여해야 한다. ⑥ 가족의 의사소통의 속도, 언어스타일, 행동방식을 알고 따라야 하는 등의 조건을 잘 파악할 수 있어야 한다.

② 실연화(enactment)

사회복지사가 구상하고 있는 상호작용의 방법을 가족으로 하여금 실제로 행동을 통해서 연기하도록 만드는 방법이 실연화의 기술이다.

실연화의 기법은 여러 가지 치료의 효과가 있다. 미누친과 피쉬맨(Minuchin & Fishman)은 치료의 효과를 네 가지로 설명하고 있다.

첫째, 사회복지사의 가족 사이에 치료동맹을 촉진시키는 효과를 가지고 있다. 가족은 사회복지사의 요구대로 연기함으로써 하나의 팀이 된다.

둘째, 사회복지사는 실연화를 통해서 가족의 믿음에 도전할 수 있다. 가족이 가지고 있는 개인주의적 문제의식은 실연화의 과정 속에서 도전을 받게 된다. 역기능의 상호작용을 분명하게 봄으로써 가족은 자신이 가지고 있는 문제에 대한 관점을 확장하고 넓힐 수 있게 된다.

셋째, 가족은 새로운 상호작용과 구조를 실험할 수 있는 장을 가진 셈이 된다. 이전에는 할 수 없었던 말을 사회복지사의 지지에 의해서 할 수 있게 되고, 이전에는 할 수 없었던 말을 다른 가족에게 할 수 있는 여건을 갖게 된다.

넷째, 사회복지사를 가족의 삼각관계나 안정된 연합으로부터 피할 수 있도록 하는 효과가 있다. 개인주의적 관점을 가진 가족 또는 타인과 연합을 통해서 갈등을 피해가려고 하는 가족에게 사회복지사는 강력한 안정된 연합을 할 수 있는 사람으로 등장한다. 사회복지사는 단순하게 가족만 상호작용을 하도록 지시함으로써 삼각관계 또는 연합으로부터 피할 수 있게 된다.

③ 경계선 만들기

부부, 부모, 형제, 부모-자녀의 하위체계가 각기 경계선을 명확히 할 때 가족구조 내에서 새로운 상호작용 유형이 생기고 체계의 기능이 증가하게 된다. 하위체계의 경계가 부적절하게 경직되어 있거나 혼돈되어 있을 때 일반적으로 역기능적인 상호교류 유형의 문제가 발생한다. 특히 부모와 한 자녀가 경직된 삼각관계를 형성한 경우 역기능적인 상호작용 유형이 발생하게 된다. 이때 사회복지사는 부부하위체계를 강화함으로써 제3자의 개입없이 부부문제를 협의할 수 있도록 하고, 제3자(자녀)의 자율성을 보호해 주고, 삼각관계 경계선을 약화시킴으로써 하위체계가 좀 더 개방적이 되도록 한다.

④ 과제부여

사회복지사는 가족 상호교류에서 자연스럽게 발전될 수 없는 행위를 실연해 보도록 하며, 가족이 행할 필요가 있는 분야를 개발시키기 위하여 과제를 주는 것이다. 예를 들어, 치료시간에 "5분 동안 방해하지 마세요", "의

자를 돌려 앉으세요", "위치를 바꾸어 좀 더 가까이 앉으세요"라고 지시하는 것이다. 그리고 치료 시간뿐만 아니라 집에서 할 수 있는 과제를 줄 수 있다.

(3) 전략적 모델과 해결중심모델

과정중심 관점에 해당되는 치료모델의 대표적인 모델은 헤일리(Haley)의 전략적 모델, MRI(Mental Research Institute)의 상호작용모델, 해결중심모델 등이 있다. 여기에서는 헤일리모델과 해결중심모델에서 대표적으로 사용되는 개입기술은 소개한다.

① 헤일리(Haley)의 전략적 가족치료모델

전략적 가족치료모델은 가족의 반복적인 역기능적 행동에 직접적으로 개입하여 변화를 유도하는 접근으로, 간결한 기법과 단기적이며, 효율적인 개입이 특징이다.

㉠ 지시

헤일리는 가족의 문제를 치료하는 데 있어서 지시방법을 사용한다. 지시를 사용하는 데는 두 가지 방법이 있다. 첫째는 사회복지사가 가족이 원하는 행동에 대해서 하도록 지시하는 방법이 있고, 둘째는 사회복지사가 가족이 어떤 행동을 하지 않기를 원할 때 하도록 하는 방법이다(김용태, 2000).

㉡ 은유

사회복지사는 말과 행동을 통해서 은유(metaphor)의 방법을 사용한다. 개를 두려워하는 아이의 예를 들 수 있다. 사회복지사는 개를 두려워하는 아이가 어린 시절에 입양된 아이라는 사실을 알게 되었다. 부모는 아이에게 입양된 사실을 말하지 않았다. 아이는 자신이 입양되었는지에 대해서 표면상으로 모르는 체하고 있다.

이 경우에 사회복지사는 개를 데리고 와서 입양의 주제에 대해서 서로 이야기를 하도록 만든다. 개는 그 가족에게 입양이 되었으며, 입양된 개는 때로는 아플 수도 있고 또는 가족에게 버려질 수도 있음을 서로 말한다. 그러나 일단 입양이 되면 개가 아플 때 개를 의사에게 데려가서 돌보아주어야 하며, 개를 잘 돌보도록 가족은 신경을 써야 한다. 마찬가지로 입양된 아이도 아플 때 부모가 병원에 데리고 가며 돌보듯이 아이도 개를 입양하여 돌보아야 한다. 개를 두려워하는 아이의 입양주제를 가족이 개를 입양하여 돌보는 주제와 연결하여 서로 이야기함으로써 문제를 해결하도록 만든다. 아이는 개를 입양하여 돌보는 과정에서 개에 대한 두려움을 해소하도록 만든다(김용태, 2000).

㉢ 역설적 개입

역설적 개입은 가족구성원이 저항하도록 하여 변화를 일으키는 치료기법이다. 이러한 역설적 지시는 사회복지사가 가족구성원에게 변화할 수 있도록 원조하기를 원한다고 말함과 동시에 변화하지 말라는 요구를 하기 때문에 가족에게는 역설적으로 보일 수 있다.

② 해결중심모델

해결중심모델은 문제의 진단과 제거에 초점을 맞추는 전통적인 치료모델과는 다른 가정과 철학을 가지고 있다. 이 모델의 기초가 되는 가정과 전제가치를 살며보면 다음과 같다.

첫째, 병리적인 것 대신에 건강한 것에 초점을 둔다, 문제가 되는 상황에 초점을 맞추기보다는 긍정적인 면에 초점을 맞춘다.

둘째, 예외상황은 해결점을 제시한다. 모든 문제는 예외상황이 있는데, 이 예외상황을 발견하여 발생될 수 있도록 격려하는 것이다.

셋째, 변화는 항상 일어나고 있으므로 이 변화를 긍정적인 방향으로 설정한다.

넷째, 클라이언트가 전문가이다: 사회복지사와 클라이언트는 협동적인 동료관계이다.

다섯째, 현재에 초점을 맞추며 미래지향적이다. 과거와 문제에 대한 역사보다는 현재의 상태와 미래의 해결방안 구축에 관심을 갖는다.

해결중심모델의 특징적인 질문기법은 다음과 같다.

㉠ 상담 전 변화에 대한 질문

해결중심모델의 기본 가정은 '변화란 불가피하며 계속적으로 일어난다'이다. 그러므로 클라이언트가 상담을 약속한 후 상담소에 오기까지 경험한 변화에 대해 알아보는 상담 전 변화에 대한 질문은 문제해결에 매우 중요한 단서를 제공할 수 있다.

예 "처음 상담을 신청했을 때와 상담 받으러 오기까지의 사이에 문제상황이 좀 나아진 것이 있나요?"

㉡ 예외질문

예외란 클라이언트가 문제로 생각하고 있는 행동이 일어나지 않는 상황이나 행동을 의미한다. 어떠한 문제에도 예외는 있기 마련이라는 것이 해결중심치료의 기본 전제이므로, 예외질문을 통해 인지하지 못했던 예외를 찾아내고, 그것을 계속 강조하면서 클라이언트의 성공을 확대하고 강화시킨다.

예 "최근 문제가 일어나지 않은 때는 언제였습니까?"

㉢ 기적질문

기적질문은 문제 자체를 제거시키거나 감소시키지 않고 문제와 떨어져서 해결책을 상상하게 하는 것이다. 이 질문을 통해 클라이언트가 바꾸고 싶어 하는 것을 스스로 이야기하게 하여 문제에 대한 집착에서 벗어나 해결중심 영역으로 들어가게 한다.

예 "주무시는 동안 기적이 있어나 ○○○께서 상담실 오실 때 생각했던 문제들이 꿈같이 해결되었다고 생각해 봅시다. ○○○께서는 아침에 일어나 무엇을 보면 '아 ~ 기적이 일어났구나'를 알 수 있을까요?"

㉣ 척도질문

척도질문은 숫자를 사용하여 클라이언트에게 문제의 심각성, 문제해결에 대한 희망, 문제가 해결된 정도 등을 표현하도록 하는 방법이다.

예 "1부터 10까지의 척도에서 1은 문제가 가장 심각할 때이고, 10은 문제가 다 해결된 상태라고 하면 지금은 몇 점입니까?", "문제가 3점에서 5점으로 올라가려면 ○○○께서 무엇을 하면 달라질까요?"

(4) 사티어V. Satir의 경험적 접근

경험적 가족사회복지사의 목표를 한 마디로 정의하면, 가족을 안정된 상황에 머무르게 하는 것뿐 아니라 성장시키려는 것이다. 감수성, 느낌의 표현, 자발성과 창조성, 확실성의 성장이 치료의 전형적 목표이다. 그들은 물론 증상의 감소나 사회적 적응도 중시하였지만, 내면의 경험이나 그러한 경험의 확대를 가족치료의 기본적인 목적으로 삼았다. 사회복지사는 가족이 자기인식, 자기신뢰, 인간적 성장을 할 수 있도록 돕는다. 사티어는 자신의 자아존중감을 높이고 자기 인생에 대한 선택권을 스스로 갖도록 돕는 개인의 성장을 최대의 목표로 삼았다. 한 개인의 성장은 가족체계의 건강과 통합됨으로써 이루어진다. 사티어는 구체적으로 치료를 통해 개인의 낮은 자존감을 회복시켜 자신의 가치를 인정할 수 있는 감정과 자원을 발견하도록 도왔다. 그리고 이를 활용하여 문제상황에 잘 대처할 수 있도록 원조하였다(김유숙, 2000).

① 재정의(reframing)

재정의는 클라이언트나 가족의 세상에 대한 내면의 준거틀을 변화시키는데 효과가 있는 치료적 전략이다. 이 기법은 행동, 감정, 사고에 어떠한 긍정적 개념을 제시하는 것으로 볼 수 있는데, 클라이언트는 사물에 대한 새로운 정보를 수집하고 현상적인 사건에 대한 긍정적인 의미를 만들어 내는 것이다. 재정의는 부정적인 의미를 긍정적으로 변화하기 위하여 사용하는 기법으로, 사실은 변화하지 않은 상황에서 이미 경험한 사실에 대한 관념, 정서적 감정과 태도를 좀 더 구체화하고 긍정적으로 규정함으로써 변화가 발생하는 것이다.

예를 들면, 사건에 대한 생각이 혼돈되고, 혼돈되었기 때문에 무기력하다고 느끼는 클라이언트에게 그 혼돈은 성장을 준비하는 데 따르는 어려움이라고 재정의해 줄 수 있다. 이렇게 재정의해 줌으로써 클라이언트가 혼돈을 수용할 수 있고, 집착했던 문제로부터 벗어날 수 있으며, 나아가서는 긍정적 방법으로 변화하는 것을 기대할 수 있다. 따라서 재정의는 개인이나 문제에 관하여 좀 더 긍정적으로 적절하고 정상적인 것으로 재규정함으로써 의미와 가치판단을 변화시키는 것이다(김규수 외, 2008).

② 가족조각

가족조각(family sculpting)은 가족이 갖는 의사소통 유형을 몸의 자세로 나타냄으로써 구체적인 현상으로 드러내 보인다. 이렇게 조각을 하게 되면 추상적인 것이 구체적 형태로 나타나서 문제를 파악하기 쉬워지며, 치료법도 쉽게 인식할 수 있다.

③ 원가족 삼인군 치료(primary triad therapy)

사티어는 출생가족의 성장과정과 생활경험을 중요시하였으며, 현재의 자아존중감, 자기가치, 신념, 생존 유형, 일치적인 의사소통 등을 성장과정에서의 생활경험과 연결시켜 이해하려고 노력하였다. 이것은 현재의 문제나 증상의 원인을 파악하기 위한 것보다는 부모와 자신의 관계를 중심으로 전체 가족구조, 전체적인 가족생활 역사, 가족관계를 이해하고 평가하도록 하는 것에 관심을 두고 있다.

표 8-1 사티어의 의사소통 유형

구분	회유형	비난형	초이성형	산만형
단어	• 동의하는 단어 사용 : "나의 잘못이다", "네가 없으면 난 아무 것도 아니다", "나는 너를 행복하게 하기 위해 존재한다."	• 반대하는 단어 사용 : "너는 아무것도 제대로 못한다", "문제가 무엇이냐", "모든 것은 네 탓이다."	• 극히 객관적인 규칙과 옳은 것에 관한 자료 사용, 추상적인 단어와 긴 설명 • "모든 것이 허구적이다", "사람은 지적이어야 한다."	• 관계없는 단어 사용 • 뜻이 통하지 않고 요점이 없음 • 계속해서 그대로 두라고 함
정서	• 구걸하는 마음 : "나는 힘이 없다", 변명하는 표현과 목소리, 약한 신체적 자세	• 비난적 • "나는 여기서 우두머리이다." • 힘이 있어 보이는 입장 • 융통성이 없음	• 완고, 냉담, 경직된 굳은 감정, 고자세, 침착함 • "사람은 어떤 희생이 있어도 냉정하고, 조용하고, 침착해야 한다."	• 혼돈스러운 감정, 계속해서 움직임, 비스듬히 앉음 • "나는 실제 여기에 있는 것이 아니다."
행동	• 의존적 순교적임 : 너무 착한 행동, 너무 좋게 처리함, 사죄하고, 변명하고, 우는 소리를 하고 모든 것을 제공한다.	• 공격적 • 심판, 명령, 약점 발견	• 권위주의자 행동 : 강직, 원칙론적 행위, 행동의 합리화, 조작적·의도적·강제적 행동	• 산만한 행동, 지나치게 활동적·방해적 행동, 부적절한 행동
내적 경험	• 아무것도 아닌 것같이 느낀다.	• 소외됨 • "나는 외롭다." • "나는 실패자다."	• "나는 상처받기 쉽고 고립된 느낌이다." • "어떤 감정도 표현할 수 없다."	• "아무도 상관하지 않는다." • "거기는 내게 적절한 곳이 아니다."
심리적 영향	• 신경과민, 우울증, 자살적 성향, 자멸적 성향	• 과대망상, 이탈 행동 • 살인할 수 있는 성향	• 강박적, 강제적, 사회적으로 위축, 반사회적, 지나치게 긴장	• 혼돈됨, 부적절한 느낌, 정신이상적 느낌
신체적 영향	• 소회기관의 고통, 위장애, 당뇨, 편두통, 변비	• 근육긴장과 등의 통증, 관절염, 변비, 혈액순환의 문제와 고혈압, 천식	• 건조성 질병, 임파조직에 질병, 암, 심장마비 등의 통증	• 중앙신경계통 장애, 위장애, 변비, 당뇨병, 편두통

02 가족대상 사회복지실천 개입과정

개인과의 실천에 필요한 여러 가지 준비 및 기초 기술이 가족과의 실천에서도 활용될 수 있다. 하지만 가족단위의 개입에 필요한 기술은 개인이나 집단을 단위로 한 개입에 필요한 기술과 구별되는 특성을 갖고 있다 그것은 실천과정에서 사회복지사가 보통 한 사람 이상의 사람을 동시에 상대해야 한다는 것이다. 특정 문제가 가족구성원 개개인에게 미치는 영향을 가족의 한 사람이 모두를 대신하여 설명한다는 것은 거의 불가능하다. 따라서 문제의 원인과 해결방안에 대한 가족구성원 개개인의 의견이 서로 다를 수 있기 때문에 가족 모두의 이야기를 들을 필요가 있다.

1) 초기 단계

초기 단계는 가족치료를 실시하는 첫 상담이 이루어지기 위해서 약속을 맺는 일부터 서너 번의 상담을 통하여 진단과 목표설정이 이루어지기까지의 과정을 말한다. 초기 단계에서 상담접수, 치료적 관계 형성, 문제의 탐색과 가족사정, 문제의 명료화와 상담목표의 합의, 상담계약과 상담의 구조화 등이 이루어진다.

(1) 초기 불안의 완화

초기 단계의 목적은 가족구성원을 인정하고, 활동 전에 가족이 편안하게 느끼도록 하는 것이다. 사회복지사의 따뜻하고 진심에서 우러나온 인사와 소개는 가족체계 간의 관계를 시작하는 좋은 방법이다. 사회복지사는 가족이 만남을 즐겁게 느낄 수 있는 방법에 관해 말해야 하며, 어느 정도의 담소는 모임을 부드럽게 할 수 있고 더욱 편안한 분위기를 조성할 수 있다.

(2) 가족단위 개입 필요성 여부 판단

가족상담의 요청은 대개 가족 중 한 사람이 기관에 전화를 하거나 기관을 방문함으로써 이루어진다. 사회복지사는 전화나 방문 또는 의뢰에 의해 사회복지사에게 온 문제가 과연 가족상담의 대상인가를 판단하는 것이 중요하다. 문제가 가족 모두에게 영향을 미치고 있는 가족구성원이 그 문제의 유지에 영향을 주고 있다고 판단되는 경우에 가족단위의 개입이 고려될 수 있다. 그렇지 않을 경우엔 개별적 개입이나 집단 개입이 고려될 수 있을 것이다.

(3) 개입 가능성 여부 판단

도움을 요청한 문제로 인해 가족구성원 모두가 영향을 받고 있다고 판단되면, 사회복지사는 다음으로 자신과 자신이 속한 기관이 그 문제를 진단하고 개입할 수 있는 지식과 경험을 갖고 있는지를 판단한다. 약물중독, 알코올중독 등과 같은 문제, 공포증 등 극히 개인적인 문제, 가정폭력 문제 등 가족구성원 전체에게 영향을 주고 가족구성원에 의해 영향을 받는 문제이긴 하지만, 사회복지사가 단독으로 가족상담을 통해서 해결하기 어려운 복합적인 문제일 수 있다. 따라서 슈퍼바이저와 의논하여 적절한 곳으로 의뢰해야 할 것이다.

(4) 가족구성원 모두의 참여 유도

가족단위의 개입이 요구되는 문제이며, 사회복지사 자신이 속한 기관에서 다룰 수 있는 문제라는 것이 확인된 경우, 가족구성원 중 누가 현재의 가족문제와 직접적으로 관련되어 있는지를 파악한다. 그리고 문제와 직접 관련된 사람이 가족상담을 받기 위해 기관으로 올 수 있는지 여부와 그들의 치료동기를 확인한다. 그리고 가족구성원 중 누가 치료에 도움이 되며, 도움이 되지 않는지, 그 이유는 무엇인지 파악한다. 일단은 문제와 직접 관련된 사람을 중심으로 가족상담을 시작하되, 이번에 오지 못하는 가족은 가족상담을 진행하다가 필요하다고 판단될 경우 나중에 사회복지사가 상담 참여 요청을 할 것임을 밝힌다. 이는 가족구성원 모두의 관심과 노력이 있어야 가족문제가 해결될 수 있다는 것을 확인시켜 주기 위함이다.

(5) 문제에 대한 대처상황의 파악

문제해결을 위해 가족이 지금까지 가족 안에서 어떤 노력을 기울여 왔는가를 개략적으로 파악한다. 다른 곳에서의 상담이나 치료경험, 지금 가족상담을 받고자 하는 이유 등에 대해서도 질문한다. 첫 면담은 문제와 관련된 기본적인 정보와 적절한 사항에 대화가 집중될 수 있도록 해야 한다. 이 단계는 적극적 경청의 기술이 요구되며, 성급한 충고나 문제해결 방안이 제시되지 않도록 주의한다.

(6) 문제상황에 대한 잠정적 가설을 설정

문제상황이 개략적으로 파악되면 지금까지 파악된 정보를 바탕으로 문제의 원인과 진행과정에 대한 잠정적 가설을 세운다. 가설을 어떤 방향, 어떤 내용으로 세우느냐는 가족상담자나 사회복지사가 갖고 있는 이론적 배경이나 틀에 따라 달라질 수 있을 것이다.

하지만 여기서 말하는 잠정적 가설이란 이론적으로 빈틈없는 가설이나 특정 개입모델 또는 이론에 충실한 가설을 의미하는 것이 아니다. 사회복지사가 다루어 본 유사한 사례에 대한 경험, 개인 및 가족발달에 관한 지식, 임상적 추측, 직관 등에 기초를 두고 설정하는 임상적이며 실용적인 가설을 의미한다. 이 가설은 현상의 원인에 대한 답을 찾아내는 데 목적이 있는 것이 아니다. 앞으로 진행할 면담에서 사회복지사는 최초에 세운 잠정적 가설이 옳은 것인가, 그렇지 않은가를 판단하기 위해 여러 질문을 하게 되는데, 최초의 잠정적 가설은 후속 질문의 방향 및 내용을 안내하는 역할을 하게 된다.

(7) 기타 행정적인 측면 언급

상담료, 상담횟수, 1회 상담시간의 길이, 상담약속의 방법, 약속의 준수 및 취소에 대한 원칙을 언급한다. 이러한 사항에 대한 언급은 초기 접촉의 적절한 시점에서 늦어도 가족단위와의 첫 면담 전에 이루어지도록 노력해야 한다.

■ 첫 가족 상담을 위한 준비(엄명용 외, 2008)

① 물리적인 공간의 준비

가족구성원 모두가 함께 참석할 수 있는 상담 장소를 마련한다. 한 명의 사회복지사가 상담을 맡고 슈퍼바이저나 다른 팀원이 상담실 밖에서 도움을 주는 가운데 상담이 진행되는 경우엔 일방경이 설치된 장소를 확보하는 것이 좋다. 이는 슈퍼바이저나 다른 팀원이 가족에게 노출되지 않은 채 가족상담 상황을 지켜보면서 필요한 경우 적절한 지시나 조언을 할 수 있기 때문이다. 이때 사회복지사는 이 사실을 알리고 그 이유에 대한 설명과 함께 동의를 구해야 한다. 또한 필요한 경우 동의서를 작성할 수도 있으며, 이때 기관의 책임, 즉 치료목적 이외에 사용되지 않을 것을 분명히 밝히는 것도 필요하다.

② 가족 영접준비

일단 가족이 정해진 상담실로 들어오면 각자 편안하게 자리를 잡고 앉도록 권유한다. 가족들이 상담실에 들어오는 순간부터 자리에 앉을 때까지 가족구성원 모두에게 관심을 갖고 최대한의 배려를 한다. 즉, 사회복지사가 가족구성원 모두를 개별적으로 존중한다는 것이 가족구성원 각자에게 충분히 전달될 수 있도록 해야 한다. 그래야 모든 가족구성원이 상담과정에 적극적으로 참여하게 되며 소외감을 느끼지 않는다. 가족이 자리에 앉으면 먼저 사회복지사가 자신과 자신의 가족상담 관련 기능에 대해 간략한 소개를 한다. 아울러 전 가족을 대상으로 가족상담의 진행 절차, 횟수, 사회복지사가 하게 될 역할, 사회복지사가 가족에 대해 갖고 있는 기대 등을 간략하게 설명한다. 상담을 받기 위해 기관에 처음으로 나온 가족은 낯설고 서먹서먹하며 약간의 긴장 및 불안을 경험할 수 있다. 따라서 앞으로 전개될 일에 대한 개략적인 상황 설명은 가족의 막연한 불안감 해소에 도움이 될 수 있다. 사회복지사 자신의 소개가 끝나면 가족구성원 각자를 간략히 소개하도록 한다. 가족구성원 각자의 말문을 열게 한다는 의미에서 한 사람이 다른 가족구성원 모두를 소개하는 것보다 될 수 있는 한 가족 각자가 자신을 소개하도록 한다. 이 과정에서 사회복지사는 향후 상담이 지속되는 동안 가족구성원 각자를 어떤 호칭을 사용하여 부를 것인가를 잘 생각하면서 각자의 소개를 주의 깊게 듣는다.

③ 질문내용의 준비

가족과 본격적인 대화를 시작하기 전의 준비가 어느 정도 되었으면, 이제 가족과 마주 대하고 앉아 무슨 이야기를 먼저 시작해야 할 것인가를 생각해 봐야 한다. 앞서 세운 잠정적 가설을 중심으로 이야기는 이어져 나가야 할 것이다. 가족과의 첫 접촉에서 얻은 정보의 내용은 가족구성원 한 사람의 시각에 의한 문제 양상인 반면, 가족 전체와의 첫 상담에서는 전반적인 문제 상황의 재정리와 그 문제에 대한 가족구성원 각자의 인식, 그 문제가 가족구성원 각자에게 미치는 영향 등을 포괄적으로 파악해야 한다. 다음은 간단한 질문 요령이다. 첫째 문제에 대한 각 가족구성원의 이야기를 듣기 위해 다음과 같은 질문으로 시작한다.

> "어떤 부분에 대해 도움을 받길 원하십니까?"
> "무엇이 가족을 가장 어렵게 만들고 있습니까?"
> "그 일은 OO 자신에게 어떤 영향을 미치고 있습니까?"

이와 같이 질문을 하면 가족은 상담을 받으러 온 목적과 치료에 대한 기대에 대해 이야기를 시작할 것이다. 여기서 주의할 점은 다음과 같다.

첫째, 가족의 어려움에 대해 모든 사람의 견해를 골고루 듣도록 노력해야 한다는 것이다. 이를 위해 사회복지사는 초점이 되는 문제에 대한 자신의 관점을 밝힐 기회를 모든 가족구성원에게 동등하게 제공해야 한다. 사회복지사가 가족 중 어떤 한 사람 또는 특정 하위체계와 한편이 된다는 인상을 주게 되면 나머지 가족구성원 각자의 관점이 위축되게 되고 가족문제의 역동성과 상호작용을 정확하게 판단하기 어려워진다. 모든 가족구성원이 한꺼번에 나서서 이야기를 하는 경우도 경계해야 한다.

둘째, 많은 가족은 자신의 어려움에 대해 이야기를 하라고 하면, 그 어려움과 관련된 과거의 사건까지 끝없이 거슬러 올라가 문제의 발생, 전개과정, 그 인과관계까지를 자세하게 설명하려는 경향이 있다. 일반적인 사회복지실천은 문제의 사정과 개입에 있어 '지금 여기'에 초점을 두고 있다. 따라서 가족과의 실천에서도 가족의 과거의 사건이나 상황으로 회귀하는 경향을 최대한 통제하는 것이 좋다.

셋째, 지금까지 가족이 문제를 어떻게 다루어 왔는가를 가족 전체의 시각에서 다시 파악한다. 지금까지 가족이 자신의 문제해결을 위해 노력해 온 과정을 살펴봄으로써 가족이 갖고 있는 가족문제의 원인에 대한 관점, 가족이 동원한 자원, 가족이 치룬 희생의 내용, 문제해결 노력과정에서 나타난 가족의 장점 및 단점, 지금까지의 문제해결 시도가 실패한 이유 등을 파악할 수 있다. 또한 파악된 내용을 바탕으로 지금까지 가족이 시도해 온 것과는 다른 내용의 해결방법을 모색해 보는 계기를 마련할 수 있다.

2) 개입 단계: 개입에 관련된 기술

개입 단계는 가족치료에 있어 중간 단계로서 변화를 위한 주된 작업이 행해지는 단계이다. 이 단계는 가족으로 하여금 자신들의 관계를 보게 하고 치료를 받게 한 구체적인 문제를 다루게 되며, 가족치료의 효과적 방법을 발달시키고 파괴적인 행동을 변화시킬 수 있게 된다. 사회복지사는 변화를 촉진하는 역할을 담당하고, 클라이언트가 가족의 기능과 문제점에 긍정적 변화를 자각하며, 자율적인 문제해결 능력을 습득하도록 돕는다.

개입에 관련된 개입기술은 가족치료모델에 따라 접근법이 달라진다. 가족치료모델별 주요 기술은 이미 소개되었다. 여기에서는 임상현장에서 공통적으로 활용할 수 있는 기법을 소개한다.

(1) 문제의 재정의

사회복지사가 가장 많이 쓰는 개입방법 중의 하나가 재정의, 재명명화, 긍정적 의미부여라고 불리는 역설적 방법이다. 문제를 보는 시각을 바꿈으로써 새로운 해결책을 찾아내려고 하는 것인데, 이것은 짧은 언급이나 긴 문장으로 진술된다. 어떤 가족의 특정 행동과 성격 특성은 재명명화에 의하여 새롭게 이름 붙여지는데, 가족은 이러한 과정을 통하여 스스로 재조명해 볼 수 있다. 재명명은 부정적이기보다는 긍정적인 용어를 사용하는 것이 바람직하다.

(2) 칭찬

사회복지사의 칭찬은 가족을 변화시키는 데 도움이 된다. 특히 해결중심적 가족상담에서는 개입에서 다른 것보다 칭찬에 많은 시간을 할애한다. 의외의 칭찬은 이들의 자존감을 높이고, 더 나아가 변화하고자 하는 동기를 자극하게 된다. 따라서 가족이 성공적으로 과제를 수행할 때 사회복지사는 칭찬 등의 보상을 아끼지 말아야 한다.

(3) 경험적 기법을 사용한 상담

경험적 상담을 할 때는 다음의 세 가지 규칙을 기억해야 한다. ① 역할극을 하는 상담 초기에 미리 가족에게 알려야 한다. ② 가족이 자연스럽게 역할극의 역할을 할 수 있도록 유도한다. ③ 역할극에서 하게 될 역할을 자세하게 설명함으로써 가족 자신이 무엇을 해야 하는지 정확하게 파악할 수 있어야 한다. 사회복지사가 직접 시범을 보여 주면 가족은 쉽게 알 수 있다.

(4) 직면

상담에서의 직면의 위상은 양면적이다. 직면은 가족을 변화시키는 가장 효과적인 공헌을 할 수 있기도 하며, 때로는 정반대로 상담을 파국으로 이끌 가능성도 있다. 그러므로 적절한 충격과 완충상태를 제공해 줄 수 있는 관계로 발전한 후에 직면하는 것이 바람직하다.

(5) 과제

사회복지사에 따라 가족에게 어떤 과제를 수행하도록 요구하게 되는데, 가족에게 과제를 제공할 경우 가족이 그 과제를 수행할 수 있는지의 여부를 파악하고 가족에게 그 과제의 중요성과 과제를 수행함으로써 얻을 수 있는 것이 무엇인지 그리고 과제를 수행하는 방법에 대해서 구체적으로 설명해 주어야 한다. 이처럼 상담 초기에 과제를 확인하는 목적은 상담을 보다 용이하게 하고, 과제의 중요성을 강조하고 사회복지사와 신뢰를 유지하는 데도 도움이 되기 때문이다.

■ 예상하지 못한 문제 처리하기

① 가족이 상담 장소를 떠날 때

때때로 가족 중 한 명이 격양된 감정을 표현하다가 갑자기 면담장소에서 나가 버리는 경우가 있다. 사회복지사는 그런 일에 그리 놀라서는 안 된다. 오히려 가족의 조직을 관찰하는 데 중요하고, 새로운 자료로 사용할 수 있을 것이다. 떠난 사람이 다시 면담에 돌아오든 안 오든 간에, 가족 전체로 보면 어떤 행동을 보이고 어떤 식의 반응이 일어나는지의 과정을 파악하는 측면에서 가치가 있다.

② 상담동기의 저하

가족에게 상담의 동기를 부여하는 방법은 사회복지사가 낙관적인 태도를 보이면서 상담을 성공리에 마치면 사태가 어떻게 될 것인가를 설명하거나 그러한 상황을 확신하는 언어를 상담 중에 언급하는 것이 효과적이다.

표 8-2 가족치료 관점별 사정 및 개입전략(엄명용 외, 2008 재인용)

구분	역사적 관점	구조적 관점	과정중심 관점	경험주의 관점
표출문제의 정의 및 가설	미해결된 과거관계의 잔재, 원가족과의 미분리	가족구조상 결함(위계·경계)	고착된 상호작용 연쇄고리	표현되지 못한 정서
관련 이론	가족체계이론, 세대전이이론, 대상관계이론	구조주의가족이론, 체계이론	전략적 치료·MRI, 해결중심, 의사소통 인지·행동, 밀란 그룹, 심리·교육치료	경험주의(experiential) 이론, 상징적 표현, 이야기치료, 의사소통
대표적 이론가	Bowen	Minuchin	Haley, Fish, Weakland, Watzlawick, Berg, de Shazer	Stair, Whitaker
사정의 틀	가계도, 전이 및 역전이	가족지도(family map), 시연	순환질문, 기적질문, 가설설정	가족조각, 이야기하기, 이야기 재구성
개입전략 및 기술	분화촉진, 탈삼각화, 해석, 편지쓰기	합류, 재구조화, 경계 구분짓기, 탈균형화(unblancing)	지시, 역설, 예외상황, 변화강화, 계약, 교육, 기술 훈련, 이야기 재구성	가족조각, 자기노출, 의사소통훈련, 사이코드라마, 유효화, 은유
치료목표	각 가족구성원의 자아분화의 극대화	가족관계 맥락의 변화, 역기능적 교류의 배경인 가족조직 재구조화	가족구성원 간 반복되는 역기능적 교류의 연쇄 고리를 차단·변화	성장지향적 상호작용 촉진, 명료한 의사소통, 진정한 자기에 대한 자각의 확대
주요 개입활동	가계도의 작성 및 해석, 밀착된 대상에게 편지쓰기(분화촉진), 원가족으로부터 취할 것과 버릴 것을 생각해 낸 후 취사선택하도록 코치	불분명한 경계의 명료화, 경계구조의 재구조화, 가사분담 등 역학구조의 재조직	종래의 문제해결방법과 정반대의 방법을 시도하도록 함. 문제상황 속에서도 문제가 없었던 예외적 상황을 찾아내 그것을 일상적인 것으로 만듦. 상호교류 중 자동적으로 튀어나오는 비이성적 생각·반응을 이성적 생각으로 바꿈	가족조각이나 그림에 대한 소감을 가족에게 묻고 변화가 필요한 부분을 찾아내게 함. 상대방에 대한 솔직한 감정의 확인 및 직접 표현, 상대방 감정의 인정

3) 종결 단계

가족상담의 종결은 상담관계 전체의 종결과 마찬가지로 상담을 받는 가족에게는 특별한 의미를 가진다. 사회복지사는 가족이 상담에 의존한 것에서 벗어나 사회의 네트워크 속으로 상호 의존관계를 향하도록 유도한다. 그러므로 종결에 대한 사회복지사의 세심한 치료적 배려가 필요하다.

(1) 종결에 대한 계약

상담이 한정된 계약이라면 가족은 상담을 시작하는 시점에서부터 종결을 준비하는 셈이다. 계약이란 유연성을 가져야만 한다. 즉, 상담의 빈도는 가족에게 변화가 일어나 문제의 강도가 소멸됨에 따라서 감소할 수 있는 것이다. 한정된 계약을 한 가족은 처음부터 상담이 언제 끝날 것인가를 알고 종결에 대한 준비를 한다. 그러나 한정이 없는 계약을 한 경우는 어떤 시점에서 종결이란 주제를 다루어 그것에 관련된 문제를 서로 말할 수 있도록 해야 한다.

(2) 상담을 종결시키는 지표

가족상담의 종결은 사회복지사가 추진할 수도 있으며, 때로는 가족이 종결하고 싶다는 의향을 알리기도 한다. 사회복지사는 다음과 같은 상황에서 종결을 결정하는 것이 바람직하다. ① 상담 초기에 설정한 목표가 달성되었을 경우, ② 상담의 종결을 준비하거나 최초에 설정한 특정한 목표는 충분히 달성되지 않았지만, 상담이 더 이상 필요하지 않다고 판단될 정도로 가족기능에 변화가 있는 경우, ③ 외부로부터의 자원이 더 이상 필요하지 않다고 판단되는 경우, ④ 사회복지사가 여러 가지 노력을 해 왔음에도 불구하고 상담의 효과가 없다는 것을 알았을 때, ⑤ 가족이 상담에 대한 동기를 상실했거나 결여되었을 때 종결을 결정하는 것이 바람직하다.

(3) 종결 개입과정

사전 준비 작업을 마친 사회복지사는 종결을 성공적으로 완수할 수 있도록 도와야 한다. 가족으로 하여금 종결을 완수하도록 돕는 과정은 다음과 같다.

① 가족으로 하여금 종결에 대한 감정에 대처할 수 있도록 한다. 가족구성원들이 종결을 앞두고 느끼는 감정은 적절한 것이고, 그들이 그렇게 느끼는 것은 당연하다는 것을 얘기해 줌으로써 클라이언트의 감정을

수용하는 반응을 보이는 것이다. 종결에 대해 털어놓은 자신들의 감정을 사회복지사가 받아주는 것을 볼 때 그들은 큰 짐을 덜어 놓는 것 같은 느낌을 갖는다.

② **목표달성 및 미래에 대한 준비를 위한 작업.** 사회복지사는 가족구성원들이 치료 초기에 이룬 변화에 대한 것은 물론 치료 마지막 몇 주 동안에 그들이 실행한 작업에 대해 재검토해야 한다. 이러한 가족치료에 대한 전반적인 평가는 사회복지사와 가족 양방향에게 성취감을 부여할 뿐 아니라 가족이 앞으로 나아가야 할 방향을 제시해 준다.

③ **종결 후의 사후관리:** 가족치료 종결 후 사회복지사의 사후관리에 대해서는 가족이 처한 상황에 따라 다를 수 있다. 이때 사후관리방법 및 빈도에 대해서 서로 나눌 수 있으며, 주로 사후관리는 치료면담 약속과 전화 연락을 들 수 있다(김규수 외, 2008).

09
CHAPTER

집단대상 사회복지실천기술

01 집단대상 사회복지실천기술의 이해

집단대상 사회복지실천은 대부분의 사회복지기관에서 널리 사용하고 있는 실천방법으로서, 의도적인 집단경험을 통해 사회적 기능을 향상시키며 당면 문제에 보다 효과적으로 대처해 나갈 수 있도록 돕는 기능을 한다(Konopka, 1963). 다양한 집단활동을 중심으로 이루어지는 집단대상실천은 전통적인 방법론의 하나인 집단지도(group work) 또는 집단사회사업(social group work)으로부터 비롯된다. 집단사회사업이라는 용어는 1930년대에 개별사회사업과 구분되는 사회복지실천방법을 가리키기 위해 사용하기 시작했다.

1) 집단대상 사회복지실천의 장점

유스터(Euster, 1975)와 코노프카(Konopka, 1963)는 집단 경험을 통해 구성원들이 의사소통 능력, 적응적 대처기술, 효과적인 문제해결기법을 개발하는 것을 집단사회사업의 목적으로 강조하였다. 효과적인 집단지도가 되기 위해서는 집단구성원들 사이에서 발생하는 상호작용의 역동성을 활용해야 한다. 이를 위해서 집단구성원들은 집단의 목적 성취를 위해 의사결정과정이나 경험의 공유, 상호지지에 적극 참여하도록 권고 받는다.

많은 심리적 어려움은 기본적으로 대인관계에서 나오고 결과적으로 이러한 어려움은 다른 사람들과의 협력 속에서 다루어져야 한다는 신념 속에 집단사회복지실천의 당위성이 있다. 집단을 통한 개인의 변화는 많은 장점을 갖는데 얄롬(Yalom, 1985)이 제시한 치료적 요인은 다음과 같다.

- 희망: 집단치료는 클라이언트에게 그들이 변할 수 있다는 희망을 심어주고 이는 커다란 치료적 가치를 갖는다.
- 보편성: 클라이언트는 종종 자신의 불행한 측면은 남들과 달리 매우 독특하다고 믿으며 치료에 임한다. 즉, 그 어느 누구도 자신처럼 고통스럽고

두려운 감정을 갖고 있지 않을 것이라 생각한다. 집단을 통해 자신의 문제가 꽤 보편적으로 일어나고 있다는 것을 발견하고 위로를 얻게 된다.

- 정보: 집단지도자로부터 클라이언트는 일반적 심리장애 및 자신들의 문제에 대한 정보를 얻을 수 있다. 또한 다른 클라이언트로부터 대처 방안 등 각종 귀중한 정보를 얻게 된다.
- 사회적 지지: 집단구성원은 조언과 격려와 동정을 통해 서로를 돕는다. 그래서 도움을 주는 자는 자신이 누군가에게 도움을 제공할 수 있다는 것과 도움을 받는 자는 자신이 혼자가 아니라는 것을 배우게 된다.
- 가족집단으로의 재현: 집단은 마치 가족의 성격을 재현할 수 있다. 이렇게 일종의 새로운 가족으로서의 집단은 클라이언트들이 원래 가족으로부터 받은 상처를 치료하는 데 도움이 된다.
- 사회기술의 개발: 집단구성원들로부터 받는 피드백을 통해 대인관계적 행동에서의 단점(예 비웃는 듯한 목소리, 경멸적 행동 등)을 수정할 수 있다.
- 모방행동: 집단의 리더와 구성원들은 새로운 행동을 배우는 데 유용한 모델이 될 수 있다.
- 대인관계학습: 집단과의 상호작용을 통해 클라이언트는 자신에 대한 통찰을 얻고, 자신이 가지길 원하는 관계형성에 대한 아이디어를 찾을 수 있다. 더 나아가 집단은 클라이언트의 새로운 관계형성 방식을 시험해 보는 장이 될 수 있다.
- 집단응집력: 집단 내에서 발달하는 소속감이나 친밀감은 클라이언트에게 위로와 용기를 제공한다.
- 카타르시스: 집단 내의 보호적 분위기 속에서 구성원들은 자신의 행동에 장애까지 초래해 왔던 억눌려 있던 감정을 자유로이 표현할 수 있다.
- 실존적 요인: 클라이언트들은 자신들의 경험을 공유함으로써 인생은 종종 공정치 못하다는 것과 비록 다른 사람들의 지지가 도움이 될지라도 그들은 자기 스스로 결정을 내려야 한다는 것을 배운다.

2) 집단의 모델

(1) 사회적 목표모델social goal model

사회적 목표모델은 민주주의를 유지하고 발달시키려는 집단의 사회적 목표를 강조한다. 따라서 인간관계의 의식적인 훈련, 지도력의 실험, 민주적 과정의 학습, 시민참여와 같은 집단활동을 통해 사회적 의식, 사회적 책임의 목적을 달성한다. 이 모델에서는 개인의 성숙과 민주시민의 역량개발에 초점을 두고 있으며, 토론, 참여, 합의, 집단과제 개발 및 실행 등의 활동을 한다. 사회복지사는 이 과정에서 바람직한 역할모델을 제시할 수 있다. 보이스카우트, 걸스카우트 등과 같은 집단활동이 이에 해당한다.

(2) 치료모델remedial model

치료모델에서 집단은 개인의 치료를 위한 수단임과 동시에 상황으로서 개념화되고 있다. 사회복지사와 구성원들은 개별적인 치료계약을 맺고, 자신의 문제나 어려움을 해결하기 위해 치료적 집단에 참여하게 된다. 따라서 사회복지사의 전문적인 개입과 결과에 대한 상호평가를 통해 사정이 계속되며, 이를 위해 과거의 경험, 이론적 지식, 현재의 관찰 등의 방법이 동원된다. 우울증치료를 위한 집단, 성폭력 피해자들을 위한 집단 등이 이에 해당한다.

(3) 상호작용모델social interaction model

상호작용모델은 앞의 두 가지 모델을 혼합한 것으로 집단구성원이나 집단의 문제를 해결하기 위해 집단구성원 간에 상호원조체계를 구축하는 것에 초점을 두고 있다. 집단은 사회복지사와 집단구성원을 포함한 하나의 사회적 체계로 개념화되며, 유기체로서 이해된다. 사회복지사는 집단구성원과 사회의 중재자 역할을 하며, 집단의 목표는 사회복지사와 집단구성원 간의 상호관계 속에서 이루어지는 상호작용을 통해 설정된다.

표 9-1 집단사회사업의 모델 비교

특징	사회적 목표모델	치료모델	상호작용모델
주과제	• 필요한 자원제공과 사회적 붕괴의 예방(비공식적 정치 및 사회행동)	• 사회적 사고 및 위험으로부터의 회복과 재활(집단 매개체를 통한 치료)	• 앞의 두 모델의 조합(문제해결을 위한 상호원조체계의 개발)
장기적 목적	• 보다 나은 민주사회 건설	• 개개인의 사회적응 향상	• 개인과 사회의 조화
구체적 목표	• 소속감의 증대, 민주적 참여에 대한 훈련 • 처음에는 전문가에 의해 집단목표가 결정되나 점차 그 책임은 집단에게 이양	• 집단 상호작용을 활용하여 역기능 행동을 하는 구성원의 치료와 재활 • 세부적인 집단목표를 전문가가 사전에 결정	• 적정 수준의 적응과 사회화를 성취하기 위해 구성원간의 상호원조체계형성, 대인관계 향상 • 집단목표의 결정을 전문가와 회원이 공유
개입장소 및 기관	• 회원이 있는 가정, 인근지역, 인보관, 지역사회복지관	• 임상기관, 사회복지기관 및 시설	• 임상기관, 사회복지관(집단목표에 따라 다양)
초점	• 개인의 성숙과 민주시민의 역량개발	• 개인적인 역기능 변화	• 구성원 간의 자조, 상호원조체계 개발
지도자 역할	• '영향력을 끼치는 자'(influence person)의 역할: 바람직한 역할 모델을 제시	• 전문적인 '변화 매개인(change agent)'의 역할	• '중재자(mediator)'의 역할
대상	• 시민, 지역주민	• 역기능 또는 문제해결을 위해 도움을 필요로 하는 자	• 공동관심사의 성취를 위해 협력하는 구성원
집단활동	• 토론, 참여, 합의, 집단과제의 개발 및 실행, 지역사회 조직화, 구성원의 사회행동 기술 습득	• 성원의 행동변화를 일으키기 위해 구조화된 개입을 하거나 직접, 간접적 영향력을 발휘	• 관심사를 토론, 상호원조 형성, 상호이익이 되는 결속된 사회체계의 형성
집단크기	• 3~25명 정도	• 7~10명 정도	• 상황에 따라 유동적
신입회원 가입문제	• 개방적이며, 누구나 친구가 될 수 있다.	• 전문가의 통제	• 전문가와 회원의 동의에 의한 자유로운 가입
회합기간	• 지도력 유형에 따라 유동적	• 정기적이며, 시간사용 계획을 사전에 설정	• 유동적, 지도자와 구성원의 합의
대표학자	• Ryland, Wilson, Coyle, Klein	• Vinter, Sarri, Glasser	• Schwartz, Bion, Lewin, Tropp

출처: 최선화 외(2010). 풀어쓴 사회복지실천기술, 공동체.

3) 집단의 유형

집단의 목적에 따라서 다양한 특성을 지닌 집단들이 있다. 예방적이고 성장지향적인 측면을 강조하며 청소년이나 아동을 위한 성장집단, 사회화집단, 성인을 위한 지지집단과 공통의 목적을 가진 성취지향집단 등 다양한 형태가 있다.

다양한 집단의 예를 토스랜드와 리바스(Toseland & Rivas, 1995)가 분류한 치료집단을 중심으로 살펴보면 다음과 같다(오정수 외, 2010 재인용).

- 치료집단: 공통의 문제를 가진 클라이언트들이 구성원으로 참여한다. 공통의 목적 내에서 개인구성원들의 목적을 달성하도록 돕는다. 도박의존집단이나 청소년 보호관찰집단이 대표적이다.

표 9-2 집단유형별 특징

집단유형	정의	예시
치료집단	심각한 심리적·정서적 문제를 지닌 구성원들의 행동변화를 돕는 집단	우울, 성적인 어려움, 불안 및 정신신체장애 치료집단
지지집단	구성원들이 공동의 이슈와 문제를 나누며 지속적으로 만나면서, 스트레스에 대처하고 서로에게 제언을 하며, 격려하고, 정보를 전하고 정서적인 지지를 하는 집단	AIDS 환자, 회복 중인 알코올의존자, 성학대 피해자, 후외상성장애를 경험한 퇴역 군인
교육집단	참가자들에게 일정 유형정보를 제공하는 집단	부모역할 훈련, 청소년 성교육, 구직집단, 요양시설의 노인들을 위한 처방약에 대한 교육
성장집단	자기인식을 확대시키고, 잠재력을 증가시키고, 건강과 안녕을 최대화하고자 목적하는 집단	이성에 대한 태도 탐색집단, 청소년 가치명료화집단, 동성애자의 자긍심중심 집단
사회화 집단	참가자들이 그들의 사회 환경에 보다 적합할 수 있도록 대인관계행동, 의사소통 그리고 사회기술을 개선시키도록 돕는 집단	도시 근린지역의 청년 활동집단, 수줍음이 많은 십대의 대인관계기술을 향상시키기 위한 학교사회복지 집단, 파티나 여행과 같은 다양한 활동들을 후원하는 한부모 집단

- 지지집단: 일상생활 속에서 발생하는 문제들을 효과적으로 대처하고 적응해 나가도록 원조하고, 대처기술을 학습할 수 있도록 돕는다. 자조집단이 대표적인 예이다.

- 교육집단: 정보나 지식, 기술을 전하는 것이 주목적이다. 주로 강의 형태로 이루어지며, 참여 학습을 통해서 교육적 효과를 높이기도 한다. 청소년을 위한 성교육이 대표적인 예가 된다.
- 성장집단: 구성원들의 성장 잠재력을 향상시켜 자극과 통찰력을 얻고 모델링을 찾으며, 새로운 행동을 시험해 보기도 한다. 청소년을 위한 성장상담이 있다.
- 사회화집단: 사회생활에 요구되는 기술을 익히거나 학습시키는 것이 목적이다. 또래와의 관계에서 문제를 일으킨 학생들을 위해서 사회기술훈련을 실시하거나 자기주장훈련을 함으로써 불건전한 유혹을 물리치는 기술을 익히도록 한다.

4) 집단의 특성

(1) 집단구성원의 구성

집단을 구성할 때 고려해야 할 몇 가지 사항들을 소개하면 다음과 같다.

① 동질성

집단구성원의 동질성이란 구성원들의 집단참여 동기, 목적, 문제 등과 함께 인구사회학적 특성들이 유사함을 의미한다. 집단구성원 개개인의 집단에 참여하는 동기 또는 목적이 집단의 목적과 동일할 때 집단구성원들은 집단과정에서 많은 것을 얻을 수 있다. 또한 집단구성원들의 연령, 교육수준, 문제유형 등이 유사할 경우 집단구성원들 간의 상호작용이 더욱 활발해질 수 있다. 한편 집단구성원들의 특성이 지나치게 동질적이면 오히려 부정적인 결과를 가져올 수도 있다. 예를 들어, 알코올 의존자를 대상으로 한 집단 프로그램의 구성원들이 모두 알코올의존자일 경우, 이들은 자신들의 음주문제에 대한 정당성을 주장할 가능성이 높으며, 이는 알코올의존자의 잘못된 인식을 강화시켜 주게 될 것이다. 집단구성원들 가운데 알코올의존 가족의 배우자나 자녀를 사전 준비과정을 통해 선별·참여시키면 가족의 입장을 들어 볼 수 있게 되어 보다 객관적인 관점을 제공할 수 있을 것이다.

② 이질성

집단구성원의 이질성이란 구성원들의 주요 특성에 차이가 있음을 의미한다. 집단구성원들의 대처 능력, 인생 경험 등은 이질적인 경우가 대부분이다. 이와 같은 이질성은 집단의 자산이 될 수 있다. 예를 들면, 집단구성원들은 다른 구성원들이 문제를 해결하기 위해 사용하는 대처기술 또는 전략 등을 배울 수 있기 때문에 집단은 각기 다른 능력과 경험을 지닌 구성원들이 상호 간에 배울 수 있는 기회를 제공한다.

한편 집단구성원들의 특성이 지나치게 이질적이면 집단 전체 및 개별 구성원에게 역효과를 가져올 수 있다. 예를 들어, 구성원들이 모두 초등학생 남학생인 데 비해 유일하게 여학생이 있다든지, 조현증을 앓고 있는 환자들을 주요 대상으로 한 집단 프로그램에 조울증을 가진 환자, 편집증을 가진 환자, 중독문제를 가진 환자가 포함되어 있다면 집단운영의 초점과 목적이 흐려질 수 있다.

참고

집단응집력

집단응집력은 집단에 참여하는 구성원들이 집단에 지속적으로 남아서 참여하는 힘을 말한다. 집단응집력은 집단구성원들이 느끼는 소속감과 친밀감으로 응집력이 강하면 집단의 목표를 효율적으로 달성할 수 있게 된다. 집단구성원들이 소속감을 갖고 친밀감을 가지게 되는 근거로는 다른 참여자들에 대한 매력과 다른 참여자들을 좋아하거나 집단활동 자체가 흥미롭고 유익하기 때문에 또는 집단에서의 지위가 갖는 매력 등 여러 가지가 있다. 일반적으로 유사성을 가진 집단으로 구성될 때 응집력이 증가하며, 이러한 유사성에는 연령, 성별, 지위 또는 당면 문제, 문제해결기술, 취미 등이 있다. 따라서 집단구성원들 간의 속성이나 행동이 극단적으로 차이가 나지 않으며, 집단과 활동에 대한 이해에서 큰 차이를 느끼지 않게 구성하는 것이 바람직하다.

(2) 집단의 크기

집단의 크기는 집단의 목적에 따라서 달라질 수 있다. 보통 소집단의 경우는 5~12명 정도가 적당하며, 너무 수가 적으면 상호작용이 다양하지 못하고 빠지는 사람이 생길 경우 집단활동이 어려워질 수 있으며 집단참여에 대한 압력이 클 수 있다. 너무 큰 집단은 구성원 간의 친밀감 형성이나 직접적인 상호작용이 어려워지게 된다. 일반적으로 7~8명 정도가 직접적인 상호작용이 일어날 수 있는 이상적인 수로 인정하고 있다. 결석하는 사람이 발생하는 경우에도 집단활동에 영향이 적으며, 참여자 모두가 자신의 관심에 대해서 논의할 수 있는 충분한 시간이 확보될 수 있기 때문이다. 또한 참여가 미진한 사람이나 참여자들 간에 문제가 발생하는 경우에도 바로 드러나게 되어 처리해 나가기 쉽다(최선화, 2009).

(3) 집단의 빈도와 시간

집단의 활동기간을 어느 정도로 할 것인가는 활동기간을 미리 정해 두고 시작할 수도 있고, 정해 두지 않고 상황이 크게 변할 때까지 지속적으로 해 나갈 수도 있다. 미리 기간을 정해 두면 집단활동이 효율적일 수 있다. 그러나 시간 제약에 대한 압력으로 목표를 빨리 달성해야 한다는 압박과 시간이 부족하기 때문에 생기는 압박을 견뎌야 하는 부담도 있다. 시간 제약을 두지 않게 되면 문제를 깊이 있게 다룰 수 있는 시간적 여유를 가질 수 있으나 집단활동이 비효율적이거나 구성원들이 집단에 의존하게 되는 문제점이 발생하기도 한다.

얼마나 자주 모이며 모임 시간은 어느 정도로 할 것인가에 대해서는 구성원의 특성과 집단의 목적에 따라서 달라질 수 있다. 보통 성인인 경우에는 주 1회 정도 모이지만, 구성원들의 특성에 따라 그리고 구성원들 간에 필요하다고 합의하는 바에 따라 모임의 횟수와 길이가 달라진다. 집단 모임의 길이는 구성원들에 따라 달라지며 집중할 수 있는 정도에 따라 달라지고 집단의 크기에 의해서도 달라진다. 일반적으로 1시간 반에서 두 시간 정도로 한다. 모임의 형태도 매주 모이는 형태 또는 연속집단으로 주말이나 휴가동안 집중적으로 모이는 방법도 있다(최선화, 2009).

(4) 개방형 집단과 폐쇄형 집단

집단의 유형은 개방형 집단과 폐쇄형 집단이 있다. 개방형 집단이란 집단이 진행되는 동안 새로운 집단구성원이 참여할 수 있는 집단을 말하며, 폐쇄형 집단이란 개방형 집단과는 달리 집단이 진행되는 동안 새로운 구성원을 받아들이지 않는 집단이다. 집단의 유형을 결정하기 위해서는 각 집단 유형의 장단점을 검토해야 한다.

표 9-3 개방형 집단과 폐쇄형 집단의 비교

구분	장점	단점
개방형 집단	• 새로운 집단구성원의 참여가 집단구성원들에게 자극이 됨 • 집단 가입과 탈퇴 조건이 유연함	• 집단구성원의 잦은 교체는 집단응집력을 약화시킬 수 있음 • 새로운 집단구성원이 집단소속감을 갖는 데 어려움이 있음
폐쇄형 집단	• 집단구성원의 역할과 집단규범이 안정적임 • 집단응집력이 강함	• 다수의 구성원이 탈퇴할 경우 나머지 집단구성원에게 미치는 영향이 큼 • 새로운 정보나 내용이 없을 수 있으므로 지루해함

출처: 엄명용 외(2008). 사회복지실천기술의 이해. 학지사.

02 집단대상 사회복지실천 개입과정

집단대상 사회복지실천의 단계는 학자들마다 다양하게 구분하고 있으나, 여기에서는 초기 단계, 중간 단계, 종결 단계로 구분하고, 각 과정에서 집단의 공통된 특징과 과업에 대해서 소개하고자 한다.

1) 초기 단계

(1) 초기 단계의 특징 및 사회복지사의 역할

① 집단구성원의 특징

초기 단계에서 집단구성원들은 낯선 사람과 새로운 환경, 즉 집단에 대한 불안과 불신감, 두려움과 저항감을 갖는다. 따라서 새로운 사람과 접촉하기보다는 안면이 있는 사회복지사에게 질문을 많이 한다. 집단구성원들은 이 과정에서 다른 구성원들을 탐색해 보기도 한다.

불안과 더불어 초기 단계에 흔히 접할 수 있는 집단구성원의 특성은 저항이다. 특히 비자발적 집단구성원일 경우 저항의 강도가 더욱 심할 수 있다.

초기 단계에서 집단구성원의 저항은 갈등으로 표현되기도 한다. 집단은 생활방식, 사고방식, 문화 등이 각기 다른 구성원들로 구성되어 있기 때문에 집단 구성원들 사이에서 갈등이 일어날 수 있으며, 이러한 갈등은 다른 단계보다 초기 단계에서 뚜렷하게 나타난다. 하지만 초기 단계의 갈등은 불신감과 관련이 있지만, 중간 단계의 갈등은 문제해결과정에서 집단구성원 간의 이해 및 의견차, 하위집단 간의 역동적인 상호작용 등으로 발생한다.

② 사회복지사의 역할

집단구성원들 간의 공통점을 찾아 연결시켜 주는 일, 불안감을 감소시키는 일은 사회복지사에게 특히 중요한 역할이다. 예를 들어, 구성원들이 자신이 집단에 오게 된 이유나 상황이 우울과 관련이 있다면, 사회복지사는 "○○씨는 남편과의 갈등으로 우울해하시는 반면, ○○○씨는 따님과의 갈등으로 우울해하시는군요. 하지만 두 분 사이에는 식구들과의 갈등으로 인해 겪는 우울이라는 공통점이 있군요" 라고 함으로써 두 구성원 간의 공통점을 연결시켜 줄 필요가 있다.

초기 단계에서의 집단구성원들의 불안감은 비밀보장 혹은 다른 구성원들의 심판적인 태도와 밀접한 관련이 있다. 즉, '다른 구성원들이 나의 문제에 대해 알게 되면 나를 어떻게 생각할까?', '내 문제를 얘기하면 다른 구성원들이 나의 애기를 다른 사람에게 하지는 않을까?'하는 걱정이 앞선다. 따라서 사회복지사는 이러한 불안감을 감소시키기 위한 노력으로 비밀보장의 원칙을 설명하고, 구성원들이 심판적인 태도, 비난적인 태도나 언행보다는 지지적인 언행을 보일 필요가 있음을 강조해야 한다(엄명용 외, 2008).

③ 집단의 과업

집단으로서는 개별구성원, 사회복지사, 집단에 대한 오리엔테이션이 필요하다. 개별구성원에 대해 서로 알기, 사회복지사의 이름과 직책, 역할에 대해 알기, 집단의 목적과 구조(모임 횟수, 기간, 장소 등)에 대해 알기가 이루어져야 한다. 초기 단계에서 사회복지사는 집단의 규범과 가치, 규칙(특히 비밀보장) 등이 논의될 필요가 있다. 이 과정에서 사회복지사는 자신에게 집중되는 질문들에 대해 적절하게 대답해야 하는데, 모든 질문에 대해 자신이 답하기보다 다른 구성원들이 답을 할 수 있도록 대화가 일방형(one-way communication)보다는 다방형(multi-directional communication)이 되도록 하는 것이 좋다.

표 9-4 집단구성원과 집단 전체가 초기 단계에서 나타내는 특성과 사회복지사의 역할

집단구성원의 특성	집단의 특성	사회복지사의 역할
• 낯선 사람에 대한 불안, 불신 • 사회복지사와 대화 시도 • 탐색 및 거리감 유지 또한 친해지려고 노력을 보임 • 성공할 수 있을 것인가에 대한 불안감 • 집단에서 도움을 받아 성공할 수 있을지에 대한 두려움	• 집단, 사회복지사, 집단구성원에 대한 오리엔테이션 • 집단의 규범, 가치, 대화양식 등이 설정됨 • 집단의 목적을 공유 • 집단구성원 간 공통점 모색 → 응집력에 영향	• 비밀보장에 대해 설명 • 집단구성원이 사회복지사에게 의존하므로 사회복지사의 적극적인 개입이 요구됨 • 집단구성원의 불안감 감소시킴 • 집단의 목적을 모두가 공유하게 함 • 집단구성원 간의 공통점을 찾아 연결시킴 • 집단의 규범이 설정되도록 도움

출처: 엄명용 외(2008) 재인용. 사회복지실천기술의 이해. 학지사.

(2) 초기 단계의 개입(엄명용 외, 2008)

① 사회복지사 소개

사회복지사가 집단구성원들과 처음 대면했을 때 자신에 대한 소개, 예를 들면 자신의 이름, 직책, 앞으로 운영될 집단 프로그램과 관련된 경력 등을 소개한다. 사회복지사가 자신이 소지하고 있는 자격증을 집단모임의 장소에 위치시켜 집단구성원들이 담당 사회복지사의 자격증을 볼 수 있도록 하는 방법도 간접적으로 자신을 소개하는 방법 중의 하나이다.

② 집단구성원 소개

사회복지사는 집단구성원 각자 자신에 대한 소개를 집단 전체에게 할 수 있도록 도와야 한다. 집단구성원 각자가 자신의 이름을 밝힘으로써 다른 집단구성원들이 각자의 이름을 정확히 알 수 있도록 하며, 가능하다면 집단구성원 각자가 집단에 참여하게 된 이유, 집단에 대한 기대 등을 표현할 수 있으면 더욱 좋다.

③ 집단목적 소개

집단구성원들이 동일한 문제 혹은 관심사를 가지고 있다 할지라도 사회복지사는 집단의 목적에 대해 명확하고 간결하게 설명을 해야 한다. 사회복지사가 집단의 목적에 대해 설명하지 않는다면, 집단구성원들은 앞으로 전개될 집단과정에 대한 이해가 부족하기 때문에 불안해 할 수도 있다. 역으로 집단구성원들이 집단의 목적을 분명히 알게 되면 집단이 자신에게 필요한지 아닌지를 결정할 수 있으며, 심리적 불안감도 줄어들 것이다.

참고

사례 : 음주운전자 수강명령 집단 프로그램 목적 소개

"저는 검사로부터 앞으로 8주 동안 이 교육집단을 운영해 달라는 요청을 받았습니다. 제가 아는 바로는 여러분은 음주운전으로 구속되었기 때문에 수감 가능성을 줄이기 위해 이 모임에 참여한 것으로 알고 있습니다. 여러분 모두는 지금 다른 곳에 있었으면 하고 바랄 것입니다. 또 여러분 중에는 여기에 있게 된 것에 대해 화가 나 있는 분들도 계실 것입니다. 만일 제가 여러분의 입장이라면 분노와 당황함을 느꼈을 것입니다. 그러나 이러한 감정에도 불구하고, 제가 바라는 것은 앞으로 있을 집단모임을 통해 음주와 운전에 대한 지식을 습득하여 이를 활용하셨으면 하는 것입니다."

④ 집단구성원 역할 소개

집단구성원들은 각자 집단에 참여하게 된 동기를 알고 있을지라도 자신들의 문제를 해결하기 위해 집단 내에서 무엇을 해야 하는지 모르는 경우가 많다. 특히 이전에 집단 경험이 전혀 없는 구성원들일 경우 자신의 역할에 대한 의문은 커질 수 있다. 집단구성원의 역할을 소개할 때 집단의 규칙을 함께 설명할 수도 있는데, 이는 사회복지사가 집단구성원에게 갖는 기대를 표현하는 것이기도 하다. 예를 들어, "여러분의 역할 가운데 하나는 집단에 적극적으로 참여하는 것, 결석하지 않는 것, 남의 이야기에 경청하는 것 등이 있을 수 있습니다"라고 설명할 수 있다.

⑤ 집단 규칙

초기 단계에 적용할 수 있는 사회복지실천기술 중의 하나가 집단 규칙들을 세우고, 이를 집단구성원들에게 설명해 주는 것이다. 모든 집단에 공통적으로 적용되는 규칙을 살펴보면 다음과 같다.

첫째, 비밀보장이다. 즉, 집단 내에서 집단구성원들 간에 논의된 내용을 집단 밖에서 논의하는 것을 금지하는 규칙을 집단구성원에게 알리는 것은 매우 중요하다. 집단 내에서 논의된 내용들이 비밀보장될 때 집단구성원들이 자유롭게 자신의 문제, 생각, 감정 등을 표현할 수 있기 때문이다.

사회복지사는 집단구성원들과 관련된 정보 중에서 비밀보장을 지킬 수 있는 정보와 외부에 보고해야만 하는 정보를 알려 주는 것이 집단구성원과 사회복지사 간의 관계형성에 도움이 될 수 있다.

■ 성공적인 집단을 운영하는 데 필요한 규칙들의 예

- 다른 구성원이 이야기하는 동안 방해하지 않고 경청하기
- 집단토의를 독점하지 않기
- 다른 구성원들의 생각과 감정을 존중하기
- 진지하고 솔직하게 다른 구성원들의 생각과 감정에 관해서 얘기하기
- 서로 신뢰하고 협력하기

⑥ 회기 마무리

첫 모임의 마무리는 집단에서의 활동을 요약하고 통합하며, 다음 모임에 대한 계획을 세우고 과제가 있는지 확인하고 다음 모임에 대한 기대로 마무리 한다.

예를 들면, 다음과 같다. "오늘은 첫날이라 모두가 설레기도 하고 약간 두렵고 불안한 마음으로 참석하신 것 같습니다. 처음 만남이기 때문에 자기소개를 했고 친밀감을 나누기 위한 게임을 통해서 조금은 편안해진 것 같습니다. 각자가 갖는 집단에 대한 기대들을 들어보았고 집단활동의 목표에 대한 논의와 규칙에 대한 논의가 있었습니다. 다음 모임은 일주일 뒤 같은 장소와 시간에 모이는 것으로 정해졌습니다. 다음 모임에서는 좀 더 친밀하고 활발한 상호작용이 이루어지기를 기대하며, 집단목표에 대한 논의도 좀 더 구체화할 수 있을 것으로 기대합니다. 그래서 각자가 바라는 것이 무엇인지를 좀 더 구체적으로 생각해 오시기 바랍니다."

2) 중간 단계

(1) 중간 단계 특징

집단이 진전됨에 따라 응집력이 커지고 상호작용이 활발해지며 집단목표를 구체화시켜 목적을 달성해 나가거나 문제를 해결해 나가게 된다. 이 시기에는 의사소통이 활발해지며, 경우에 따라 집단 내 갈등이 드러나기도 한다. 어느 집단이나 갈등은 존재하지만 갈등으로 인해서 에너지가 소진되거나 구성원들이 위협을 느낀다면 문제가 된다. 그러나 갈등을 극복함으로써 집단이 성장할 수 있다. 카이저(Kaiser)는 개방적 태도로 갈등을 다룸으로써 누구도 승패의 감정을 겪지 않도록 다루어야 한다고 주장한다.

신뢰감의 증가 및 소속감의 강화와 더불어 개입 단계에서 나타나는 특징 중의 하나는 집단구성원들의 대인관계기술이 향상된다는 점이다. 예를 들면, 집단구성원들은 다음과 같은 대인관계기술을 갖추게 된다.

- 서로를 경청할 수 있는 능력이 증진된다.
- 집단구성원들 간의 의사소통이 보다 공개적이며, 집단구성원들은 집단 내에서 경험한 바를 보다 정확하게 표현하게 된다.
- 집단구성원들 간의 상호작용이 보다 자유롭고 직접적이다.
- 집단구성원들은 자신을 다른 집단구성원들에게 알리게 되며, 자신들의 개인적 관심사를 집단에게 털어놓는다.
- 집단구성원들 간의 갈등이 인식되며, 이를 효과적으로 다룰 수 있게 된다.
- 집단구성원들 간에 피드백을 주고받을 수 있으며, 사회복지사 또는 다른 집단구성원들의 직면을 비방어적인 태도로 받아들일 수 있는 능력이 생긴다.

표 9-5 집단구성원과 집단 전체가 중기 단계에서 나타내는 특성과 사회복지사의 역할

집단구성원의 특성	집단의 특성	사회복지사의 역할
• 집단에 대한 탐색이 점차 감소 • 집단구성원 간 짝을 이루고 하위집단 발생 • 하위집단 간 알력이 발생 • 자신의 지위 및 역할을 모색 • 집단구성원의 독특성 인정, 집단에 대한 공헌 모색 • 집단의 중요성을 내면화 • 사회복지사에게 덜 의존하게 되고 자신의 의사표현 시작	• 집단의 문화, 행동, 규범, 갈등이 발생하고 이를 해결 • 집단구성원의 지위, 위계질서, 역할, 리더가 형성 • 집단구성원 및 리더를 실험하고 신뢰할 수 있게 됨 • 집단구성원 간의 공통점, 차이점을 인정하고 존중함 → 집단의 응집력발달	• 집단의 현 위치를 파악(진행상황, 갈등, 협조체계 등) • 각 구성원에 대한 평가(태도, 관계, 행동, 동기, 목표 등) • 집단의 목적, 목표를 재확인하고 구성원 모두의 참여 유도 • 집단구성원 간의 공통점 및 차이점 파악 • 집단 리더에 대한 실험을 인정 • 집단구성원이 다양한 경험을 할 수 있도록 도움 • 직면 • 집단의 갈등해소

출처: 엄명용 외(2008). 사회복지실천기술의 이해 재인용. 학지사.

(2) 집단 개입기술

집단에서의 개입기술들은 집단응집력을 유도하고, 집단과정을 촉진하는 기술, 변화를 이끌어 내기 위한 기술이 요구된다. 집단에만 적용될 수 있는 기술로는 집단을 유지하기 위해서 응집력을 높이기 위한 기술이 요구된다. 집단응집력을 높이기 위해서는 집단 내의 갈등을 해결하고 구성원들이 집단에 더 매력을 느끼며, 집단활동에 참여하도록 돕는 기술들을 사용할 수 있다. 집단구성원들의 대인관계 변화를 위한 기술들은 개별개입의 관계변화를 위한 기술을 활용할 수 있다. 집단응집력을 높이기 위한 지침들은 다음과 같다(Corey & Corey, 1997).

첫째, 집단구성원들 간의 공개적이고 활발한 상호작용은 집단응집력을 향상시킨다. 따라서 집단토의와 프로그램 활동을 적극 활용하여 집단구성원들 간의 상호작용을 촉진시킨다.

둘째, 사회복지사는 집단구성원들이 집단과정에 적극적으로 참여하도록 돕고, 목표를 달성하고 변화를 이끌어낼 수 있도록 돕는 유능한 존재라는 것을 인식할 수 있게끔 한다. 구성원 개개인이 스스로를 가치 있고, 능력 있는 존재라는 사실을 믿게 되면 집단에 보다 더 적극적으로 참여하게 된다.

셋째, 집단구성원들의 욕구가 집단 내에서 충족되는 방법들을 파악할 수 있도록 돕는다.

넷째, 집단 목표달성과 응집력은 밀접한 관계가 있기 때문에 집단구성원들이 목표를 달성할 수 있도록 돕는다.

다섯째, 집단구성원들이 서로 다른 인식과 관점을 인정하고 협력하는 관계를 형성하도록 돕는다.

여섯째, 집단목적에 맞도록 집단의 크기를 조정한다.

일곱째, 구성원들의 기대를 명확히 하고 집단의 목적과 구성원들의 기대가 일치되도록 한다.

여덟째, 집단에 참여함으로써 얻을 수 있는 보상이나 자원을 집단구성원들에게 제공한다.

아홉째, 구성원들이 집단에 대해서 자부심을 느끼도록 한다.

여러 가지 다른 배경과 경험을 가진 사람들이 모여서 활동하다 보면 갈등이 자연적으로 발생하게 마련이며, 이런 갈등을 해결함으로써 집단이 더욱 성장하고 응집력도 높아지게 된다.

우선 집단 내에서 갈등이 일어나는 것은 자연스러운 현상이라는 사실을 받아들이며 갈등을 피할 것이 아니라 관리해 나가야 한다. 따라서 각각의 관점은 집단활동에 기여하는 바가 있다는 사실을 받아들이며 존중되어야 한다. 그러므로 의견의 차이는 공개적으로 논의되고 협의되어야 한다. 갈등 해결에 도움이 되는 기법은 다음과 같다.

첫째, 갈등을 한 사람의 문제로서가 아니라 집단의 문제로 규정한다.

둘째, 모든 관점을 경청하고 그들의 차이점뿐만 아니라 유사점도 찾도록 한다.

셋째, 모든 관점이 충분히 이해되도록 설명을 요구한다.

넷째, 한쪽은 이기고 다른 쪽은 지는(승－패) 해결책을 피한다.

다섯째, 갈등이 존재하게 되는 계기를 무시하지 말고 그것을 찾도록 한다.

여섯째, 경쟁적인 분위기보다는 협동적인 분위기를 갖도록 한다.

3) 종결 단계

마지막 단계는 종결 단계이다. 집단 목적이 성취되고 구성원들이 새로운 행동유형을 학습하게 되면 마지막 단계로 접어든다. 종결이 늘 쉽게 수행되는 것은 아니다. 집단에 매우 깊이 관여해 왔던 구성원들에게는 특히 힘든 시간이다. 구성원들은 집단의 존재를 더 유지시키고자 퇴행적인 행동을 보이기도 한다.

사회복지사는 다음과 같은 방법으로 종결을 준비해야 한다. 종결 몇 주 전부터 종결이 다가옴을 알리고 준비시켜 자신들의 목표를 달성하도록 남아 있는 시간을 활용하게 한다. 충분한 시간이 주어지도록 하여 남아 있는 문제에 대해 계획을 세울 수 있도록 한다. 사회복지사는 구성원들이 노여움, 슬픔, 손실감, 버림받은 느낌 등을 숨김없이 드러낼 수 있도록 돕고, 사회복지사 자신의 감정도 공유한다. 사회복지사는 집단에서 얻은 변화가 지속되도록 그리고 실제 생활에서 일반화되도록 구성원들을 도와야 한다. 이를 위해 처음 회기부터 마지막 회기까지 학습했던 사항들을 요약하게 하여 성취감을 심어 주며, 마지막 회기 시간에는 지금까지 획득한 기술을 실제로 한 번 더 수행하게 한다. 또한 실제 생활에서 부딪치게 될 어려움을 제시하여 그에 대해 토론해 보는 것도 좋다.

부득이하게 종결을 맺는 경우도 있는데, 그 이유를 충분히 설명하고 후속조치를 해주며, 구성원들의 감정을 함께 다루고 수용할 수 있도록 해야 한다.

10
CHAPTER

집단 발달 단계별 사회복지실천기술

01 계획 단계의 실천기술

02 초기 단계의 실천기술

03 개입 단계의 실천기술

04 종결 단계의 실천기술

01 계획 단계의 실천기술

1) 계획 단계의 중요성

계획 단계란 집단의 첫 모임 전에 사회복지사가 준비하는 기간을 말한다. 사회복지사는 집단을 구성하는 생각, 사회적 상황, 집단과정, 기관의 정책 및 규정, 클라이언트에 대한 지식을 기반으로 의사결정과 다양한 선택을 한다. 사회복지사는 집단에 대해 자신감을 향상시킬 수 있으므로 집단에 대한 확신을 가지게 되는 것도 중요한 요인으로 작용한다(박병금 외, 2014).

(1) 효과적인 집단구성을 위한 계획사항들

효과적인 집단구구성과 집단의 발달을 위해서는 집단계획과정에서 사회복지사의 초점은 누구를 집단구성원으로 구성하는지를 결정하는 것에서부터 시작된다.

사회복지사는 실천에 있어서 집단구성에 부합되는 집단구성원을 선택하고 집단의 모임 횟수, 장소, 시간 등을 설정하는 작업을 하게 된다. 동시에 집단활동과 관련된 기관의 정책이나 사회적 상황들을 고려하게 된다.

집단구성을 통해 집단의 목표를 성취하고자 할 때, 집단구성에 대한 계획을 다음과 같이 여섯 가지로 제시하였다(노충래 역, 2006).

① 욕구

집단에 참여할 집단구성원들의 문제나 어려움, 관심사는 무엇인가?

② 목적

집단 전체가 추구하는 목적과 목표는 무엇인가? 개별 구성원의 목표는 무엇인가? 집단 전체의 목적 및 목표와 개별 구성원의 목표 간에는 어떤 연관성이 있는가?

③ 구성

집단에 참여할 구성원의 수는 몇 명인가? 집단구성원의 공통점과 차이점 가운데 중요한 부분은 무엇인가? 집단을 이끌 사회복지사는 누구인가?

④ 구조

집단의 운영을 촉진하기 위해 필요한 것은 무엇인가? 특히 집단 모임의 시간 및 장소와 관련해서 고려해야 할 것은 무엇인가?

⑤ 내용

집단의 목적을 성취하기 위해 활용될 도구는 무엇인가? 집단 내에서 실제로 어떤 일들이 벌어질 것인가?

⑥ 사전접촉

집단 참여에 필요한 인원은 몇 명 확보할 것인가? 집단 참여를 위해 집단구성원을 어떻게 준비시킬 것인가?

(2) 집단의 목적

집단의 목적은 후원기관이나 사회복지사가 집단을 결정할 때 정해진다. 집단지도자와 집단구성원들의 토론을 통해 타협, 수정이 가능하다. 사회복지사는 초기부터 집단의 목적에 대한 자신의 생각을 구성원들과 직접적으로 공유할 필요가 있다. 집단이 시작되면 집단구성원들이 모두 함께 논의하여 자신의 것으로 만들 수 있도록 한다.

집단을 통해 집단구성원들이 성취할 수 있기를 기대하는 점을 궁극적으로 제시한다는 것은 이 목적을 집단구성원들의 긍정적인 동기와 연결시키는 것이다(Northen & Kurland, 2001). 집단의 목적이 명확하지 않은 경우 집단이 조기 종결될 수도 있다.

집단의 공통목적 내에서 개별 구성원은 집단에 참여함으로써 성취하고자 하는 구체적인 기대와 희망 그리고 목표를 갖는다. 따라서 개인의 목표는 모든 것을 포괄하는 집단의 목적 안에 포함된다(Northen & Kurland, 2001). 집단을 시작할 때 파악된 집단의 목적은 집단이 성숙해짐에 따라 집단지도자와 구성원들 간의 합의에 따라 수정이 가능하다. 집단구성원들은 자신 및 자신의 상황에 대한 감정을 환기시키고 공통적인 관심 영역을 발견할 수 있게 되며, 자신들의 상황이 향상될 수 있다는 점을 인식함에 따라 집단의 목적과 구성원들의 목표는 보다 명확해질 수 있다.

2) 집단사회복지실천의 과제

(1) 집단홍보와 집단구성원의 모집

사회복지사는 집단목표를 알리고 집단구성원을 모집하기 위한 전략을 세운다. 지역사회를 대상으로 홍보 및 홍보물을 잠재적 대상자들에게 배포하고 직접 접촉하기도 한다. 관련 유관기관들과의 접촉을 통해 프로그램을 설명하여 도움을 구하기도 하며, 동료들이나 타 기관 등을 통해 모집한다. 집단구성원을 모집하는 방법은 구체적 특정인들을 대상으로 하거나, 홍보를 통해 원하는 모든 사람들에게 알리는 것이다.

집단을 시작하기 전에 집단구성원 개개인과의 개별 면접을 통하여 집단목표, 과정, 기타 활동사항 등을 충분히 설명해 주고, 집단구성원 스스로 적합성과 참여 여부를 결정할 기회를 제공해야 한다.

집단의 예비구성원들은 집단의 목적과 목표는 물론 집단의 입회 절차, 집단경험의 시간 제한, 종결 절차, 집단구성원과 집단지도자 모두의 권리와 책임, 사용될 기술과 절차, 특히 구성원들의 참여가 예상되는 특별한 활동, 집단지도자의 교육과 자격, 요금과 지출과 관련된 것, 특별한 집단구조에서 어떤 서비스가 제공될 수 있는가, 집단과 관련된 개인적 위험, 기록 등과 관련된 정보를 접할 수 있도록 해야 하며, 될 수 있으면 서면으로 명시하는 것이 좋다(이애재, 2006).

사회복지사는 잠재적인 구성원의 목표 및 집단에 대한 기대를 파악하여 집단과 구성원이 서로 적합한지 확인할 수 있다. 이후 집단에 대한 목적과 기대감을 갖도록 하여 출석률을 높이고 긍정적인 결과를 가져올 가능성도 높아진다.

(2) 집단구성

① 집단구성원의 동질성과 이질성

집단구성원의 개인적 특성과 집단참여의 동기가 동질적이어야 집단응집력과 의사소통이 활발해질 것이다. 반면 집단의 이질성은 다양한 집단경험과 효율적인 역할수행의 가능성을 높여주며, 집단의 매력을 높여줄 수 있다. 그러므로 효과적인 집단활동과 목적의 성취를 위해 집단의 동질성과 이질성의 균형을 적절하게 조절하는 것이 필요하다.

② 개방형 집단과 폐쇄형 집단

개방형 집단은 집단이 진행되는 동안 새로운 구성원이 참여할 수 있는 집단이다. 개방형 집단은 새로운 구성원이 언제든 추가할 수 있으므로 새로운 구성원이 투입됨으로써 집단에 활기가 있고, 새로운 시각을 제공할 수 있다. 그러나 새로운 구성원에게는 집단에 대한 정보를 새로이 주어야 하고, 다른 구성원들을 사귀어야 하므로 집단활동에 방해가 될 수 있어 집단의 목표를 고려하여 선택해야 한다.

폐쇄형 집단은 새로운 구성원을 받아들이지 않고 집단을 처음 구성할 때의 구성원을 종결할 때까지 유지하는 집단이다. 폐쇄형 집단은 같은 구성원끼리 지속적으로 활동하므로 집단의 목표를 함께 달성해 나가기 위해 심도 있는 상호작용이 가능하고 효과적으로 기능할 수 있으며, 응집력과 결속력이 높아야 한다.

(3) 집단의 구조

① 집단의 크기

새로운 집단을 구성할 때 집단의 규모는 집단에서 필요로 하는 상호작용의 본질과 관련된다. 집단의 크기를 결정하는 데에는 사회복지사의 판단이 중요하다. 집단구성원 수는 집단 목적과 유형, 상호작용, 집단의 생산성에 영향을 준다.

② 모임의 빈도와 시간

모임의 소요 시간은 집단의 환경이나 집단의 목적 및 내용에 따라 달라질 수 있다. 일주일에 한 번 정도의 모임이 가장 흔한 형태이다. 그러나 집단의 목적이나 구성원의 욕구에 따라 자주 또는 2주, 한 달 등 모임을 가질 수 있다.

③ 집단의 지속기간

집단은 일회성 모임으로 끝날 수도 있지만 몇 개월 이상 지속될 수도 있다. 집단이 정해진 기간이 있고 각 회기마다의 계획이 정해져 있다면 욕구와 목적을 성취하는 데 효과적일 수 있다.

④ 모임 장소

대부분 사회복지사가 속한 기관에서 실시하게 된다. 집단의 성격과 집단구성원의 욕구와 접근성을 고려하여 가장 최선의 선택과 결정을 해야 한다.

⑤ 물리적 환경의 배려

집단의 성공에 영향을 미친다. 사회복지사는 조직의 주어진 여건 내에서 최선의 조건을 갖추기 위해 노력해야 한다.

3) 사회복지사 선정

집단구성과 관련된 계획과정에서 사회복지사의 특성은 매우 중요한 요소이다.

카두신(1972)은 사회복지사와 클라이언트 간에 유사점이 너무 많으면 지나친 동일시와 함께 객관성이 결여될 위험이 있으며, 차이점이 너무 많으면 상호 간의 이해와 공감을 형성하는 데 어려움이 있을 수 있다고 하였다.

02 초기 단계의 실천기술

1) 초기 단계의 특징

초기 단계의 집단은 집단과 사회복지사, 집단구성원에 대한 오리엔테이션이 필요하다. 다른 성원들의 참여를 촉진하도록 하며, 집단구성원 간의 공통점을 모색하도록 한다. 집단의 규범, 가치, 대화방식 등을 정하게 된다.

집단 초기 단계에서의 사회복지사 역할은 성원들의 집단의 일부로 느낄 수 있도록 하고, 집단의 공통된 목적을 향해 함께 활동을 할 수 있도록 연결시킴으로써 불안감을 감소시키도록 하는 것이다. 비밀보장에 대해서도 설명한다. 집단의 규범이 설정되도록 돕고, 성원들이 비심판적인 태도와 지지적 태도를 가지도록 강조한다. 사회복지사는 앞으로 진행될 집단의 과정과 집단에 대한 정보를 제공한다.

2) 집단사회복지실천의 과제

(1) 오리엔테이션

① **사회복지사의 소개**: 신뢰감을 가질 수 있도록 하는 것이 중요하다.

② **집단구성원의 소개**: 자신을 알아준다는 것은 성원들이 중요한 존재라는 암시를 전달하는 것이며, 앞으로 집단의 진행과 목적달성에도 영향을 미칠 수 있다.

③ **집단목적과 사회복지사의 역할 소개**: 집단구성원들에게 집단의 목적과 진행과정 등에 대해 분명하게 설명할 필요가 있다. 또한 사회복지사와 집단구성원들의 역할에 대해 이야기하도록 한다.

(2) 집단의 목표 설정과 활동

모든 집단은 목적을 가지고 있다. 집단은 단기 및 장기 목적을 정하는 것도 좋다. 집단의 효과성은 구체적으로 정하도록 한다. 집단의 활동은 집단구성원들이 집단에 매력을 느껴 집단에 참여할 수 있도록 하는 매개체이다. 따라서 성취가능성과 도전의식을 가지게 하는 것도 좋다.

(3) 집단운영

집단운영은 시간 제한적이고 구조화된 활동이다.

집단의 초기 단계에는 집단 규칙을 세우기 위해 집단구성원들과 논의하고 결정하는 과정도 필요하다. 가장 기본적으로 적용할 수 있는 규칙은 비밀보장일 것이다. 집단 내에서 다루었던 내용을 집단 밖에서 이야기하지 않도록 하는 규칙을 집단구성원 모두가 함께 지킬 수 있도록 논의하는 과정이 매우 중요하다.

(4) 신뢰감과 소속감

집단에 대한 소속감 또한 초기 단계에 가장 뚜렷한 과업일 것이다. 집단구성원들이 집단에 대한 소속감을 갖고 참여할 수 있어야 집단의 유지 및 집단활동이 구성원 개개인뿐만 아니라 집단 전체에 긍정적인 영향을 미칠 수 있다.

03 개입 단계의 실천기술

1) 개입 단계의 특징

개입 단계는 보다 생산적인 단계로 이동하게 되어 문제해결과 집단의 목적이 달성되는 단계이다.

개입 단계의 집단의 특징은 집단의 문화, 행동, 규범, 갈등이 발생하고 이를 해결하며, 집단구성원의 지위, 위계질서, 역할, 리더가 형성된다, 집단구성원 및 리더를 실험하고 신뢰할 수 있게 된다. 집단구성원 간의 공통점과 차이점을 인정하고 존중하게 되며, 집단의 응집력이 발달한다. 집단은 문제해결 능력이 극대화되고 의사소통이 매우 활발해진다.

사회복지사의 역할은 집단의 현 위치를 파악하고 각 집단구성원에 대한 평가를 하는 것이다. 집단구성원이 다양한 경험을 할 수 있도록 돕고, 집단구성원들의 직면한 갈등을 해소하도록 한다.

집단구성원들이 자신의 문제를 꺼내놓고 해결하고자 하는 안전한 장소라는 인식을 가질 수 있도록 환경조성이 필요하다. 집단구성원들을 동등하게 대하고 비밀보장과 존중은 기본 원칙이다.

2) 집단사회복지실천의 과제

(1) 집단응집력 향상

집단응집력이 높은 집단은 집단구성원들의 출석률과 집단참여가 증가하고, 목표달성이나 과제수행 능력이 증가하며, 집단구성원들 간에 적극적으로 경청하는 분위기를 통해 알 수 있을 것이다.

사회복지사가 집단응집력 향상을 위한 방법은 다음과 같다.

- 집단구성원들 간에 활발한 상호작용을 촉진한다.
- 집단과정에서 적극적인 참여를 유도한다.
- 집단구성원들의 욕구가 집단 내에서 충족된 방법들을 파악할 수 있도록 돕는다.
- 목표달성을 위한 노력을 할 수 있도록 원조한다.
- 집단구성원의 기대와 목적을 일치시키도록 한다.
- 자원과 보상 등의 자극제를 제공한다.
- 집단구성원들이 집단에 대한 자부심과 책임감을 인식하도록 한다.

(2) 집단갈등 해결

집단발달의 중간 단계에서는 대인관계의 갈등이 주로 친밀성, 상호의존성, 분리와 같은 문제를 중심으로 일어날 가능성이 높다. 집단 내에서 갈등이 해결되기 위해서는 집단이 기본적인 합의점을 도출해야 한다. 갈등을 해결하고 이에 따른 변화를 수용할 수 있기 위해서는 어느 정도 시간이 필요하지만, 새로운 합의를 성공적으로 얻어낼 수 있다면 집단은 변화를 새롭게 통합하게 되고, 집단구성원들이 자신들과 집단의 목표 성취를 위해 나아갈 수 있도록 돕는다.

집단지도자는 갈등상황의 해결과 함께 관리하는 기술도 필요하다. 갈등은 인간관계 속에서 늘 존재하는 것이며, 집단은 갈등을 다루는 과정 속에서 차이점을 인식하고 협력적인 관계를 통해 집단은 더욱 성숙해지는 것이다.

사회복지사는 집단구성원들이 자신의 솔직한 생각과 의견을 말할 수 있도록 돕고, 서로의 다양한 관점을 탐색해 볼 수 있는 기회를 갖도록 돕는다.

집단의 갈등해결을 위해 사회복지사는 다음과 같은 해결책을 제시할 수 있다.

① 직면하기

집단 내에서 갈등이 표면화될 때 집단구성원은 갈등에 직면하도록 하는 것이 필요하다. 직면의 목적은 집단구성원들이 인식하지 못했던 부분을 볼 수 있도록 하는 것이므로, 집단의 목표와 행동의 불일치를 보이는 집단구성원의 행동을 직접적으로 지적하고, 집단과 다른 집단구성원들에게 미치는 영향을 구체적으로 설명하는 것이 필요하다.

② 나-전달법

'나- 전달법'은 명령, 지시, 설교, 충고, 위협과 같은 해결책 메시지나 비난, 비판, 놀림, 욕하는 것의 말대꾸 메시지이다. '나- 전달법'은 의사소통을 단절하게 되고 상호관계를 파괴하게 되는 것이다. 이와 반대로 '나- 전달법'은 '나'를 주어로 하여 상대방에 대한 자신의 감정이나 생각을 솔직하게 표현하는 대화법이다.

'나-전달법'은 부모-자녀 또는 부부 등의 일반적인 대인관계의 문제를 클라이언트가 다룰 수 있도록 하는 가장 기본적인 의사소통기술로 널리 적용하기에 유용하다.

③ 변화를 이끌어내기

집단이 목표를 달성하도록 지원하는 데 있어 사회복지사는 집단구성원과 전체로서의 집단에 관심을 두고 내적 변화, 대인관계 변화, 환경 변화를 위한 기술로 구분하여 사용하게 된다(엄명용 외, 2012). 여기서는 집단구성원의 대인관계상의 변화와 환경의 변화를 위한 기술을 중심으로 살펴보도록 한다.

- 집단구성원의 대인관계 변화 기술: 집단은 구성원들의 대인관계기술을 학습하는 데 매우 좋은 기회를 제공할 수 있다.
  집단대상의 사회복지실천은 특히 대인관계상의 문제를 다루는 데 매우 적절한 개입 방법이다(엄명용 외, 2012).
  대인관계기술의 향상을 목적으로 하는 대표적인 프로그램으로 사회기술훈련이 있다. 사회기술훈련은 의사소통기술이 부족하거나 만족스러운 대인관계를 형성하는 데 어려움이 있는 클라이언트에게 유용하며, 정신지체 클라이언트나 아동청소년을 대상으로 많이 활용되고 있다.
- 집단구성원의 환경 변화를 위한 기술: 사회복지실천현장에서 접하게 되는 많은 클라이언트의 욕구나 문제들은 환경과의 상호작용과 관련성이 높으므로 집단사회복지실천에서도 환경의 변화를 위한 노력은 매우 중요하다.

04 종결 단계의 실천기술

1) 종결 단계의 특징

집단의 종결은 집단과 사회복지사, 집단구성원들과의 이별이다. 종결 단계에서의 집단구성원의 특징을 살펴보면, 집단구성원이 자신의 성공 애기를 집단에서 표현하기도 하고, 집단구성원들 간의 상호관계가 자유롭다. 반면 집단참여가 저조해지거나 집단의 종결에 대한 양가감정 및 퇴행이 발생하기도 한다. 집단경험이 자신의 생활에서 중심이 되기도 하지만, 일상생활 속에서 이행할 수 있을까에 대한 두려움도 가지고 있다.

사회복지사는 종결 단계에서 집단의 종결을 준비시키고 집단 종결에 대한 욕구와 목표달성 정도, 성과 유지 정도 등을 점검한다. 종결 단계는 집단구성원들이 준비를 할 수 있도록 충분한 기간을 주어야 할 것이며, 남은 기간 성취해야 할 일과 과정을 논의하는 것도 필요하다. 사회복지사의 감정을 다루도록 하는 것도 염두에 두어야 할 요소이다.

2) 집단사회복지실천의 과제

(1) 집단의 종료

집단의 종료에는 목적을 달성한 집단의 종료, 미완결 집단의 종결, 약속된 기간의 종료, 집단구성원의 탈락, 사회복지사의 떠남 등의 이유가 있다.

일반적으로 집단의 종결은 초기에 설정된 목적을 달성하였거나 정해진 시간이 되었을 때 종결하게 된다.

종결 단계에서의 집단은 집단의 종결에 대한 논의를 하며, 집단에서 얻은 성과를 일관되게 유지하도록 하는 것이 중요한 과제이다.

(2) 집단종료의 예고

집단구성원들에게 집단의 계획된 종료를 일깨워 주고 남아 있는 집단 회기를 잘 이용할 수 있도록 한다. 또한 집단의 종료에 대해 집단구성원들이 준비할 수 있도록 도울 수 있다. 집단 종료와 관련한 정서적 감정을 나눌 수 있는 기회를 제공하게 된다.

(3) 사후관리와 의뢰

개입이 종결된 후 가능하면 사후관리를 하는 것이 중요하다.

사회복지실천의 가장 중요한 목적은 전문적 관계가 종료된 이후에도 개입의 효과가 유지되고 클라이언트가 적응력을 높일 수 있도록 하는 것이다. 클라이언트가 집단 종결 이후에도 스스로 문제를 해결하면서 건강한 삶을 이끌어 나갈 수 있어야 할 것이다.

사회복지사의 입장에서 사후관리는 집단사회복지실천의 결과를 평가할 수 있는 기회를 제공하며, 집단 활동을 통해 배운 것을 집단구성원 자신의 생활 속에서 적용한 경험을 다루어 볼 수 있다. 개입결과의 지속성에 대한 평가도 가능하며, 사후관리는 개입효과를 지속시키기 위한 기술이라고 할 수 있다.

의뢰는 집단의 종결유형 중 집단이나 기관을 통해 집단구성원의 문제 상황이 아직 호전되지 않았거나, 문제나 욕구가 충분히 해결되지 않았을 경우 다른 기관이나 외부의 자원들과 연결시키는 것이다.

효과적으로 의뢰할 수 있는 지역사회 내에 존재하는 다양한 자원의 소재와 서비스 내용에 있어서 사회복지사는 항상 파악해 두고 있어야 한다. 성공적인 의뢰는 구체적인 욕구나 문제, 서비스를 얻고자 하는 동기와 후속절차 등을 명확히 하는 것이다.

사회복지사는 고지된 동의와 구성원의 참여를 전제로 한다.

(4) 집단실천의 평가

평가는 개별구성원과 집단의 목적달성 정도를 통해 개입의 효과성을 판단할 수 있는 근거를 제공한다. 구성원들은 집단에서의 만족 또는 불만족을 표현하고 목표성취 정도, 변화 등을 이야기할 수 있다.

집단대상 사회복지실천의 평가를 위해서는 실험조사설계의 방법이 과학적으로 증명할 수 있는 방법이다.

11
CHAPTER

지역사회복지실천 개념 및 기술

01 지역사회와 지역사회복지의 이해

02 지역사회복지의 실천기술의 이해

03 지역사회대상 사회복지실천모델과 개입과정

01 지역사회와 지역사회복지의 이해

1) 지역사회에 대한 이해

지역사회에 대한 영어 표현은 '커뮤니티(community)'이다. 이는 '공통의(common)' 또는 '공공의(communal)'와 같은 어원을 가지고 있으며, 공동소유, 공동체, 공동운명체 등의 뜻을 지니고 있다. 이처럼 지역사회라는 말은 공동체라는 말로 동일하게 사용되고 있는데, 이를 좀 더 자세하게 살펴보면 다음과 같다.

'community'는 라틴어의 'cum'과 'munus(또는 munere)'라는 두 어원에서 유래했다고 하는데, 'cum'은 '함께', '서로'라는 말이며, 'munus'는 '선물', 'munere'는 '주다'라는 뜻이라고 한다. 이러한 어원을 종합하여 의미를 살펴보면 'community'는 '서로 선물을 주는 것'의 의미로 파악되어(김종일, 2006; 홍현미라 외, 2010 재인용) 지역사회는 공동체 의식 속에 상호부조의 의미를 내재하고 있음을 알 수 있다. 이는 거주의 장이면서 동시에 관계의 장으로서 지역사회가 설명되고 있음을 의미하는 것으로, 전통적 근린지역이나 이웃의 개념처럼 지리적 경계를 바탕으로 한 정의와 공동체 구성원의 공동관심에 초점을 둔 정의 등이 함께 혼용되어 사용되고 있다(감정기 외, 2009)는 것이다.

(1) 지역사회의 정의

지역사회에 대한 사전적 정의는 "인간관계에 의해 또는 지리적·행정적 분할에 의해 나누어진 일정 지역의 사회"이다. 이러한 일반적 정의는 학자들에 따라 학문적 영역에 따라 다양하게 해석되고, 정의되고 있는데, 여기에서는 사회학적 관점과 사회복지학적 관점에서 살펴보고자 한다.

먼저, 지역사회에 대한 개념을 정의한 대표적인 학자로 맥키버(R. M. Maciver)

와 갈핀(C. J. Galpin)은 다음과 같이 지역사회를 사회학적 관점에서 정의하고 있다.

맥키버는 지역사회를 공동생활권이라고 정의하며 지역사회의 핵심을 지역성과 공동성 그리고 지역사회 의식이라고 강조한다. 지역사회의 지역성과 공동성은 사회적 유사성, 공통된 사회적 관심, 공통된 전통, 공통된 관습, 공동소속감에서 찾고 있으며, 지역사회 의식의 구성요소는 동료의식, 역할의식, 의존의식을 설명하고 있다. 아울러 갈핀은 지역사회의 개념을 교역권이라고 했는데, 이는 분산된 토지에 거주하는 농가가 교역을 중심으로 주민들과 상호작용하면서 교역관계를 맺고 있는 시장권을 지역사회라고 하였다(이태희 외, 2010). 이를 토대로 볼 때 사회학은 지역사회를 생활권으로 보느냐, 시장권으로 보느냐에 따라 견해의 차이가 있을 수 있다는 것을 의미한다. 즉, 우리나라의 지역사회를 사회학적 관점에서 볼 때 농촌은 전형적인 농촌지역사회가 되고, 도시는 시장, 학교, 직장 등 행정권이 도시지역사회를 결정하는 주요한 요인이 된다(김영모, 2001)는 것이다.

다음으로 사회복지학적 관점은 물리적, 지리적, 지방적 분리성을 갖는 경계선 측면과 사회적·문화적 동질성, 합의, 자조 또는 공동행위와 상호작용 등의 관계성 측면으로 두 가지의 주요한 특징을 가지고 있다고 본다.

펠린(Fellin, 1995)은 지역사회를 상호 연결되는 공통적인 어떤 것을 가지고 있는 사람들의 결합체라 할 수 있으며, 구성원들이 공유하는 특성을 지리적 위치, 관심사, 문화, 정체감, 공통된 활동 등을 포함한다고 정의하였다. 또한 최옥채(2000)는 다양한 욕구 혹은 문제를 가지고 있으며, 주민의 상호작용이 활발하게 이루어지고 지역사회의 욕구나 문제를 해결하기 위한 사회복지실천이 가능한 일정한 규모의 장이라고 정의하였다(설진화, 2009: 232 재인용).

이러한 학자들의 정의를 토대로 설진화(2009)는 공동사회 또는 지역공동체로 불리는 지역사회라는 말은 원래 생물학적 용어로서, 생물의 어떤 종이 지역적 또는 공간적으로 분포되어 한 곳에 모여 생활하는 모습을 나타내는 것이라고 설명하며, “사람들이 일정한 지역에서 단순히 함께 거주하는 것,

그 이상으로 상호관계를 맺고 서로의 생활과 행동 등에 영향을 미치는 구성원들의 결합체"라고 정의하였다.

(2) 공동체의 정의

공동체에 대한 학자들의 정의를 살펴보면 다음과 같다. 박종훈(2000)은 공동체의 정의를 다섯 가지 범주로 묶어 설명하고 있는데, 도구적, 합리적, 정동적(affective), 협동적 그리고 구성적 공동체 개념으로 구분하였다. 이러한 구분을 정리하는 데 있어 울프와 샌들의 이론을 활용하고 있다. 먼저 울프(Robert Paul Wolff)가 정의한 세 가지 구분에 따라 협동적 공동체는 문화를 분담하는 다른 사람들이 가지고 있다는 상호인식을 말하며, 생산적 공동체는 협동을 통한 집단적 생산 활동에서 서로를 알게 되는 가운데 사람들이 만족을 얻을 수 있다는 상호인식을 말한다. 마지막으로 합리적 공동체는 사회적 결정과 행동의 특수한 목적을 위해 함께 공공연히 담화하는 평등하고 합리적인 사람들에 의해 견지되는 의식의 상호성으로 이해된다. 이와 함께 샌들(Michael J. Sandel)에 의해 구분된 도구적, 감상적, 구성적 이해를 통해 보충하고 있는데, 도구적 이해란 사람들이 자기 이익적 동기를 인정하는 전래의 개인주의적 추정에 근거되어 있으며, 감상적(sentimental) 이해는 참여자들이 일정한 분담된 궁극적 목적들을 갖고 있으며 협동의 구도를 선 자체로 간주한다. 구성적 이해는 구성원들이 단순히 공동체에 의해 규정되는 것, 즉 그들이 선택하는 것이 아니라 그들이 발견하는 소속감, 그들의 정체성의 속성뿐 아니라 그 근본요소를 나타내는 것이라 하였다. 이상의 이해적인 선행을 통해 정의한 공동체에 대한 개념은 "일정한 선에 대한 자발적인 분담된 이해를 소지하는 사람들의 집단"이라고 정의하고 있다(박종훈, 2000: 107-109).

힐러리는 공동체의 개념을 물리적 공간을 나타내는 지리적 영역(geographic area), 사회관계를 말해 주는 사회적 상호작용(social interaction) 그리고 집단의식을 나타내는 공동의 연대(common tie) 등 세 차원으로 구성하였다(강대기, 2001; 성희자 · 전보경, 2006: 150 재인용)고 보았고, 채혜원 · 홍형옥(2002: 3)도 공동체는 물리적으로 인접한 곳에 사는 사람들은 유사한 관심을 가지고 스스로 공동체라고 생각한 그 지역과 관련된 정체성을 가지는 특성이 있다고 보았다.

저메인(Germain, 1991)은 공동체가 지역 내에서 외부환경 및 지역의 다른 하위체계들 간에 상호교류를 지속한 결과 공동체 의식이 함양되고, 공동체의 긍지, 능력, 자발성, 관계성이 생성된다(Germain, 1991; 이인정 외, 1995; 성희자 · 전보경, 2006: 150 재인용)고 하였다. 즉, 동질적인 지역공동체는 유사성, 친밀감, 호혜성 등에 근거한 연대감으로 강한 일체감을 나타낸다.

채혜원 · 홍형옥(2002: 35)은 "일반적으로 공동체는 포괄적 의미를 가진 개념으로 지리적 또는 특정 집단에 대한 소속감과 공동의 목적을 가진 정신적 공동체를 지칭한다"고 했고, 최재원(1993)은 지역사회를 공동체의 하위개념으로서 지역사회가 공동체 속에 포함되는 것으로 보고, 지역사회라는 광범위한 개념 속에 지역사회의 필수조건으로 공동체가 존재하는 것으로 설명하고 있다.

니스벳(Nisbet)은 서로의 상호작용이 가능한 영역을 공동체로 전제하고 공동체 의식은 함께 살고, 함께 일하면서 겪어 온 집단의식이라고 규정하였다.

맥밀란과 채비스(McMillan & Chavis, 1986: 8)는 공동체의 개념에 도시와 농촌 같은 지리적(geographic), 지역적(territorial) 특징과 인간관계의 상호작용을 의미하는 관계적인(relational) 생각을 포함시켰다. 그러므로 공동체 의식은 구성원들이 가지는 소속감, 구성원들이 집단으로부터 영향을 받고 있으며 일정한 영향력을 행사하고 있다는 느낌, 구성원들의 욕구와 함께 헌신적인 노력을 통하여 충족된다는 공유된 믿음 그리고 구성원들이 역사와 장소와 시간 및 경험을 공유하고 있고 또 공유하게 될 것이라는 믿음, 또한 헌신이라고 정의하고 있다(김경준 외, 1998; 성희자 · 전보경, 2006: 153 재인용).

2) 지역사회의 유형

지역사회의 유형은 1800년대 독일 사회학자인 페르디난드 퇴니스(Ferdinand Tönnies)의 공동사회와 이익사회가 가장 오래된 구분이며, 이와 더불어 지리적 지역사회와 기능적 지역사회, 개인적 지역사회, 가상공동체 등이 구분되어 사용되고 있다.

(1) 공동사회와 이익사회

공동사회는 자연스럽고 인격적이며 직접적인 만남의 사회관계에 기초하며, 이익사회는 합리적인 자기 이해관계가 특징이다(홍현미라 외, 2010). 퇴니스는 이 두 유형을 인간유대의 서로 다른 형태로 보았으며, 이익사회의 특성이 공동사회를 대체하는 것이 아니라 두 가지 유형 모두가 현대사회에서 불변적인 사회생활의 한 부분이 될 것이라고 보았다.

① 공동사회(Gemeinschaft)

공동사회는 기능보다는 인격체로서의 만남이 중요하며, 정서와 감정에 기반하여 사람들마다의 특성들을 존중한다. 관습을 기반으로 하며 집단적 관계가 개인의 목적보다 우선시되며, 가족과 소집단, 전통적 공동체 내에 반영된 인간관계의 유형으로 본다.

② 이익사회(Gesellschaft)

이익사회는 의도된 관계 형성으로 집단의 이해관계가 개인의 이해관계보다 중요하며, 개인들 간의 상호작용은 실용적 목적을 가지고 계약에 기초하여 형성된다. 사회적 통제는 공식화된 법과 규칙에 기반을 두어 이루어진다.

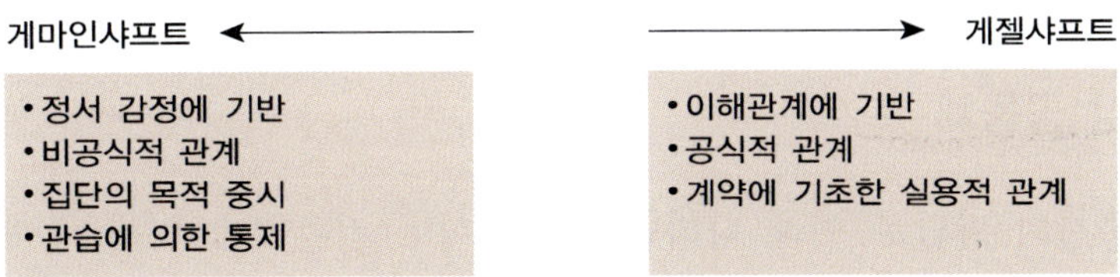

| 그림 11-1 | 퇴니스의 개념에서 본 지역사회 특성의 연속성

출처: 홍현미라 외(2010).

(2) 지리적 지역사회와 기능적 지역사회

로스(Ross, 1967)는 지역사회를 지리적 지역사회와 기능적 지역사회로 나누어 설명하고 있다(김범수 · 신원우, 2009).

① 지리적 지역사회(geographic community)

지리적 지역사회는 지리적 공간을 공유하며 밀접한 상호작용을 하는 사람들의 집단을 의미한다. 주로 행정구역에 의한 지리적 기준에 의한 범위로 읍면동 단위와 시장권, 학교권과 같이 자연스럽게 형성된 지역집단이 여기에 해당된다. 즉, 공간에 기초를 둔 지역사회로 크기, 영역, 조밀도 등에 따라 다르며, 예로 아파트, 근린지역사회 등을 들 수 있다.

② 기능적 지역사회(functional community)

기능적 지역사회는 공간과 상관없이 특정한 공동의 관심과 기능을 공유하는 사람들의 집단을 의미한다. 앞서 살펴보았던 공동체와 퇴니스의 유형 중 이익집단과 같은 의미로 사용된다. 예를 들면, 사회복지학계, 재미한인공동체, 기독교계, 환경보호운동조직 등이 있다.

(3) 개인적 지역사회individual community

지리적 의미의 지역사회와 기능적 의미의 지역사회의 특성을 모두 포함하는 것으로, 개인이 자신의 관점에서 규정한 지역사회에 초점을 둔다. 개인의 참여와 관심의 정도에 따라 차이가 있고, 동시에 여러 지역사회에 속하게 되며, 지역사회에서 느끼는 소속감과 정체성은 각각 다르다(설진화, 2009).

(4) 가상 공동체virtual community

정보통신의 발달로 인해 나타난 지역사회로 컴퓨터에 의해 매개되는 공동체이다. 이는 사람들 간의 직접적인 만남보다는 컴퓨터를 통해 의사소통하며, 퇴니스의 유형 중에서 구분한다면 이익집단으로 볼 수 있다. 개인적 이해관계와 기능적 특성에 따라 형성되고, 일대일 관계가 가능하며, 직접적인 참여가 활발하고 비공식성이 공존하며, 일시적 특성이 매우 강하다는 특징이 있다(홍현미라 외, 2010).

3) 지역사회복지의 개념

사회복지사업법에 의하면 지역사회복지란 주민의 복지증진과 삶의 질 향상을 위하여 지역사회 차원에서 전개하는 사회복지를 말한다. 앞서 살펴본 지역사회에 대한 이해에서 지역사회복지를 설명한다면, 말 그대로 지역사회라고 하는 단위를 기준으로 실천되는 총체적 복지활동을 말한다. 즉, 지역사회의 모든 구성원들이 건강하고 행복하게 삶을 영위할 수 있도록 안녕상태를 유지하고, 지속시키는 모든 총체적인 활동이 지역사회복지라고 할 수 있다.

다음은 여러 학자들에 의해 정의된 지역사회복지에 대한 설명이다.

어대훈(2010)은 지역사회복지는 일반적으로 지역사회의 복지향상을 위한 포괄적인 제도적 개념으로, 전문 또는 비전문 인력이 지역사회 수준에 개입하여 지역사회에 존재하는 각종 제도에 영향을 주고, 지역사회의 문제를 예방하고 해결하고자 하는 일체의 사회적 노력이다.

이오카 벤(1982)은 지역사회복지란 지방 단위의 사회복지로서 지역사회 주민의 생활문제 대책의 일환으로 고용, 노동정책, 사회보장 및 일반 정책을 최종적으로 보완하는 활동이라고 정의하였으며, 송정부(1985)는 지역사회복지란 지역사회 주민의 생존을 위하여 공적·사적 기관이 협동하고 조직화하여 생활환경을 개선하는 사회적 시책 및 방법의 체계라고 정의하고 있다(김범수·신원우, 2009).

최일섭과 류진석(1997)은 지역사회복지란 전문 혹은 비전문 인력이 지역사회의 문제를 예방하고 해결하고자 하는 일체의 사회적 노력이라고 정의하였으며, 김영모(2001)는 지역사회조직을 지역사회 구성원의 공통된 욕구를 해결하기 위하여 지역사회가 지니고 있는 인적·물적·내적·외적 자원을 동원하여 조정하여 주는 과정으로 보았다. 또한 정무성(1997)은 지역사회복지를 지역사회에의 조직적이고 체계적인 개입을 통해 주민들의 삶의 질을 향상시키기 위한 사회복지적 지식과 기술을 활용하는 전문 실천방법으로 정의하였다. 이러한 정의를 토대로 박태영(2010)은 지역사회복지는 일정한 지역사회 내에서 주민의 생활문제를 사회복지사와 주민이 함께 공식적, 비공식적 자원을 활용·개발하여 해결하거나 예방하는 다양한 노력들이라고 정의하였다.

4) 지역사회복지의 원리

지역사회복지의 원리는 사회복지의 원리를 기본으로 하여 지역사회의 특성을 반영한 원리를 적용한다. 박태영(2010)이 제시하는 지역사회복지의 원리는 다음과 같다.

(1) 정상화

정상화는 특별한 장애나 욕구를 가진 사람이라고 해서 지역사회와 분리된 시설이나 병원 등에서 살아간다는 것은 인간다운 삶이 아니므로 가능한 한 일반인이 살아가는 보통의 삶과 유사한 생활을 살아갈 수 있도록 하는 것을 의미한다. 즉, 더불어 살아가는 지역사회의 모든 구성원은 어떠한 차별이나 제재 없이 동일한 복지 서비스를 받을 권리를 가지고 있다는 것이다.

(2) 주민참여

최근의 사회복지실천의 흐름은 공급자 중심에서 수요자 중심으로 변화하였으며, 소비자 개념의 선택권과 동시에 참여적 권리로써 주체적 인간에 대한 이해로 변화하였다. 이는 더 이상 서비스 수혜자로 지역주민을 바라보는 것이 아니라 주체적인 참여를 토대로 욕구를 적극적으로 표명하고 이를 공동으로 실천하여 성취하는 능동적인 인간상을 지역사회 구성원에게 요구한다는 것을 의미한다.

(3) 네트워크(연대, 협력)

사회의 변화는 더 이상 공급자 중심적 서비스 개발이 아니라 소비자, 수요자의 욕구에 기반을 둔 서비스 개발이 중심이 된다. 이는 제한된 자원의 한계성을 가지고 있는 지역사회에서 사회 서비스의 욕구는 더욱 크게 변화하고 발전할 것이기에, 이를 적절히 제공하고 삶의 질과 서비스 질의 만족도를 높이기 위해서는 유관기관과의 협력과 연대가 무엇보다도 중요하다는 것을 의미하는 것이다. 또한 서비스 공급자만 네트워크가 필요한 것이 아니라 이용자의 조직화, 서비스 관계자의 조직화, 관련 기관의 연계 등 다양한 네트워크를 통하여 지역사회의 서비스 공급체계와 이용체계를 효과적·효율적으로 만들어 가야 한다는 것이다.

5) 지역사회복지의 원칙

지역사회복지의 원리를 토대로 한 지역사회복지의 원칙은 다음과 같다(어대훈, 2010).

(1) 지역사회의 자주성 중시의 원칙

지역사회의 목적 설정이나 활동에 대한 누군가의 통제나 억압 없이 지역사회 주민의 자주적인 참여와 협력이 지역사회복지 실현의 기반이 될 수 있다.

(2) 과정 지향의 원칙

결과에 집착하기보다 지역주민의 자발적인 참여와 그들의 협력과정이 자연적으로 이어질 수 있도록 기다린다. 이러한 절차와 방법에 대한 협의의 시간 등 과정의 변화상황을 스스로 체험할 수 있도록 하는 것이 중요하다.

(3) 조정의 원칙

지역사회 문제해결과정에서 주민 간의 마찰과 대립 등의 갈등 상황을 주민 간의 상호작용 방법에 따라 조정하며, 이를 해결하는 것이 중요하다.

(4) 합의의 원칙

일방적이거나 소수자에 의해 결정되는 목적이 아니라 지역사회의 문제해결이나 목표 달성을 위해 전 주민의 의견을 모아 합의하고 일치시키는 전술이 사용되어야 한다.

(5) 능력부여자로서의 역할의 원칙

사회복지사의 역할 중 능력부여자로서의 역할을 중시한다. 즉, 지역사회 주민에게 일정한 역할과 책임을 제공하고, 이를 해결할 수 있는 힘이 있음을 보여주고 이를 달성할 수 있도록 지원하는 역할을 통해 주민의 역량을 강화시킨다.

02 지역사회복지의 실천기술의 이해

지역사회복지실천과정은 다양한 상황적 변화에 적절히 대처하며, 지역사회 주민들과의 관계를 증진하는 등 사회복지사에게 전문가로서의 역할을 요구한다. 여기에서는 가장 중요하게 다루어지는 지역사회복지실천기술을 제시하여 사회복지실천전문가의 역량 강화에 도움을 주고자 한다.

1) 옹호advocacy기술

옹호는 지역사회의 클라이언트나 지역사회 주민이 부당한 처우나 서비스를 받을 경우 그들의 이익을 대변하는 모든 활동을 말하며, 표적집단에 대한 강력한 영향력이나 압력을 행사하는 것을 포함하는 개념으로 설득, 대표행위(representation) 등이 핵심 기술이다(설진화, 2009).

옹호기술은 지역사회 주민들이 정당한 처우나 권리를 행사하지 못할 때 이들에 대한 정당하고 명확한 대변인 역할을 통해 인간의 존엄성과 기본권을 실현하는 역할을 수행한다.

사회복지사가 효과적인 옹호활동을 하기 위해서는 다음과 같은 원칙을 가져야 한다(김종일, 2004: 163-164).

첫째, 옹호 활동은 합리적 수준을 유지하는 것이 좋다. 즉, 클라이언트의 수준에 맞아야 한다는 것이다.

둘째, 가능하면 팀워크(teamwork)에 의존한다. 개별적인 옹호 활동이 더 좋은 결과를 가져올 때도 있지만, 집단적인 옹호 활동은 동원 가능한 자원이나 다양한 전술을 활용할 수 있다는 점에서 유리한 점이 많다.

셋째, 옹호 활동은 종종 적극적이고 단호한 태도를 요구하기도 한다. 옹호 활동의 상대가 되는 기득권을 가진 조직 혹은 개인을 대상으로 타협하거나 양보하는 태도를 취하기 쉽다. 하지만 클라이언트의 이익을 지속적으로 알리고 상대방의 변화를 유도하기 위해서는 적극적인 태도를 견지해야 한다.

넷째, 유연성을 강점으로 인식할 필요가 있다. 단호한 태도가 요구된다고 해서 모든 일에 경직된 태도를 유지해야 하는 것은 아니다.

2) 임파워먼트empowerment기술

임파워먼트는 지역사회의 억압이나 불합리한 구조에 맞서 지역사회 또는 주민들의 복지를 증진하기 위한 과정에 직접적으로 요구할 수 있고, 대처할 수 있는 힘을 키우는 것을 의미한다.

임파워먼트의 기술은 다음의 두 가지로 설명할 수 있다. 첫째, 지역사회 또는 지역사회 주민이 처해있는 어려움의 해결방법은 치료가 아니라 그들이 원하는 것을 얻을 수 있는 능력, 타인의 사고, 느낌, 행동에 영향을 미칠 수 있는 능력, 자원배분에 영향을 미칠 수 있는 능력 등을 뜻하는 파워를 가짐으로써 가능하다는 것이다. 둘째, 클라이언트들이 파워를 가질 수 있는 충분한 잠재 능력과 강점이 있다고 보고 지역주민이나 자기가 속한 지역사회를 긍정적으로 바라보는 시간을 가지도록 하는 것을 말한다(Rubin & Rubin, 2001; 설진화, 2009: 242 재인용).

지역사회의 임파워먼트를 높이기 위한 구체적인 기술 및 방법은 다음과 같다(Rubin & Rubin, 2001; 김종일, 2004: 170-171 재인용).

- 의식제고(consciousness raising)
  무력감을 느끼는 개인들을 한데 모아 문제의 원인이 자신들에게 있는 것이 아니라는 점을 알게 한다. 이러한 과정을 통하여 자신들을 억압하는 사회구조에 대해 비판적 의식을 갖추게 한다.
- 자기주장(self-assertion)
  문제의 원인과 소재를 파악한 다음에는 공개적으로 자기의 목소리를 내어 자신의 주장을 전개해 나가는 것이 중요하다. 사회복지사는 이들이 공개적으로 자신의 주장을 전개하는 것에 대해 두려움을 갖거나 위축되지 않도록 도와준다.
- 공공의제의 틀을 갖추기(framing the agenda)
  쟁점이 공공의제가 될 수 있도록 쟁점을 정리하고 대중의 관심을 확보할 수 있도록 의제화한다. 이 과정에서 시위나 대중매체 캠페인은 대중들의 관심을 유도할 수 있는 좋은 수단이 된다.
- 권력 키우기(building power)
  자원동원과 조직화를 통해 주민들의 권력을 키우는 과정이다. 사람의 수, 열정, 법적 행동, 전문성, 힘의 위협 등은 중요한 힘의 원천이 된다.
- 역량건설(capacity building)
  클라이언트의 역량을 강화하기 위한 조직 설립과 자신들의 주장을 효과적으로 표명하기 위한 캠페인 전개과정 등을 포함한다. 이를 통해 목표완수라는 성공을 이루고 무력감을 극복하도록 한다.

• 사회자본의 창출(creating social capital)

사회자본은 지역사회 구성원의 사회적 관계에 바탕을 둔 자원으로서 물리적 자본과는 상대적 개념이다. 이러한 사회자본은 구성원 간의 협력과 연대감을 높이는 데 기여한다.

3) 조직화organizing기술

조직화기술은 지역사회복지실천에서 가장 기본적이고 핵심적인 기술이다. 지역사회 전체 또는 일부 집단을 하나의 역동적인 실체(unity)로 만들어 가는 과정에서 활용되는 기술이다. 조직화는 대인관계의 기술이 중요하며, 다른 사람이 말하는 것을 이해하고 중요한 쟁점을 파악하는 능력을 가져야 한다(오정수 · 류진석, 2010). 즉, 조직화는 지역사회가 처한 상황과 해결 방향에 따라 목표를 세우고 합당한 주민을 선정하여 모임을 만들고, 이 조직이 지역사회의 욕구나 문제를 해결해 나가도록 돕는 것을 말한다. 다시 말해 지역사회복지 조직화는 클라이언트(체계)의 문제를 해결하기 위해 필요로 하는 인력이나 서비스를 규합하고, 나아가 조직의 목표를 성취하도록 합당하게 운영해 나가는 과정이다(최옥채, 1999).

조직화의 과정은 지역사회 내 문제나 어려움을 가진 집단들과 좋은 관계를 형성하는 것에서부터 시작한다. 시작 단계는 사람들과 환경에 대한 사정, 계획 수립하기, 주민 접촉하기, 관계 형성하기, 조직의 존재 알리기, 협력의 토대 만들기 등의 과업이 요구된다. 이와 더불어 준비 단계가 이루어진 이후 조직화 단계는 주민들 간의 활발한 상호작용을 강화하고 구체적인 과업들을 마련하여 실천적으로 조직구성원들이 주도적으로 문제 해결에 참여하는 역할을 수행하도록 강조된다. 이러한 실천 활동이 가능하도록 하기 위해 사회복지사는 창조적인 분위기를 조성하고, 집단의 목적과 목표, 역할과 기능 등을 구체화하는 작업을 통해 집단을 발전시켜 나가며, 구성원들의 역량을 강화하는 등 실천기술이 적절하게 수행되어야 한다(홍현미라 외, 2010).

따라서 조직화의 과정은 구성원 간의 갈등 상황을 적절히 파악하고 이를 중재할 수 있어야 하며, 누구나 자신의 목소리로 자신의 의견을 전달할 수 있는 개방적인 의사소통 구조를 마련해야 하며, 구성원들의 생각을 이해하기 위해서 그들을 방문하고 그들과 이야기하며, 모임을 주선하여 생각을 모으고 나누는 등 신뢰 있는 관계를 형성하는 데 신중해야 한다.

조직화의 단계는 크게 준비 단계, 계획화 단계, 조직화 단계, 지역 활동 및 복지운동 단계, 평가 및 과제전환 단계 등 다섯 단계로 구분해 볼 수 있다(서울복지재단, 2005).

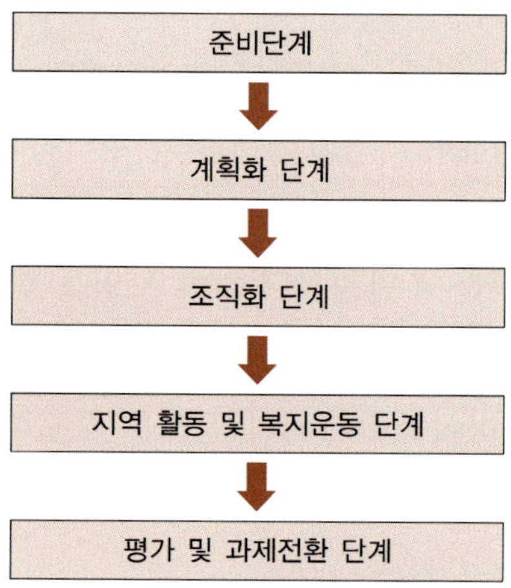

| 그림 11-2 | 조직화 단계

(1) 준비 단계

조직화사업을 전개하기 위한 준비 작업으로 자원 확보 방안과 직원의 역할분담을 구상한다. 조직화사업의 전담팀에서는 조직화사업의 전체적인 밑그림을 그리고 인적 자원과 물적 자원의 필요량을 정확히 파악한다. 또한 지역의 범주를 규정하고 이를 토대로 활용가능한 자원의 탐색, 기관 전체의 관심과 참여를 유도하는 등의 기획 작업이 필요하다.

(2) 계획화 단계

조직화를 이루기 위한 전 단계로 주로 지역사회 및 주민욕구 사정, 지역사회 자원사정, 프로그램 개발과 평가계획 등의 사업이 이루어진다.

지역사회에 대한 사정은 지역사회의 인구학적 특성과 기존 주민조직의 분포 정도와 성격 등을 사정하게 되며, 주민욕구에 대한 사정 방법은 일반적 욕구조사 방식과 함께 특정 복지욕구를 구체적으로 파악하기 위한 조사 방식을 병행 사용한다.

자원사정은 인적, 물적 자원을 파악하는 것으로, 인적 자원은 지역토착지도자, 사회복지기관 이용 소집단 지도자, 공공조직 지도자 등을 접촉하여 파악하며, 물적 자원은 공공시설과 민간 주요 단체들과 접촉하여 시설의 공간과 위치, 규모, 활용가능 프로그램 등을 꼼꼼하게 살펴보아야 한다.

프로그램 개발과 평가계획은 조직화의 과정 및 과업 목표를 완수하기 위하여 지역사회 자원을 효과적이고 효율적으로 활용하여 프로그램이나 서비스를 개발하고 그 성과를 측정하기 위한 계획을 말한다.

(3) 조직화 단계

계획화 단계에서 설계된 내용을 기초로 모집, 정서강화형 소집단 구성, 문제해결형 소집단 구성 등이 전개된다.

모집은 접촉, 자원봉사자 모집, 이슈화 그리고 홍보 등 다양한 전략을 사용한다.

정서강화형 소집단 구성은 지역 대표자를 중심으로 구성원 간의 관계형성, 동기화, 의식화 사업을 추진하며, 이는 구성원 간의 정서적 결속을 중시하면서 주민의 참여를 강조하고 지역사회에 대한 이해를 토대로 자신들의 의견을 개진하도록 한다.

문제해결형 소집단 구성은 정서강화형 소집단 구성의 발달 단계에서 발전한 것으로, 조직구조화, 리더십교육, 계획 수정 작업이 포함된다. 조직구조화과정은 조직의 리더를 구성하는 일이 중요하며, 리더십교육은 자질과 역량을 갖추도록 지속적으로 교육하거나 체험 활동에 참여케 하는 것이며, 계획수정은 기존의 계획을 지역대표자들의 의견이 충분히 반영될 수 있도록 논의를 통해 조정하는 것을 의미한다.

(4) 지역 활동 및 복지운동 단계

조직화 단계의 개입활동을 의미하는 것으로, 지역 활동은 주민 역량강화 과정에서 주민들이 주체적 합의에 의해 전개되는 활동을 말한다. 복지운동은 제도적 불합리의 개선 활동, 약자에 대한 옹호 활동, 주민계몽 활동 등을 포함한다.

지역 활동은 민주적 의사결정을 가지며 주민들의 합의에 의한 주민자치적인 활동으로 주민역량 강화, 민주적 합의과정, 주민자치 활동 등의 내용을 구성하며, 복지운동은 주민복리의 불합리성을 전체 지역주민에게 알리고 이를 개선하기 위해 힘을 규합하여 전개하는 일체의 주민운동을 의미한다.

(5) 평가 및 과제전환 단계

지역사회조직사업에 대한 평가 및 사업 종결과 관련한 제반 활동으로, 지역사회조직사업의 평가는 양적 및 질적 방법으로 효과성과 효율성을 객관적이고 체계적으로 분석해야 한다. 아울러 과제전환 단계는 사업의 종료, 새로운 사업 전환, 조직의 역량강화 등의 내용이 포함된다. 사업의 종료는 문제해결, 사업 중단 등에 의해 실행되며, 과제전환 절차는 새로운 과제 찾기, 실현 가능성 검토, 새로운 과제선정 및 기획 등의 절차를 통해 지역사회의 새로운 사업으로 조직의 과업이 전환되는 것을 의미한다. 마지막으로 조직의 역량강화는 독립된 조직운영을 의미하는 것으로, 사회복지사 및 사회복지조직과 유기적인 연계를 가지면서 지역주민에 의해 독자적인 운영기준과 규칙을 통해 독립적인 조직운영을 지속화하는 노력을 의미한다.

4) 연계network linkage 기술

연계는 서비스의 중복을 방지하고 자원을 효율적으로 관리하기 위하여 정기적인 모임 및 회의를 통하여 서비스 계획을 공동으로 수립한 후 개별 기관들이 각각 서비스를 제공하는 것으로, 개별 기관의 정체성은 유지하되 서비스 제공에 있어서 팀 접근을 시도를 말한다(박태영, 2003: 210). 즉, 연계 기술은 지역사회 또는 지역주민이 필요한 자원이나 서비스와 연결하도록 돕는 것을 말한다. 이는 지역사회의 유용한 자원에 대한 정보를 모르거나 이를 적절히 활용할 수 없는 지역주민에게 적절한 서비스를 제공하거나, 권리를 확보할 수 있도록 하는 데 유용하다.

사회적 연계망은 개인 간의 접촉 통로 또는 연결망으로서 교회, 부모-교사회, 동료, 이웃 등 다양한 조직과 관련이 있다. 이는 지역사회 활동을 통해 다양한 지역사회 조직과 관계하는 것으로 사회복지사는 지역 내 주민 조직화과정을 수행하면서 조직체와의 유기적인 연계를 확대할 수 있게 된다. 서비스의 중복을 방지하고 자원을 효율적으로 관리하기 위하여 정기적으로 모임 및 회의를 가지는 것도 연계의 또 다른 긍정적 측면으로 중요하다.

연계기술을 활용할 때 다음과 같은 원칙을 유의하여 사용할 필요가 있다(김범수, 2010: 172).

첫째, 사회복지사는 개입하고자 하는 사례의 특성에 합당한 연계의 목표를 분명히 설정해야 한다. 사회복지사 자신의 의욕을 앞세우기보다는 자신의 능력과 자원을 정확히 인지하여 클라이언트에게 필요한 연계를 구축하도록 노력해야 한다.

둘째, 사회복지사는 연계체계의 원활한 구축과 활용을 위해 평소 특정 주요 인물, 기관, 조직과 긴밀한 관계를 형성하고 있어야 한다. 특히 연계는 참여하고 있는 구성원 간의 상호 신뢰가 관건이기 때문에 상호 교류와 화합이 잘 이루어지도록 해야 한다.

셋째, 사회복지사는 구성원들이 연계체계가 추구하는 목표에 따른 역할과 책임을 완수하도록 유도해야 한다. 또한 자발적이고 적극적인 참여를 호소할 수 있는 명분이 있어야 한다.

넷째, 사회복지사는 연계체계의 목표, 자원, 구성원들의 특성에 따라 융통성을 발휘해야 한다.

다섯째, 사회복지사는 기존 연계체계를 다른 사회복지사와 서로 주고받아 활용할 수 있어야 한다.

5) 자원개발과 동원resource mobilization기술

자원 동원의 기술은 지역사회 내 문제해결을 위해 현존하는 자원으로 불충분하여 자원을 확보하는 기술을 의미한다. 자원을 크게 인적 자원과 물적 자원으로 분류하여 볼 때 인적 자원의 개발과 동원의 방법은 기존에 존재하는 집단이나 조직체를 활용하는 방법과 다수의 개인으로 하여금 직접적인 참여를 촉진하는 방법, 개인으로 구성된 사회적 네트워크를 활용하는 방법(Rubin & Rubin, 2001; 오정수 · 류진석, 2010: 163 재인용)이 있으며, 물적 자원을 개발하는 방법으로는 마케팅 전략을 통한 보다 전문적이고 구체적인 실천기법이 활용되고 있다.

(1) 인적 자원개발과 동원의 방법

기존 집단이나 조직체를 활용하는 방법으로는 지역사회 내 종교기관, 기업체, 시민사회단체, 문화단체, 자원봉사조직 등 이들 단체를 대상으로 특정한 사회적 쟁점에 동참하도록 요청해야 한다. 다수의 개인을 대상으로 하는 참여의 촉진기술은 개인과 직접 만남을 통해, 우편물을 통해, 가정방문 및 대화 등의 방식으로 참여를 설득하는 것을 말한다. 또한 네트워크를 통한 자원동원은 직장, 혈연, 기타 사회적 활동을 통하여 알고 있는 사람들의 연대를 활용하는 것으로, 자신이 속한 조직의 구성원으로서 관심을 갖고 있는 문제에 대해 행동을 취할 수 있도록 생각을 공유하고, 참여의 의사가 있는 구성원에게 참여를 촉진하는 메시지를 전달함으로써 자원 동원이 이루어질 수 있게 한다.

(2) 물적 자원의 개발과 동원을 위한 기술

모금 및 후원 활동은 전문적인 마케팅 기법을 통해 이루어지는데, 전략적인 계획, 시장조사, 욕구분석, 목표설정 등의 과정을 거치며, 홍보를 통해 기관을 적극적으로 알리고 신뢰성을 높임으로써 필요한 자원을 확보할 수 있게 된다. 대표적인 모금 및 후원방법은 DM(Direct Mail), 이벤트를 통한 모금, 미디어 모금, 전화모금, 컴퓨터 통신, 기업의 CRM(Cause-Related Marketing)을 통한 모금 등이 있다. 아울러 사업제안서 작성은 구체적인 욕구와 문제 상황 제시, 표적 집단과 클라이언트에 대한 명확한 구분, 욕구해결을 위한 계획적인 사업 추진과정과 내용, 인적 자원의 효과적인 역할분담, 안정적이고 투명한 재정운영, 효과적이고 효율적인 평가기준과 객관적인 결과예측 등이 가능한 평가도구 등이 구체적이고 명료하게 제시될 수 있도록 작성되어야 한다. 이를 위한 문제의식 과정과 끊임없는 글쓰기 노력이 중요하다.

03 지역사회대상 사회복지실천모델과 개입과정

1) 지역사회복지실천모델의 유형

지역사회복지실천모델은 여러 학자에 의해 설명되고 있으나 지역사회복지실천모델을 체계화한 학자는 로스만이라고 할 수 있다. 로스만은 지역사회복지실천의 방식을 세 가지로 설명하고 있으며, 이 모델을 토대로 이후 여러 학자들에 의해 다양한 방식으로 새로운 접근과 모색이 이어져 왔다.

여기에서는 로스만의 모델과 웨일과 갬블의 여덟 가지 모델을 대표적인 실천모델로 제시하고자 한다.

(1) 로스만Rothman의 세 가지 모델

로스만(1995)은 지역복지 활동을 단일한 형태로 보지 않고 지역사회개발, 사회계획(정책), 사회행동으로 구분하였다. 가장 전형적인 지역사회복지실천모델로 알려져 있는 로스만의 실천모델은 다음과 같다(김범수 · 신원우, 2009).

① 지역사회개발(locality development)모델

지역사회개발모델은 지역사회의 변화를 위해 지역사회에 거주하는 주민들이 목표를 설정하여 개개인의 능력을 개발함으로써 지역사회 변화의 주체로서 실천행동에 참여한다는 것을 전제로 한 가장 전형적인 지역사회복지실천모델이다.

주민들의 자조정신을 토대로 지역 문제를 주민들 스스로 해결할 수 있는 능력을 강화하는 데 역점을 두며, 주민들의 광범위한 참여 속에서 지역사회의 문제를 해결하는 데 주안점이 있다.

이 모델에서 사회복지사의 역할은 조력자, 조정자, 문제해결기술 훈련자의 역할을 담당하게 되며, 특히 지도력 개발, 상호부조, 지역성에 바탕을 둔 지역사회 연구 및 문제해결을 강조한다. 이 모델은 시민참여와 교육과정을 매우 중요하게 실천하며, 지역사회가 당면한 문제를 토론과정을 통해 정하고 과정중심의 목표를 통해 주민 자발적인 민주적 절차와 협동, 지도자 개발과 교육을 통해 해결하려는 노력을 실천한다.

대표적인 예로는 주민조직화사업, 자원봉사조직, 성인교육 및 리더십 훈련 등이 있다.

② 사회계획(social planning) · 정책(policy)모델

사회계획 · 정책모델은 지역사회가 안고 있는 문제를 합리적인 계획 수립과 그 계획에 의한 변화를 통해 사회문제를 해결하고자 한다. 즉, 주택, 교통, 환경, 교육, 빈곤, 돌봄, 비행 등과 같은 개인적이라기보다는 정책적인 제도 변화를 통해 해결해야 하는 과제들에 대해 주로 활용되며, 이를 위해서는 입법과 정책제도 건의와 객관적인 근거 제시와 강력한 추진력 등이 요구된다. 따라서 지역사회 주민 참여의 정도는 문제의 성격에 따라, 문제와 관련된 기관들에 따라 광범위할 수도 있고 그러하지 않을 수도 있다.

복잡하고 변화가 빠른 현대사회에서 계획 및 정책의 수립이라는 것은 거대하고 개별화된 기관들을 효율적으로 움직일 수 있도록 전문가로서의 역할을 강조하게 된다. 즉, 전문가로서 사회복지사의 역할은 지역사회 욕구조사 및 분석, 사업의 촉진, 기획 등을 중심으로 중요하게 추진되며, 이를 위해서는 필요한 문자와 서비스가 제대로 제공될 수 있도록 제반 시스템의 구축에 집중된다.

사회계획·정책모델의 주요 예로는 공동모금기관이나 지역사회복지협의체에서 추진하는 지역복지계획과 각종 지역단위의 복지정책과 중장기 발전 방향에 따른 정책사업 등이다.

③ 사회행동(social action)모델

사회행동모델은 지역사회가 불평등하다는 갈등론적 시각에서 접근하는 것으로 자원과 권력이 편중되고 소외 및 배제 현상 등의 불합리한 사회문제를 해결하기 위해 지역사회 주민들이 근본적인 변화를 위해 적극적이고 능동적으로 참여하는 모델이다. 이는 박탈당하고 희생당하고 있는 불우계층의 복지를 증진시키기 위해 사회정의와 정치적 공평성의 입장에서 보다 나은 서비스를 받을 수 있도록 주민들이 주체적으로 요구하도록 지원하는 활동을 말한다.

표 11-1 로스만의 지역사회복지실천모델

구분	지역사회개발	사회계획/정책	사회행동
1. 목표	자조, 지역사회 활동 능력 배양, 과정목표	지역사회의 기본적인 문제 해결, 과업목표	권력관계의 변화, 자원의 이동, 과업 또는 과정목표
2. 지역사회 구조와 문제 상황에 관한 전제	사회적 관계와 민주적 문제 해결 능력의 결여, 정태적이고 전통적인 지역사회	지역사회의 여러 문제 산재 정신 및 신체상의 건강, 주택, 여가활동 등	사회적 고통을 당하고 있는 주민, 사회의 부정, 박탈, 불평등
3. 기본 변화 전략	함께 모여서 이야기 해보자, 광범위한 사람들의 참여	진상 파악을 위한 조치, 문제에 대한 사실수집과 합리적인 행동조치 결정	쟁점사항을 구체화, 대항표적에 조치할 사람들을 동원
4. 변화전술 및 기법의 성격	합의, 지역사회 여러 집단 간의 상호교류, 집단토의	합의 혹은 갈등	갈등, 대결, 직접적인 행동, 협상
5. 실천가 주요 역할	조력자, 문제해결 기술과 윤리적 가치에 대한 교육자	사실 수집가와 분석가, 기획가	행동적 옹호자, 선동가, 중개자, 협상자
6. 변화 매개체(수단)	과업지향의 소집단들의 조직과 지도	공식적인 조직과 객관적인 자료 활용	대중조직과 정치과정의 활용
7. 권력구조에 대한 견해	권력구조의 구성원은 공동사업을 해나가는 협력자	권력구조는 고용주와 후원자	권력구조는 활동 외부에 있는 표적, 압제자
8. 대상자 범위	전체 지역사회	지역사회 전체 또는 일부	지역사회 일부(억압받는 대상, 문제)
9. 지역사회 구성원의 이해관계에 대한 가정	공통되는 이해 혹은 조정 가능한 차이로 봄	조정 가능하거나 혹은 갈등 상황으로 봄	쉽게 조정될 수 없는 갈등상황으로 봄(자원의 희소성)
10. 대상자 집단에 관한 견해	시민, 주민(상당한 잠재력을 가진 존재)	소비자, 사회계획에서 나온 프로그램, 서비스의 이용자	희생자
11. 대상자의 역할	상호작용의 문제해결과정에 대한 참가자	소비자 혹은 수혜자	동료, 피고용인, 유권자
12. 임파워먼트 방법	협동적이고 능숙한 의사결정을 내릴 수 있는 능력 구축: 주민의 개인역량 강화	소비자들의 서비스 욕구 규명: 자신들의 서비스 선택 사항을 알려줌	수익자를 위한 실재적 권력 획득: 참여자의 역량 증진

출처: Rothman, J.(1995); 김범수·신원우(2009), pp.109-110 재인용.

사회행동모델에서 사회복지사의 역할은 권력과 자원, 지역사회정책 등의 결정과정에 재분배를 촉구하며, 공공기관의 기본 정책에 대한 근본적인 변화를 위해 노력한다. 따라서 조정자, 중재자, 대변자, 지지자, 권유자 등의 역할을 수행하게 된다.

주요 활동의 예로는 여성해방운동, 소비자보호운동, 노동조합운동, 환경보호운동, 복지권운동 등이 있으며, 항의나 시위, 협상 등을 문제해결의 수단으로 사용한다.

(2) 웨일과 갬블Weil & Gamble의 여덟 가지 모델

웨일과 갬블은 목표, 변화표적 체계, 일차적 구성원, 관심 영역, 사회복지사의 역할 등을 중심으로 지역사회실천모델을 여덟 가지 유형으로 구분하였다(Gamble & Weil, 2008; 김범수 · 신원우, 2009; 홍현미라 외, 2010: 98-108).

① 근린지역사회조직(Neighborhood and Community Organizing)

지역사회 내 가까운 지리적 지역사회에 초점을 두는 것으로 동네, 마을과 같다. 지역주민들의 능력 개발과 지역사회의 삶의 질 향상이라는 두 가지 목적을 달성하기 위해 지역주민들이 조직원으로서 지역사회의 문제에 적극적으로 참여토록 함으로써 문제 분석과 계획, 조직화, 리더십 발휘 등으로 주민들의 능력을 개발시킨다.

이 모델에서 사회복지사는 조직가, 촉진자, 교육자, 코치, 훈련자의 역할을 수행하며, 조직화과정에서 직접 주민들과 일하게 되며, 리더의 개발과 옹호 활동, 집단과정 촉진, 대화, 민주적 참여원칙, 임파워먼트, 사회적 자본, 협력 등의 개념을 중시한다.

② 기능적 지역사회조직(Functional Community Organizing)

기능적 지역사회는 특정한 목적, 즉 공통의 관심사를 가지고 있는 지역사회조직을 의미한다. 즉, 장애인 학부모 모임, 아동 성폭력 근절을 위한 모임, 홈리스 등과 같은 조직으로 공통적으로 사회정의와 관련이 있다. 조직이 선택한 이슈와 관련한 목표를 성취하기 위해 사회적 태도와 행동 등에 변화를 꾀하고, 이를 옹호함과 동시에 정책과 서비스의 발전을 이루고자 한다.

이 모델에서 사회복지사의 역할은 조직원을 충원하고 문제 정의, 전략과 전술 결정에 기여하도록 옹호하고 촉진하는 것에 있다. 또한 선택한 이슈에 대한 교육, 내부 능력 증진, 리더십 개발을 꾀하며 이해 당사자의 견해를 대변하기 위해 특정 이슈와 관련된 사회정의, 인권에 대한 깊이 있는 이해가 필요하다.

③ **지역사회의 사회경제적 개발**(Community Social and Economic Development)

이 모델은 저소득층과 불이익을 받는 대상의 사회복지 서비스에 대한 효과성을 높이기 위해서는 사회경제적인 발전이 이루어져야 한다는 것으로, 저소득층 및 불이익을 받는 지역사회 주민의 삶의 질 향상에 목적이 있다. 지역주민의 입장에서 발전 계획을 수립하고 시민들이 투자된 사회경제적 자원, 내외부적인 자원을 이용 가능하도록 지역주민과 조직의 능력을 강화하는 것에 초점을 둔다.

이 모델에서 사회복지사의 역할은 협상가, 중개자, 증진자, 계획가, 교육자 역할을 한다. 이를 위해서는 조사 및 욕구사정기술, 조직화 및 리더십 개발기술 등이 요구되며, 계획, 관리, 협상의 기술도 필요하다. 또한 인간발전 내용, 생계, 상호학습기회 제공, 네트워킹 등의 개념을 중시하고 충분히 이해해야 한다.

이 모델의 일차적 구성원은 저소득층, 불이익집단이며 변화를 위한 표적체계는 지역사회 발전에 투자할 정부, 은행, 기부자, 외부개발자 등과 같은 자원보유자이다. 이에 지역사회의 개발과 경제적 발전을 위해서는 투자를 유치하고 설득하여 지역의 낙후성을 극복하도록 요구하는 한편, 지역주민들이 이를 이해하고 능력을 개발하여 적극적으로 실천과정에 참여하도록 역량을 강화하는 두 가지의 노력이 동시에 필요하다.

④ **프로그램 개발과 지역사회 연결**(Program Development and Community Liaison)

이 모델의 주요 관심은 특정 인구집단이나 지리적 영역 내에서의 서비스 개발이다. 이는 서비스가 충분하지 않은 대상들에게 기관이나 조직을 연결하는 것은 서비스의 확장을 가져올 수 있다고 보는 것에서 지역사회조직 간 연계는 프로그램 개발을 위해 매우 중요하다. 또한 지역과 서비스 프로그램 간의 상호작용을 통해 프로그램 개발에 효과를 높이게 되며, 이는 주민들에게 필요하다고 평가된 서비스를 증진하고, 지역사회 프로그램의 효과성을 높이기 위해 기관 프로그램의 확장 또는 방향 전환도 중요한 목적이 된다.

이 모델은 거리의 아이들, 10대 노숙자, 에이즈환자와 그들 가족 그리고 식품안전 등과 같은 심오한 사회문제들에 주로 적용되는데, 이 모델에서 기본 구성원은 변화와 프로그램 개발과정에 관여한 기관위원회와 지역사회 대표들이다.

이 모델을 적용하기 위해서 사회복지사는 지역사정, 지역사회에 기반을 둔 참여조사, 조직발전, 자원개발과 같은 개념에 대한 이해가 중요하다. 사회복지사의 주요 역할은 계획가, 기획가, 대변자, 중개자 그리고 집단구성원들과 외부 지원자들과의 상호작용과정을 촉진하는 촉진자이다.

⑤ **사회계획**(Social Planning)

사회계획모델은 휴먼 서비스, 사회계획 그리고 서비스 통합이 합리적으로 이루어지도록 서비스에 필요한 자원을 결정하고 자원의 이용이 용이하도록 하는 것에 있다. 사회계획은 특정 지역이나 사회문제에 대해 전문적인 사회복지 서비스와 사회정책의 개발, 네트워크계획, 사회적 욕구를 공공 영역의 지역계획에 반영시키는 것으로, 개별 기관이나 서비스 기관 협의회, 지역서비스위원회 등에서 주로 활용한다.

이 모델의 기본구성원은 공무원, 사회 기관의 지도자들, 연합조직이며, 계획과정에 소비자나 지역사회 참여를 강조하여 그 과정을 개방하기도 한다. 사회복지사의 역할은 계획가의 역할로 조사, 욕구사정, 평가, 계획서 작성, 분석에 대한 전문기술 등이 필요하다. 또한 다양한 개인, 집단들과의 접촉이 이루어지는 특성상 의사소통기술, 관리기술 등이 필요하다.

⑥ **연합**(Coalitions)

연합은 말 그대로 독립된 조직들 간의 연대를 의미하는 것으로, 공동의 목표를 달성하기 위해 함께 일하도록 만드는 것이다. 이 과정은 장기적 또는 일시적으로 만들어지기도 하는데, 분리되어 있는 집단이나 조직들이 사회변화에 집합적으로 함께 일하도록 하는 것이다.

연합은 여러 조직의 참여로 이루어지기 때문에 조직 간의 관계와 각 조직이 가지고 있는 자원과 능력 그리고 각자의 기여 등이 주요하게 고려되어야 한다. 조직들이 지지하는 구체적인 이슈에 따라 모이게 되는데, 예를 들어 아동옹호, 고령자들을 위한 사회적 프로그램, 환경적으로 안전한 경제정책, 가족중심적인 지원과 법제화를 위한 로비 활동 등이 그것이다.

이 모델에서 사회복지사는 연합에서의 지도자와 대변인의 역할로 연합의 초점을 유지하며, 균형을 이루기 위해 중개와 협상기술이 필요하다. 또한 리더십 개발, 협상, 조직 간 관계, 사회운동, 협력, 임파워먼트와 같은 개념에 대한 이해도 선행되어야 한다.

표 11-2 웨일과 갬블의 지역사회실천모델

모델	추구하는 목표	변화의 표적체계	일차적 구성원	관심 영역	사회복지사의 역할
근린지역 사회조직	조직화를 위한 구성원의 능력 개발	지자체, 지방정부, 지역 리더십	지역사회 주민, 지역마을	지역주민의 삶의 질 증진, 능력향상	조직가, 촉진자, 교육자
기능적 지역 사회조직	행동변화와 태도에 초점, 사회정의	일반대중, 정부기관	지방, 국가, 세계	특정 대상, 이슈 옹호	조직가, 옹호자, 촉진자
지역사회의 사회경제적 개발	지역주민 관점의 개발 계획	은행, 재단, 외부개발자	저소득계층, 불이익계층	소득, 자원, 사회적 지원, 기본교육증진	협상가, 증진자, 교사, 계획가
프로그램 개발과 지역사회 연결	기관 프로그램의 확대와 수정	프로그램의 재정충원자, 자원봉사자	기관위원회, 행정가, 지역대표자	특정 대상을 위한 서비스 개발	대변인, 계획가, 프로포절 제안자
사회계획	지역사회 단위의 계획 행동	지역사회 지도자, 지도자의 관점	지역사회집단, 공무원, 기관 간의 조직	지역사회 차원의 계획, 휴먼 서비스 연계	조사자, 프로포절 제안자, 관리자
연합	다조직적인 권력기반 형성	선출된 공무원, 재단, 정부기관	특정 이슈에 관계있는 조직과 시민	사회적 욕구와 관련된 특정 이슈	중개자, 협상가, 대변인
정치사회적 행동	사회정의를 위한 행동	선거권자, 선출된 공무원	특정 정치적 권한 내에 있는 시민	정치적 행동에서 참여 형성	옹호자, 조직가, 조사자, 조정자
진보적 변화를 위한 사회운동	사회경제 환경적 정의를 위한 행동	일반대중	새로운 변화를 이끌 조직과 시민, 지도자	사회적, 경제적, 환경적 정의	옹호자, 촉진자

출처: Gamble, D. N., & Weil, M.(2008). Community: Practice Interventions. in Encyclopedia of Social Work(20th ed.), pp.357-358; 홍현미라 외 공역(2010), pp.107-108 재인용.

⑦ 정치사회적 행동(Political and Social Action)

이 모델은 기회가 무산된 배제된 사람들의 힘의 균형을 찾기 위해 제한된 기회의 불평등과 지역사회 욕구를 무시하는 정책 결정권자들에게 도전하고, 부정의한 상황을 변화시키기 위해 기술과 믿음을 통해 사람들을 임파워먼트 시키는 데 주력한다. 부정의한 사회규정에 대한 폭로와 조사, 억압적인 정책이나 제도에 대한 인식개선 캠페인, 옹호, 집단 소송 등의 활동을 벌인다.

이 모델에서 사회복지사의 역할은 옹호자, 교육자, 조직가, 조사자의 역할로 공공과 언론과의 관계, 심층적인 조사활동을 통해 사회적 문제 상황들을 분명하게 전달하고, 주민들에게는 스스로 자신을 옹호할 수 있도록 이들의 임파워먼트, 사회정의, 참여민주주의 등에 기반을 둔 사회행동을 실천한다.

⑧ 진보적 변화를 위한 사회운동(Social Movements)

이 모델은 취약계층이나 개인들의 삶의 질을 향상시키기 위해 주요한 사회변화에 영향을 미치는 것을 초점으로 한다. 이 모델은 지역 차원에서부터 세계적 차원으로 광범위한 범위의 개입을 보이는데, 폭력의 최소화, 복지기준의 안정, 인간의 존엄성, 환경적 질의 안정적 유지 등과 같은 보편적이고 공통적인 가치에 대한 유지와 변화를 하나로 통일하는 작업을 하는 것이다.

미국의 시민권운동, 한국의 민주화운동과 같은 억압의 결과로 저항이 발생하거나, 정치적·사회적 체계 내에 거대한 변화가 일어났을 때 발생하게 된다. 인권, 사회정의, 기회증진을 위한 사회변화 등과 같은 사회복지 가치와 일치하여 사회복지사는 옹호자, 촉진자 등의 역할을 하게 된다.

2) 지역사회복지실천의 개입과정

지역사회복지실천의 과정은 실천현장만큼이나 실천과정의 다양성도 존재한다. 하지만 사회복지실천의 기본적인 전략이라는 측면에서 사례관리실천방법의 발전과 더불어 지역복지실천의 과정은 대체적으로 다음과 같은 방식으로 설명하고 있다.

그림 11-3 지역사회복지실천의 개입과정

(1) 지역사회의 사정 단계

지역사회의 사정은 사례관리실천방법에서의 사정과 동일하게 현재의 지역사회에 대해 종합적이고 체계적으로 제반 요소들을 정확하게 확인하는 과정이다. 이는 지역사회의 주요 문제와 어려움, 역사적 과정, 중요 자원, 주요 인물, 협조적 관계망 등의 복잡하게 얽혀있는 사회적 구조를 최대한 명확하게 해석할 수 있도록 정리하고 분석하는 과정을 말한다. 즉, 지역사회의 복잡하고 다양한 문제에 개입하기 위해 지역사회의 상황을 파악하고, 이를 토대로 개입계획을 체계적으로 수립하여 안정적으로 실천한다는 점에서 사정 단계는 매우 중요하다.

지역사회의 사정 단계에서 파악해야 하는 주요한 내용들에 대해 김범수·신원우(2009)는 다음과 같은 기준을 토대로 설명하고 있다.

① 지역사회의 발전과정

지역의 특성을 이해하는 데 있어 가장 중요한 사항으로 그 지역사회의 역사를 아는 것이다. 즉, 그 지역의 성장과정에서의 다양한 내용들을 검토하는 것으로 문헌검토와 더불어 그 지역의 최고령자, 리더 등의 이야기 청취 등을 통해 확인하는 것으로, 공공 영역과 민간 영역의 지도층과 주요 사건, 사건 해결과정에서 마을 주민들의 참여와 대처 방식, 주요 영향력 행사 인물 등의 파악이 필요하다.

② 지역사회의 정치사회 구조

지역사회의 행정, 교육, 사법, 경찰 등 지도자 그룹과 민간의 종교, 문화, 체육 등의 지도자 그룹을 파악하는 것이 중요하다. 이는 이들을 지지하는 세력과 그렇지 않은 세력 간의 역학관계를 파악하는 것이 정치사회 구조를 확인하는 데 있어 중요하기 때문이다. 또한 비영리 영역이라고 일컬어지는 시민사회단체의 활동도 중요하게 조사할 필요가 있다.

③ 지역사회의 경제적인 상황

지역사회의 재정적 자립도와 산업구조, 주요 산업 분야와 특성화된 산업 영역 등을 파악하고, 일자리에 따른 인구의 이동구조, 사회참여 등이 산업 활동과 어떠한 연관 관계가 있는지 등을 종합적으로 살펴볼 필요가 있다.

④ 지역사회의 사회문화

지역주민들이 살아가는 삶의 풍토를 알아보는 것으로 생태학적인 입장에서 살펴보는 것이다. 주민들 간의 상호부조, 사회적 자본, 전통적인 문화와 현대문화 사이의 지배적인 문화형태 등을 살핌으로써 주민의 애향심에 대한 이해를 높일 수 있다.

(2) 지역사회의 욕구 파악 단계

지역사회의 욕구 파악 단계는 지역사회의 욕구와 자원을 파악하는 두 가지 과업이 있다.

① 지역사회의 욕구 파악

지역사회 주민들이 어떤 서비스를 필요로 하는지를 결정하기 위해 지역사회 욕구사정을 수행하며, 지역사회에 영향을 미치는 사회문제를 확인하고 문제해결의 우선순위를 결정하는 데 주안점을 둔다(이태희 · 전태숙, 2010). 따라서 지역사회 주민들이 실질적으로 필요로 하는 것이 무엇인지를 정확히 파악하는 것에서 지역사회복지실천의 결과를 예측할 수 있다. 이에 지역사회 욕구를 파악하기 위해 조사방법을 활용하게 되는데, 이때 사회조사나 사회통계의 기술이 적용된다.

트롯만(Trotman, 1995)은 지역사회의 욕구 파악을 크게 세 가지로 분류하였다. 첫째, 지표조사로 사회지표와 건강에 관한 지표를 조사하고, 둘째, 사회조사 접근방법으로 서비스의 요구사항, 공급자와 자원의 서비스 분석, 주민 욕구조사가 있다. 셋째, 지역사회집단 조사방법으로 지역사회 포럼, 집단의 활용기법, 델파이기법, 지역사회 구조 등을 파악하는 것으로 분류하고 있다(김범수 · 신원우, 2009).

② 지역사회의 자원 파악

자원의 유형은 크게 자원의 공급주체와 자원의 특성, 자원의 내용에 따라 분류된다. 이 중 가장 일반적인 자원의 분류기준이 자원의 내용에 따른 분류로 인적·물적·정보적·사회제도적·문화적 자원으로 유형화할 수 있다(엄미선 외, 2009).

인적 자원은 사람의 노동력을 다른 물자와 마찬가지로 생산자원의 하나로 정의한 것으로, 후원자, 내부 직원, 서비스 제공자, 서비스 사용자 등을 모두 포함된다. 물적 자원은 물질적 자원으로서 서비스 대상자에게 제공하는 현금, 현물을 의미한다. 정보적 자원은 사물의 내용이나 소식, 자료 등 그에 관한 지식 또는 보고라 할 수 있는데, 의사결정이나 실천행동과 참여에 유의미한 영향을 제공할 수 있다는 점에서 대단히 중요하게 부각되고 있다. 문화적 자원은 그 사회의 구성원들이 학습에 의해 소속된 사회로부터 습득되고 전달받는 비제도화된 정서나 관습을 말하며, 기부문화, 나눔문화와 같다. 마지막으로 제도적 자원은 사회의 구성원들 사이에서 여러 가지 생활 영역을 중심으로 규범이나 가치체계에 바탕을 두고 형성되는 복합적인 사회규범의 체계로서, 형식화되고 지침화되어 법률적 체계로서 형성된다(엄미선 외, 2009).

자원을 파악하는 방법은 다양한 모든 방법을 총동원해야 한다. 주요한 방법은 지역사회에 산재되어 있는 자원을 목록화하는 것이다. 이는 자원의 특성, 접근방법, 제공기준, 접촉대상자 등 자원개발에 필요한 기준들을 미리 정하고, 이를 표로 정리하여 데이터베이스(database)화하는 것을 말한다. 또한 자원지도 그리기 방식이 있는데, 이는 지역사회에 존재하는 자원을 지도 형식을 빌려 조사하여 그림으로 그리는 것을 말한다. 지역사회 자원지도 그리기는 자원 발굴과 탐색을 위해 문헌검토를 기초로 하고, 지역사회를 직접 탐방하여 경험적, 사실적 기록들을 정리한다는 점에서 매우 유용하다.

표 11-3 자원목록표(예시)

No	기관명	전화번호	서비스 대상	자격요건	필요서류	지원내용 (자원)	담당자	비고
1	ㅇㅇ기업	123-****	어르신, 학생	65세 이상	수급 증명	후원금, 장학금	ㅇㅇㅇ	
2	ㅇㅇ은행	789-****	아동, 청소년	무	무	아동 청소년 멘토활동	ㅇㅇㅇ	**지점
3	ㅇㅇㅇ님	222-****	장애인	중증장애인 1~2등급	복지 카드	정기후원 및 생활지원	ㅇㅇㅇ	개인
:								
:								

표 11-4 지역사회 자원지도 그리기(예시)

1. **목적:** 빈곤아동을 지원하기 위한 자원개발
2. **조사 지역:** ㅇㅇ시 ㅇㅇ구
3. **지역개황**
   - 수도권 서남부의 최대 거점도시
   - 도심과 외곽지역을 연결하는 교통의 요충지
   - 서부지역 사업발전의 근원지
   - 정치, 금융, 언론, 업무의 복합기능지역
   - 인구 ****명
   - 공장지대
   - 다문화가정이 많음
   - 높은 범죄발생률
4. **지역자원 리스트**

   1) 분류

   ① 현금: 현금으로 지원할 수 있는 자원

② 문고: 현금이 아닌 학용품 등 현물자원
③ 의료: 의료비 면제 등의 자원
④ 학업: 보충학습이 필요한 학생에게 학업지원
⑤ 의류: 의류지원
⑥ 복지: 사회복지관, 청소년문화의집, 여성회관

2) 목록

구분	분류	기관명	주소	전화번호
1	현금	ㅇㅇ 기업체 ㅇㅇ 관공서 ㅇㅇ 종교단체	ㅇㅇ동 ㅇㅇㅇ번지 ㅇㅇ동 ㅇㅇㅇ번지 ㅇㅇ동 ㅇㅇㅇ번지	345-**** 745-**** 123-****
2	문고	ㅇㅇ 문고	ㅇㅇ동 ㅇㅇㅇ번지	246-****
3	의료	ㅇㅇ 병원 ㅇㅇ 보건소	ㅇㅇ동 ㅇㅇㅇ번지 ㅇㅇ동 ㅇㅇㅇ번지	348-**** 953-****
4	학업	ㅇㅇ 도서관 ㅇㅇ 방과 후 학교	ㅇㅇ동 ㅇㅇㅇ번지 ㅇㅇ동 ㅇㅇㅇ번지	495-**** 529-****
5	의류	ㅇㅇ 옷가게	ㅇㅇ동 ㅇㅇㅇ번지	846-****
6	복지	ㅇㅇ 아동복지관 ㅇㅇ 사회복지관	ㅇㅇ동 ㅇㅇㅇ번지 ㅇㅇ동 ㅇㅇㅇ번지	942-**** 947-****

3) 지역자원지도

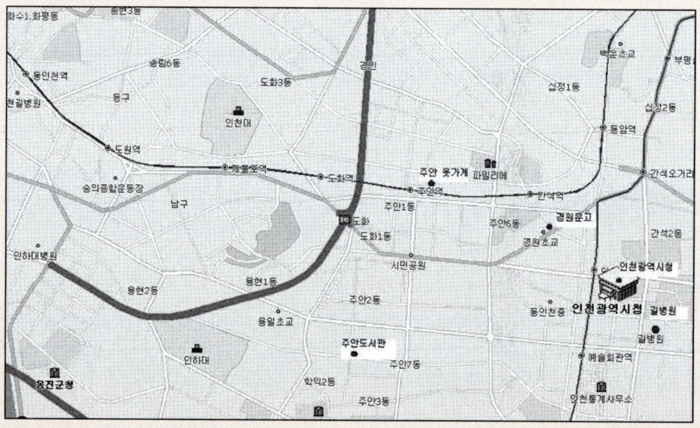

4) 지역자원 분포의 특징

- 관련 자원들이 ㅇㅇ동이 몰려 있음
- 놀이관련 자원들이 부족함
- 자원들이 분산되어 있음

5) 주요 발견점

- 공공기관에서의 자원 조달이 용이
- 사회적으로 인지도가 있는 기관에서의 자원 조달이 용이

- 종교, 복지기관의 자원이 많음
- 교육기관이 부족함

6) 자원개발전략

- 국가에서 제공하는 공적 자원을 최대한 활용
- 사회적으로 인지도가 있는 기관을 공략
- 종교, 복지기관 등 민간자원을 최대한 활용

출처: 엄미선 외(2009). 사회복지 자원개발론. p.46-47. 대왕사.

(3) 실천전략의 계획 단계

지역사회 사정과 욕구 파악이 끝난 이후 지역사회복지실천 전략에 대한 계획을 수립해야 한다.

① 계획의 수립 및 홍보

지역사회 문제와 해결과제를 파악하고 지역사회의 욕구를 파악한 이후 이를 해결하기 위한 실천계획을 구체적으로 결정해야 한다. 이 과정은 문제의 시급성과 해결순서에 따라 우선순위를 정하고, 주민들에게 공지하여 지역사회가 이를 인지할 수 있도록 한다. 지역사회의 문제해결과정에 지역사회 주민의 적극적이고 능동적인 참여는 매우 중요하며, 이를 위해 실천전략의 계획수립과정에 지역사회의 참여를 전제로 추진할 필요가 있다.

이 과정은 주민 리더와 주민 추진체를 조직화하고 참여 가능한 시간과 참여방법, 참여형태 등을 종합적으로 검토하는 것이 선행되어야 하며, 문제해결과정에 대한 종합적인 계획은 중장기적인 비전 속에서 년차별로 단계적으로 수립하는 것이 중요하다.

② 지역사회의 자원 동원과 조직화

지역사회 문제해결을 위한 실천 추진계획이 수립되면 그 이후 실질적인 문제해결과정의 참여주체들, 활용 가능한 자원들을 종합적으로 검토하여 적절하게 배치하는 것이 필요하다. 이 과정이 사회자원을 동원하고 지역주민을 조직화하는 것이다.

사회자원을 활용하기 위해 홍보활동을 통해 재정을 확보하고, 주민들을 조직화하고, 추진 및 협력기관 간의 연대체계를 마련하고, 지속적인 참여를 유지하기 위한 인식 공유와 의지를 확인하는 시간을 갖는 것이 중요하다. 이는 조직화과정을 통해 의욕을 촉진하고 이해와 협력을 확대할 수 있기 때문이다.

(4) 실천전략의 추진 단계

실천계획이 수립된 이후 적극적으로 추진해야 한다. 이를 위해 재원, 추진인력, 추진기관의 리더십을 개발해야 한다(김범수 · 신원우, 2009).

① 재원의 확보

실천전략을 추진하는데 있어 충분히 확보된 재원을 통해 사업이 안정적으로 운영될 수 있다는 점에서 재원에 대한 준비는 매우 중요하다. 이를 위해 정부보조금, 공동모금, 기타 기업이나 모금운동 등을 통하여 재원을 확보해야 하며, 홍보 활동을 통해 주민의 참여를 조성할 필요가 있다.

② 추진 인력의 확보

추진 전략을 성실하고 체계적으로 운영하기 위해 전문가 및 우수한 인력이 필요하다. 실천 인력 중에서 가장 중요한 인물은 토착지도자(indigenous leader)이며, 지역사회 문제해결에 이들이 직접적, 적극적으로 참여할 수 있도록 통로를 마련하고, 자원봉사자, 유관기관, 지역주민 등 다각적으로 연계할 수 있도록 하여야 한다.

③ 추진기관의 리더십

지역사회의 중요한 추진기관은 사회복지협의회, 종합사회복지관, 사회복지공동모금회, 자원봉사센터, 복지 관련 시민사회단체 등이다. 이들 추진기관이 실천 전략과 계획들을 안정적이고 협력적으로 추진할 수 있도록 리더십을 발휘할 필요가 있다.

(5) 평가 및 재사정 단계

평가란 변화의 노력이 가치가 있는 것이었는지를 결정하는 과정으로서 어떤 대상이나 노력의 장점, 가치 또는 중요성 따위를 체계적으로 조사하는 작업이다. 프로그램 평가 단계는 일정 수준 이상의 통계적 지식과 조사기법을 요구하는 것으로 관계당사자의 참여와 프로그램에 대한 기술(description), 평가계획에 대한 순서와 방향을 정하고 목적에 따라 평가의 절차를 진행하며, 믿을 만한 증거를 수집하여 면밀히 검토하고 분석해야 한다(이태희 · 전태숙, 2010).

또한 지역사회복지의 실천과정은 이러한 평가를 토대로 하여 수정·보완 및 재사정(reassessment)의 단계를 거치게 되며, 경우에 따라 처음부터 다시 시작하는 순환의 과정을 거쳐 완성도를 높이게 된다.

12
CHAPTER

사회복지실천기록기술

01 사회복지실천기록기술의 이해

02 기록의 기본 원칙 및 지침

03 기록기술의 종류와 특성

01 사회복지실천기록기술의 이해

1) 목적 및 필요성

기록은 문자, 숫자, 그림 등의 기호를 이용하여 실천 활동이나 과정을 후일을 위해 남겨두는 행위 또는 결과물을 말한다. 사회복지실천이라는 개입 활동도 시간이 지나면 잊혀지게 된다. 기록문을 남기면 실천한 내용을 본인이나 다른 사람이 다양한 용도로 활용할 수 있다.

첫째, 사회복지실천기록의 일차적인 목적은 제공 서비스나 개입의 책무성(accountability)을 확인할 수 있는 증거라는 데 있다. 책무성이란 사회복지사의 개입 활동의 결과나 효과에 대해 책임을 지고 입증하거나 발생한 시행착오를 수정해야 할 의무를 말한다. 특히 기록은 사회복지사가 재정지원자(예 정부, 사회복지공동모금회, 기업복지재단 등)에게 사회복지사의 행위를 검증받기 위한 용도로 사용된다.

둘째, 기록은 서비스 지속성을 유지할 수 있도록 정보를 제공할 수 있다. 기록물이 없다면 사회복사의 이직이나 부서이동, 클라이언트의 이사 등을 이유로 담당자가 변경될 때 서비스가 체계적으로 제공되기 어렵다.

셋째, 기록은 다른 전문가와 「의사소통의 수단」으로 활용된다. 컨퍼런스나 사례관리회의에서 활용될 수 있다. 이를 위해서는 기록된 상황과 맥락이 무엇인지, 사회복지사의 개입이나 제공된 서비스가 적절했는지 판단할 수 있는 근거에 대한 정보가 기록되어야 한다. 특히 다양한 학문적 배경의 개입 주체가 협업 작업을 할 경우 오해를 줄이고, 문제 발생에 대한 책임의 소재를 명확하게 할 수 있다.

넷째, 기록은 슈퍼바이저가 슈퍼바이지에게 「슈퍼비전(supervision)」을 제공할 수 있는 기초 자료로 활용될 수 있다. 사회복지사가 개입이나 제공 서비스의 적절성을 확인받고 슈퍼비전을 제공받기 위해서는 슈퍼비전을 받을 수 있는 기초 자료가 필요하다. 슈퍼바이저는 기초 자료를 토대로 수퍼바이지(사회복지사)의 요구를 추정할 수 있다. 유능한 슈퍼바이저라고 하더라도 상황에 대한 정보가 없으면 슈퍼비전을 제공하기 어렵다. 이와 함께 슈퍼바이지를 대상으로 교육이 이루어질 때 기록물은 슈퍼바이저에게 실습내용을 구체적으로 제시해 줄 수 있다.

다섯째, 기록은 평가자로부터 평가의 근거자료로 활용될 수 있다. 사회복지실천 개입을 위한 프로그램이 외부의 지원금으로 운용될 경우 제공된 지원금이 제대로 사용되었는지를 요구받게 된다. 특히 공적 자금에 의해 프로그램이 운영될 때에는 사회복지사업법에 의해 3년마다 평가받도록 규정되고 있는데, 기록물이 활동의 근거로 제시될 수 있다.

여섯째, 기록은 사회복지실천기술 개발이나 확산을 위한 기초 자료로 활용될 수 있다. 사회복지실천기술은 클라이언트의 상황과 자원 보유 상태에 따라 사회복지사의 능동적인 개입에 의해 문제해결 방안이 구성된다. 그러나 효과가 뛰어난 개입방법은 전문직 내부에서 확산되어야 문제해결 능력을 높임으로서 전문직에 대한 사회적 승인을 받을 수 있게 된다. 예를 들어, 자살 시도자의 마음을 열고 삶의 의욕을 북돋아줄 수 있는 대처 방안이나 언어적 기술을 갖고 있다면 자살자를 줄이고 자살 문제해결력을 사회적으로 승인받음으로써 사회복지직의 직업적 위상을 높일 수 있게 된다. 기술의 전수 및 확산은 말에 의해 이루어질 수도 있으나, 기록의 방법이 더 효과적이다.

표 12-1 기록의 활용

용도	기록 활용 대상	내용
책무성 입증	자원 지원자	자원 사용에 대한 정당성 확보
지속성 확보	후임 사회복지사	담당사회복지사가 변경되더라도 지속성 유지
의사소통 수단	다른 전문가 집단	개입 주체간 의사소통 및 책임 소재 명확화
슈퍼비전 자료	슈퍼바이저	슈퍼비전을 제공할 수 있는 감독 및 교육 활성화
평가근거 자료	평가기관	피평가기관의 개입활동에 대한 평가근거 제시
기술개발 자료	사회복지직	효과적인 사회복지실천기술 개발 및 확산

2) 기록을 위한 보조도구

기록을 대신 해주지는 않지만 최근 과학기술의 발달로 기록을 위한 보조도구들이 자주 활용되고 있다. 기록 보조도구는 녹음 및 녹화가 가능한 레코더가 자주 사용된다.

사회복지사는 기록보다 개입 활동에 중점을 두어야 하기 때문에 기록을 위한 보조적 수단을 사용할 수 있다. 전용 상담실이 있다면 상담실에서 이루어지는 대화를 녹음기에 녹음할 수 있다. 또한 한쪽에서만 볼 수 있는 거울(투시경, 반월경, 일방경(one way mirror))을 통해 제3자의 비언어적 행위를 관찰하고 기록할 수 있다. 비디오, 녹화기, 캠코더, CCTV의 출현으로 언어적, 비언어적 행위에 대한 녹화가 가능해 졌다.

대화내용을 문서로 옮겨 적는 행위나 문서를 녹취록 또는 채록이라고 한다. 이를 만드는 작업에 많은 시간이 소요된다. 대화내용을 자동으로 인식하는 기술을 음성인식(voice recognition)기술이라 하는데, 음성인식률이 낮아 실용성이 낮지만 기술이 발전하면 활용성이 높을 것으로 예상된다.

또한 기록량을 줄이면서 전달할 수 있는 정보량을 최대한 높일 수 있는 기술들이 오랜 기간 논의되어 왔다. 미국사회복지사협회(National Association of Social Workers, NASW)의 지원하에 개발된 PIE(Person-In-Environment) 분류체계가 성인 클라이언트의 사회기능 수행문제를 기술하고, 분류하고, 기록하기 위한 체계로 활용되고 있다. PIE 분류체계는 클라이언트의 사회적 기능수행문제(요소 1), 환경문제(요소 2), 정신건강 문제(요소 3), 신체건강 문제(요소 4)를 간결하게 기술하기 위한 기록체계라고 볼 수 있다. 이를 통해 복잡한 클라이언트의 사회기능 수행문제를 코드화하여 의사소통 및 기록의 효율성을 높일 수 있다.

02 기록의 기본 원칙 및 지침

1) 기록의 기본 원칙

기록을 할 때는 다음과 같은 사항에 유의해야 한다.

첫째, 기록을 위한 메모는 개입 활동에 방해가 되지 않는 선에서 최소한의 핵심사항을 중심으로 간략하게 한다. 기록의 목적은 개입이다. 본말이 전도되지 않도록 유의해야 한다. 본격적인 기록은 클라이언트가 없는 장소에서 이루어지는 것이 적절하다. 기록을 위해 개입 활동이 이루어지는 것이 아니고, 개입 활동을 잘하기 위해 기록을 하는 것이다.

둘째, 기록은 비언어적 표현에 대한 관찰을 포함해야 한다. 사회복지실천의 개입 활동은 언어적·비언어적 표현에 근거하여 개입계획이 도출된다. 또한 언어는 본질적으로 두 개 이상의 의미를 가질 수 있으며, 대화 상대방의 상태에 따라 다른 의미로 받아들여질 수 있다. 때로 클라이언트는 일방적으로 제공하는 본인에 대한 정보를 감추거나 왜곡할 수 있으며, 때로는 자신에 대한 이해가 부족할 수도 있다. 이러한 정보의 단서를 제공한다고 판단되는 비언어적 표현도 기록해야 한다.

셋째, 사회복지사의 주관적 판단도 전문성을 갖도록 근거에 기반하여 기술해야 한다. 기록은 사실만을 기록할 수 없으며, 사회복지사의 주관적 판단이 반영된다. 또한 사회복지실천에 있어 기록은 개입을 위한 보조적인 도구이며, 개입 활동에 지장을 줄 정도로 기록을 위한 시간을 투자하는 것도 바람직하지 않다. 이러한 이유로 기록기술의 핵심은 제한된 시간 내에 개입 활동의 책임성 또는 정당성을 판단할 수 있는 내용을 중심으로 기록되는 것이 적절하다.

넷째, 기록을 위한 메모나 보조기록장치의 활용을 위해 클라이언트의 사전 동의를 받아야 한다. 클라이언트는 기록되는 것에 불안해하기도 하고 녹음기를 의식하게 되면 집중도가 떨어질 수 있다. 그러나 최근 개인정보보호법의 강화로 개인정보 수집을 위해서는 개인정보 활용 동의서를 사전에 받도록 하고 있다. 특히 만 14세 이하의 경우 보호자의 동의도 필수적으로 요구된다.

다섯째, 모든 기록은 클라이언트의 사생활 보호를 위한 관리가 철저하게 이루어져야 한다. 클라이언트의 개인기록에 대한 사항은 문서에 암호를 설정하고, 사례회의, 내부회의 등의 인쇄물 형태로 다수에게 공개될 때 개인을 식별할 수 없도록 해야 한다.

2) 기록 지침

(1) 좋은 기록의 조건

친구로부터 전화가 왔다. 전화 도중에 2주 후에 일요일에 만나서 영화를 보기로 했다. 그리고 전화내용을 메모한다고 하자. 어떤 내용을 메모할까. 만날 시간과 장소가 가장 중요하다. 시간과 장소를 간단히 기록해 두고, 참고로 누구와 만날지 적어두면 메모를 보고서도 기억이 나지 않으면 그 친구에게 전화를 걸어 무슨 약속이었는지 물어볼 수 있다.

표 12-2 좋은 기록과 나쁜 기록의 기준

구분	좋은 기록	나쁜 기록
초점	• 서비스의 결정과 행동에 초점	• 초점 없거나 모호
정보	• 클라이언트와 상황 정보 포함 • 서비스 전달 정보 • 단계별 목표, 계획, 과정 정보 제시	• 과잉 또는 과소 정보 • 관찰 없이 추리에 의존 • 불필요한 정보*
기술	• 상황묘사(관찰)와 견해(해석)의 분리 • 구조화된 문서 • 서비스 전달의 정확한 묘사 • 간결한 기술 • 구체적인 기술 • 명확한 기술 • 논리적 기술 • 유의미한 기술 • 사실 기반	• 비조직화된 기술 • 과잉단순화(근거 부족) • 맞춤법의 오류 • 반복된 표현 • 장황한 표현 • 진부한 용어 • 의미가 없는 표현 • 과장된 표현 • 행위자(주어)가 식별 불가 문장

윤리	• 전문가적 윤리 반영	• 비윤리적 행동
이론	• 수용된 이론에 기초 • 이론보다 현상 우위 입장*	• 근거이론의 미제시* • 근거이론과 기술 태도의 부조화*
관점	• 전문적 견해 제시 • 클라이언트 관점의 존중	• 전문적 견해 미제시 • 독단적(부정적) 견해의 표현

주: Kagle(1997)의 견해를 바탕으로 저자 견해(*)를 포함하여 재구성.

하나의 사례를 더 생각해 보자. 이번에는 교수님이 다음 주에 어떤 세미나에 참석해서 발표하라고 말씀하셨다. 이 경우 무엇을 메모해야 될까. 시간과 장소 이외에도 그 장소를 찾아가는 방법이나 약도, 발표할 내용과 준비물, 자세한 사항에 대해 문의할 연락처 등을 기록해야 한다. 지금 다루고자 하는 사회복지실천기록도 마찬가지이다. 앞에서 말한 예와 달리 기록하는 목적에 따라 중요하게 기록할 것이 있고 생략해야 할 것이 있다.

사회복지실천 행위를 기록하는 목적은 사회복지사의 서비스 개입을 통해 클라이언트의 문제를 해결하는 보조적 수단으로 활용하는 데 있다. 따라서 클라이언트는 어떤 상황이었는지 그리고 어떤 서비스가 제공되었고, 그 과정은 어떠했는지 그리고 이러한 서비스 제공의 판단 근거가 무엇인지를 중심으로 기술되어야 한다. 이때 기술하는 방식은 제3자가 이 글을 읽고 재현할 수 있는 수준으로 기록해야 한다. 이를 위해서는 유려한 문체보다 필요한 정보를 모두 갖추도록 기술하는 것이 좋다.

(2) 기록내용

기록이 다른 전문가에 의해 정보적 가치가 유지되기 위해서 포함되어야 할 내용은 클라이언트의 해결해야 할 문제, 그러한 문제를 판단하게 된 근거, 문제해결을 위한 목적 및 계획, 개입과정, 종결평가 및 사후관리 등에 관한 사항이다. 기록 유형이나 문제 유형에 따라 차이가 있을 수 있다.

상황 정보, 사정 정보, 개입 정보, 결과 정보 등의 내용이 기록되어야 한다.

첫째, 상황 정보는 클라이언트에 대한 기초 정보로서 클라이언트의 나이,

연령, 성, 직업, 교육수준 등이 있으며, 특히 생태체계적 관점을 반영하는 사회복지는 사회력이 강조된다. 만약 클라이언트가 다수이면 각각 기록한다.

둘째, 사정정보는 클라이언트의 해결해야 할 문제, 개입의 필요성, 서비스 제공 이유를 포함하여 사정의 근거가 되는 면접이나 사정내용에 대해 기술한다.

셋째, 개입정보는 개인 또는 서비스 단계별로 목표, 계획, 과정에 대한 정보를 기록한다. 개입과정은 제공된 기술이나 제공된 서비스를 절차에 따라 기술한다.

넷째, 결과 정보는 최종적으로 제공된 개입이나 서비스내용을 기록한다. 이때 보다 자세한 내용을 포함하기 위해 종결평가내용과 사후관리가 이루어진 경우 사후관리내용을 포함한다.

<table>
<tr><td>대상자명</td><td colspan="2">김 ○ ○</td><td>종 교</td><td>○○교</td><td>주민번호</td><td colspan="2">920900 - 1000000</td></tr>
<tr><td rowspan="3">대상자
분 류</td><td colspan="7">아동·청소년(●), 노인( ), 장애인( ) 가족구성형태(한부모 확대가족)</td></tr>
<tr><td colspan="7">일반수급( ), 조건부수급( ), 자활특례( ) ,차상위( ), 저소득(●), 일반( )</td></tr>
<tr><td>의료보장</td><td colspan="6">의료보호1종( ), 2종( ), 직장의료보험( ), 지역의료보험(●)</td></tr>
<tr><td>주 소</td><td colspan="7">서울시 ○○구 ○○동 ○○연립 ○○○호</td></tr>
<tr><td>전화번호</td><td colspan="3">02 - 2000 - 0000</td><td>의뢰경위</td><td colspan="3">○○병원 의료사회사업가</td></tr>
<tr><td rowspan="6">가
족
사
항</td><td>관계</td><td>성명</td><td>생년월일</td><td>직업</td><td>종교</td><td>동거여부</td><td>비고</td></tr>
<tr><td>본인</td><td>김○○</td><td>92. 09. 00</td><td></td><td>○○교</td><td>동거</td><td>정신장애2급</td></tr>
<tr><td>모</td><td>신○○</td><td>65. 10. 00</td><td>공공근로</td><td>○○교</td><td>동거</td><td></td></tr>
<tr><td>제</td><td>김○○</td><td>94. 05. 00</td><td>중1중퇴</td><td>○○교</td><td>동거</td><td></td></tr>
<tr><td>조부</td><td>김○○</td><td>29. 03. 00</td><td></td><td></td><td>동거</td><td>중식대상자</td></tr>
<tr><td>조모</td><td>이○○</td><td>29. 10. 00</td><td></td><td></td><td>동거</td><td>수전증</td></tr>
</table>

그림 12-1 상황 정보의 기록

표 12-3 기록내용

구분	내용
상황정보	클라이언트의 나이, 연령, 성, 직업, 교육수준, 사회력
사정정보	문제 정의, 개입의 필요성, 서비스 제공 이유, 사정의 근거(면접, 내용)
개입정보	단계별 목표, 계획, 과정 정보 등 서비스 과정
결과정보	종결평가내용, 사후관리

'사회력(social history)'은 클라이언트 상황을 파악할 수 있도록 클라이언트의 문제나 욕구에 대한 전반적인 맥락을 요약한 사회적 사정보고서이다. 클라이언트의 문제 원인뿐만 아니라 욕구를 생태학적 맥락에서 이해하고 클라이언트의 현재와 과거에 대한 정보를 포괄하고 있다. 사회력은 문제원인과 문제해결을 위한 자원을 찾고, 적합한 프로그램을 모색할 수 있는 정보를 제공해 준다.

사회력에 포함해야 할 정보는 다음과 같다(Sheafor, et al., 1997). 첫째, 클라이언트의 가족 배경과 가족 구성을 도식화한 가족력, 둘째, 신체적 기능, 장애, 영향, 질환 등 건강 상태, 셋째, 최종 학력, 지적 기능 등 교육적 배경, 넷째, 심리정서적 기능, 다섯째, 종교와 영성, 여섯째, 친한 사람 등 대인관계, 일곱째, 고용, 소득, 작업환경, 기술 등 경제 관련 요인, 여덟째, 강점, 대처 방식 등 문제해결 능력, 아홉째, 주택, 지역사회, 이웃, 교통수단 등, 열째, 현재와 최근의 지역사회 서비스 이용 실태에 대한 사항이다.

03 기록기술의 종류와 특성

사회복지실천은 개인과 가족 및 집단 그리고 지역사회의 문제해결을 위한 활동이라고 말할 수 있다. 이러한 문제해결을 위해 필요한 기술을 기록하여 다른 사람이 읽도록 하는 데 목적이 있다.

적절하게 담을 수 있도록 기록하는 세 가지 기록 유형을 요약하면 **표 12-4**

와 같다. 과정기록은 대화내용을 직접 또는 간접 인용 형태로 기록하는데 적합하며 주로 교육용으로 사용된다. 요약기록은 사회복지기관에서 활용도가 높으며 전반적인 경향을 요약하여 기록하는 것이 특징이며, 기록에 드는 시간 비용을 절감할 수 있는 장점이 있다. 문제중심기록은 문제해결중심모델에 적합하며 전문직간 의사소통을 위해 개발되었고, 전문성을 강화하는 추세를 고려할 때 활용도가 증가할 것으로 예상된다.

표 12-4 기록기술의 유형

구분	과정기록	요약기록	문제중심기록 (문제지향적 기록)
특징	• 대화내용 중심으로 기술 • 면접(인터뷰) 적합 • 대화체, 이야기체 기술	• 요약 중심으로 기술 • 활용도 높음 • 시간, 사건, 주제별 요약	• 문제중심으로 기술 • 문제해결중심모델 적합 • 과정은 SOAP 방식 기록
활용	• 교육적 도구	• 가장 많이 활용	• 의사소통, 정보교환
장점	• 비평이 쉬움 • 시행착오의 개선 용이 • 판단의 근거 파악 용이 • 면담기록에 적합	• 기록 비용의 절감 • 전반적인 경향 쉽게 파악 • 기록 형식에 따른 제약이 작음	• 전문직간 의사소통 유리 • 책임성 및 집행력 강조
단점	• 완벽한 기록은 불가능 • 기록에 대한 비용이 많이 소요 • 기억에 의존	• 기록자의 판단에 의존 • 판단의 근거를 확인하는 것이 불가능 • 초점의 불명확	• 사정의 단순화 • 강점이나 자원활용, 협업의 등안시

1) 과정기록

과정기록(process recording)이란 실천과정 중의 클라이언트와 사회복지사 간의 상호작용을 알 수 있는 언어적, 비언어적 표현, 행동을 중심으로 기록하는 방식이다. 제3자가 실천과정을 재구성할 수 있도록 사회복지사의 주관적인 느낌, 클라이언트에 대한 판단, 사회복지사의 의견이나 분석을 포함하여 기록한다. 상호작용을 파악하기 쉽도록 언어적·비언어적 내용을 직접 인용하여 기록하기도 하고, 간접 인용하여 기록하기도 한다.

과정기록은 교육적 도구로 활용도가 높다. 초보 사회복지사나 실습생이 슈퍼바이저로부터 슈퍼비전을 받기 위한 기초자료로 활용되기 쉽도록 상세하게 기록하는 것이 특징이다.

과정기록은 문체에 따라 직접인용 방식과 간접인용 방식으로 구분할 수 있다. 직접인용 과정기록은 면담내용을 재구성하지 않고 대화내용을 그대로 옮겨 적는 것을 말하며, 대화체라고도 한다. 또한 간접인용 과정기록은 면담 중에 오간 내용을 이야기 풀어나가듯이 기록한 서술 방식을 말하며, 이야기체라고도 한다. 과정기록은 간접인용을 이용한 이야기체 방식이 사용되는 반면, 뒤에서 다룰 요약기록에서는 대화 내용을 재구성한 요약을 이야기체 방식으로 기술한다.

과정기록의 장점은 제3자에게 현장의 상황을 생생하게 전달하여 사회복지사가 간과한 문제를 되짚어 보기 쉬운 기술 방식을 갖고 있고, 슈퍼바이저의 비평이 쉬운 장점이 있으며, 클라이언트의 반응의 의미에 대한 상징을 살펴보기 쉽고, 문제의 실마리를 찾거나 사회복지사의 자극에 대한 클라이언트의 반응을 설명하기 쉬워 사회복지사의 교육에 유용하다.

반면 과정기록의 단점은 완벽한 기록은 불가능하다는 점이다. 사회복지사가 프로그램을 진행하면서 기록하는 것이 어려울 수 있으며, 주관성이 개입되어 중요하지만 기록하지 않음으로써 왜곡이 발생할 수 있다. 이에 대한 보조적 수단으로는 녹음·녹화 등의 이용, 보조기록자의 동반 등이 있다. 또한 기록의 비용이 많이 소요되며, 정확하게 기록할수록 더 많은 시간이 소요된다. 기록이 비언어적 표현이나 비가시적인 상호작용은 사회복지사의 기억에 의존하는 단점이 있다.

ct : 그럼요. 많죠. 제가 영구임대 아파트에 오래 살았는데, 내가 살면서 우울증도 있거든요. 어떤 때는 잘 안 풀려서 만나기도 싫었고 나이가 들다보니까 사람만나고 일 다닌 것도 쉽지 않아서 좌절하고 있다가 센터 이름 듣고 찾아간 거거든요. 내가 여기 관리사무소나 다른 곳들도 찾아가 봤었는데 이렇게 사람 대접해 주는 곳은 처음이었어요.

wk : 그러셨다니 감사합니다.

ct : 사람들이 없는 사람 사정 그런 거 잘 몰라요. 이제 내가 이 나이에 식당 가서 일도 잘 못해요. 내 조건에 맞는 것이 어디 있겠어요? 그래도 선생님은 내 이야기 들어보고 예전 생각들도

나게 해주었어요.

wk : 흔히들 내가 살아왔던 것 생각만 하고 끝날 수 있는데, 어머니께서는 그런 것들을 생각하신 것이 지내시는 데 어떻게 도움이 되셨길래 '그래도 괜찮았다' 이야기하실 수 있으신지 궁금해요.

ct : 하루종일 집에 있다 보면 답답한 생각이 들거든요. 그런데 선생님 만나서 이야기하면서 나도 시를 좋아했었구나, 낭만도 있었구나, 장구를 좋아해서 열심히 배웠던 것들도 기억나고 하면서 내가 이렇게 멍하게 살아야 되나 그런 생각을 하게 되었거든요.

wk : 사시면서 다른 분들도 만나시잖아요. 그래도 저희를 만나시면서 예전에 이런 것도 했었는데 이제는 이렇게 살지 않고 다르게 살아야 되겠다 하는 생각을 하게 된 것들이 다른 분들과 만나신 것과 달랐던 것인가요? 제가 이렇게 이해해도 되나요?

ct : 예.(잠시 생각) 우리 같은 사람들은 외로워요. 선생님이 나이는 어리지만 어떻게 내 마음을 이리도 잘 이해해 주나, 내 마음을. 내가 사람 대접 받았다고 느낀 것은 처음이었거든요.

wk : 그렇게 이야기해 주셔서 감사합니다. 제가 궁금한 것이 있는데요. 그러면 저와 만나시는 것이 끝난 다음에 어머니가 사람 대접 받았다고 경험하시고 느끼신 것을 이후에 다른 분들과 만나시고 살아가시면서는 어떻게 쓰실 수가 있나요?

| 그림 12-2 | 과정기록(대화체형)

출처: 최인숙·김윤주·황혜숙(2006). 113-114.

1) 개인력

클라이언트는 초등학교 졸업 후 2006년 중학교 2학년 때 정신분열병이 발병하여 학교를 중퇴함. 초등학교 시절 성적은 하위권이었고, 친구 사귀는 방법을 몰라서 친구들을 귀찮게 하여 친구가 없고 친구들이 클라이언트를 싫어했음. 특히 중학교 때 클라이언트의 도시락이나 옷차림으로 인해 친구들에게 왕따를 당했고, 집을 나가면 들어오지 않고 한밤중에 전화를 걸어 택시를 타고 집에 오는 경우가 많았으며, 식당에서 돈을 훔치려고 유리창을 깨뜨리는 등의 행동을 하였음.

정신분열 발병 이후 김포의 병원에서 치료를 받던 중 법원에서 소환장이 발부되어 청소년보호관찰소에서 1개월 정도 있었던 경험이 있고, 관찰소를 나온 후 한 달 정도 약을 복용하다가 중단하고 식사도 안하며 집에 누워만 있어 ○○복음병원에 입원치료를 받았음.

이후 병세의 호전에 따라 병원 입·퇴원을 반복하면서 하루종일 집에서 텔레비전만 보고, 동생을 괴롭히는 행동을 함. 클라이언트를 의뢰받았을 때 병원에 입원 중이었음.

2) 가족력

클라이언트의 모는 전라도 순창 출생으로 고등학교 졸업 후 회사원이던 클라이언트의 부를 만나 1985년에 결혼하였음. 결혼 후 클라이언트와 동생을 출산하여 자녀를 양육하던 중 1993년 남편이 위암 판정을 받아 남편과 함께 과일 장사를 하면서 생계를 유지하였으나 1996년 남편이 사망하였음. 남편 사망 후 심리적으로 위축된 상태에서 1997년 교통사고를 당했고, 이 과정에서 자녀들의 양육문제로 당진에 계시던 시부모님이 상경하셔서 지금까지 함께 생활하고 있음. 현재 클라이언트의 모는 교통사고 이후 특별한 기술이 없어 공공근로와 가정 내 부업(리본제작)을 하고 있음.

조부는 가족에 대해 무관심하시며 음주 후 주정을 심하게 하고, 조모는 말씀이 없고 애정표현을 거의 안하며, 손주들에게 밥도 챙겨주지 않음. 조부모님이 함께 생활하고 있으나 생활비도 따로 쓰고, 심지어 냉장고의 공간을 나누어 사용하는 정도임.

클라이언트의 동생은 중학교 입학 후 학교생활에 적응하지 못하여 학교에 가기 싫다고 자퇴하고, 집에서 텔레비전을 시청하거나 PC방을 다니고 있으면서 비용 마련을 위한 도벽이 심한 상태임.

▌그림 12-3▐ 요약기록

출처: 서울특별시·서울복지재단(2009). 84.

2) 요약기록

요약기록(summary recording)이란 중요한 정보만을 선별적으로 기록하는 방식을 말한다. 기록내용은 개시일, 사회력, 행동계획, 개입 활동, 기타 중요한 특이점 등을 포함하도록 한다. 요약기록의 형태는 기록의 형식에 따라 세 가지 방식이 있다.

첫째, 시간의 흐름에 따라 기록하는 방법이 있다. 이 방법은 개입 활동과정을 파악할 수 있지만, 요약이 가져다 주는 장점인 기록에 소요되는 시간 절약의 효과가 크지 않을 수 있다.

둘째, 사건(event) 중심으로 요약할 수도 있다. 일상적으로 기록하지 않고 중요하다거나 특정 행동이 발생하였을 때를 중심으로 기록하는 방법이다. 무엇이 중요한 사건인지를 판단하려면 많은 경험과 통찰력이 필요하다. 기록 지침을 마련하여 보완할 수 있다.

셋째, 주제별로 요약할 수 있다. 예를 들어, 발달장애인의 옹호 프로그램은 가족 생활, 대인관계, 학교 또는 직장 생활, 지역사회 생활로 구분하여 기록하거나, ADHD 아동은 문제행동 영역, 주의력 영역 등으로 구분해서 기록할 수도 있다.

요약기록의 장점은 변화가 적고 장기간 지속되는 사례에 대한 기록에 드는 시간적 비용을 줄일 수 있고, 전체적인 경향을 쉽게 파악할 수 있다는 점이다. 또한 중요하다고 판단되는 것을 선택할 수 있어 기록 형식에 대한 제약이 상대적으로 적다.

반면 요약기록의 단점은 기록자의 해석이 크게 반영될 수 있어 기록의 신빙성은 기록자의 판단에 의존하게 된다. 면담의 경우에는 판단의 근거를 파악하기 어렵고 때로는 초점이 불명확할 수 있다.

3) 문제중심기록

문제중심기록은 문제중심으로 개입계획과 개입 활동을 기록하는 것이 특징이다. 이 기록 형태는 전문직 간의 의사소통과 정보교환을 위해 동일한 서식을 활용하여 사용되었고, 간결한 기록이 특징이다. 문제지향적 기록(Problem Oriented Medical Record)이라도 한다. 1950년대 말 미국의 의사인 위드(Weed)가 병원의무기록을 표준화하기 위해 개발하였다.

문제중심기록의 구성 요소는 기초자료, 문제목록, 개입계획, 개입과정으로 나누어 볼 수 있다. 첫째, 기초자료는 접수 시기, 접수자에 대한 인적사항을 포함하여 욕구에 대해 기록한다. 둘째, 기초자료를 토대로 개입에서 이루어져야 할 사항을 문제목록으로 정리되고 번호가 부여된다. 개입과정 중에 새로운 문제가 발견되면 추가되기도 한다. 셋째, 문제목록별로 개입계획이 설정된다. 넷째, 문제목록별 개입계획에 따라 개입과정이 기록된다. 개입과정은 SOAP 방식에 의해 요약적으로 기록된다. SOAP 방식의 기록이란 주관적(Subjective) 정보, 객관적(Objective) 정보, 사정(Assessment), 개입계획(Plan)을 구성요소로 하는 기록이며, 문제의 목록별로 작성한다. 첫째, 주관적(Subjective) 정보는 클라이언트가 자기 자신 또는 자신의 상황과 문제에 대해 어떻게 생각하고 느끼는지에 대한 주관적 인식에 대해 기록한다. 둘째, 객관적(Objective) 정보는 사회복지사가 클라이언트의 행동이나 주변인의 의견, 자료 등을 바탕으로 판단한 내용이다. 셋째, 사정(Assessment)은 주관적 정보와 객관적 정보를 바탕으로 사회복지사의 견해나 해석, 분석을 종합한 사정의 결과를 작성한다. 사정결과는 다음 단계에서 개입계획으로 구체화될 수 있도록 정리되어야 한다.

넷째, 앞의 주관적 정보, 객관적 정보 그리고 사정을 토대로 개입에 대한 계획(Plan)에 대해 기술한다. 이 내용에 따라 앞의 제3단계에서의 개입계획이 변경될 수 있다.

이 기록 방식은 강점관점모델보다 문제해결중심모델에 보다 적합한 기록 양식이다. 한 사례에 대해 다양한 전문직이 참여하는 경우 개입 주체의 역할을 명확하게 규정하여 책임 소재를 명확하게 할 수 있도록 구성된 기록 형태이다.

문제중심기록의 단점은 사정을 지나치게 단순화하고 강점이나 자원, 협력보다 문제해결 능력의 집행에 강조점을 두고 있어 생태체계적 관점이나 강점 관점에 부합하지 않다는 점이다.

최근 문제중심기록 방식을 사용하는 기관이 확대되고 있다. 특히 다수의 기관이나 전문가가 참여하는 사례관리실천의 경우 문제중심기록의 유용성이 높다. 사례관리 프로그램인 경기도의 무한돌봄사업은 문제중심기록 양식을 표준화하여 욕구조사표와 서비스 제공계획 및 점검표 등을 사용하고 있다. 욕구조사표는 문제중심기록의 구성 요소인 기초자료의 틀로 제시되고 있다고 볼 수 있으며, 서비스 제공계획 및 점검표는 문제목록, 개입계획, 개입과정을 하나의 표로 정리한 것으로 이해할 수 있다.

데이터베이스(2000년 12월 1일 접수 면접에서 얻은 정보에 의해 작성됨)

이름: OOO　　나이: 30세

클라이언트는 결혼한 지 7년 된 기혼여성으로 35세의 남편과 5세 된 아들 하나를 두고 있다. 어젯밤 술 취한 남편으로부터 구타당하여 현재 허리통증과 함께 걸음걸이가 불편하다. 남편의 반복되는 음주 후 구타행동 때문에 본 기관에 도움을 요청하였다. 경찰에는 연락한 적이 없다. 클라이언트의 남편은 IMF 사태 이후의 대규모 감원으로 인해 8개월 동안 실직 상태에 있다가, 현재는 친척이 운영하는 작은 사업체에서 일하고 있다. 클라이언트는 결혼 후 6개월 때 맞은 따귀가 결혼 후 처음으로 당한 폭력 경험이다. 그 이후에는 폭력이 없다가 실직상태 이후부터 남편의 음주 및 음주 후 폭력이 증가하였다. 남편의 폭력에 대한 아내의 반응은 함께 소리 지르고 울며 대드는 것이다. (생략)

문제목록

번호	문 제	확인된 날짜	중단/해결된 날짜
1	남편의 구타	12/1	12/1
2	클라이언트의 피신처 마련	12/1	12/1
3	클라이언트의 허리 통증	12/1	12/4
4	클라이언트의 정서적 어려움	12/1	
5	클라이언트의 결혼지속의사 여부 불분명	12/1	12/8
6	클라이언트의 법 및 지원체계에 대한 지식 부족	12/1	12/4

초기계획

문제 1 : 남편의 음주 및 구타– 남편과 연락하여 면담을 약속하고 남편에 대한 심리사회적 개입을 한다. 음주 및 폭력에 대해서는 전문치료기관에 의뢰한다(남편이 동의한다면). 이러한 개입계획에 남편이 동의하도록 사회복지사와 관계 형성에 주력한다.

문제 2 : 클라이언트의 피신처 마련–클라이언트의 희망대로 언니네 집에 머물도록 하고, 이에 관해 추후 점검한다.

문제 3 : 클라이언트의 허리통증–클라이언트가 병원치료를 받고 있는지 추후 점검한다.

문제 4 : 클라이언트의 정서적 어려움–정서적 어려움의 근원, 강점 및 약점에 대한 사정 및 지지적 개입을 한다. **–심리적 갈등 혼란 등**

문제 5 : 클라이언트의 결혼지속의사여부 불분명–이에 대한 클라이언트의 결정을 돕는다.

문제 6 : 클라이언트의 법 및 지원체계에 대한 지식부족–클라이언트를 본 기관과 연계되어 있는 법률 상담소와 연결시킨다.

진행노트

날짜: 12월 6일 클라이언트 남편과의 첫 번째 개별면담

문제 1 남편의 음주 및 구타

S(주관적 정보) : 남편은 자기의 음주 및 구타 사실은 인정했지만, 아내가 자기에게 바가지를 긁었기 때문에 이런 일이 발생했다고 주장하고 있다. IMF 사태로 인한 실직 이후의 좌절감과 스트레스 그리고 현재 직장에 대한 불만을 이야기하는 데 많은 시간을 할애하였다. 아내와의 결혼 생활을 계속하기를 원하며, 현재 언니 집에 있는 아내가 하루빨리 집으로 돌아오기를 원하고 있다. (생략)

O(객관적 정보) : 남편의 체격은 보통이며 목소리가 크고 막힘없이 이야기를 잘하는 편이다. 실직으로 인해 직업을 바꾼 후 경제적으로 쪼들리는 편이다.

A(사정–분석한 견해) : 남편은 문제를 부인하고 있다. 자기의 행동을 책임지기보다는 아내에게 책임을 미루고 있는 것으로 보인다. 가부장적 가치관이 현저하다. 그러나 결혼 생활을 계속할 의사가 확실한 것, 아내 및 아이에 대한 애정을 나타내는 것, 개별 및 부부상담에 개방적인 것은 이 부부관계에서 강점으로 생각된다.

P(계획) : 남편이 구타에 대한 책임을 인정하기 위하여 계속적인 개입이 필요하다. 이것이 아내와 아이에게 어떠한 고통을 야기하는지를 인식할 필요가 있다. 개별면담을 계속할 예정이다.

┃그림 12–4┃ 문제중심기록

출처: 윤현숙 외(2001). 343-345.

<서식-1> 인테이크(intake) 기록지

인테이크(intake) 기록지

접수년월일: 년 월 일

담당 사회복지사: (인)

담당	과장	부장	관장

1. 가족 및 구성원

대상자명		종 교		주민번호		
대상자 분류	아동·청소년( ), 노인( ), 장애인 ( ) 가족구성형태( )					
	일반수급( ), 조건부수급( ), 자활특례( ), 차상위( ), 저소득( ), 일반( )					
	의료보장	의료보호1종( ), 2종( ), 직장의료보험( ), 지역의료보험( )				
주소						
전화번호			의뢰경위			

가족사항	관계	성명	생년월일	직업	종교	동거여부	비고

2. 스크리닝 판정 및 사유

판정결과	( )잠재적 대상, ( )의뢰 대상, ( )정보제공 대상, ( ) 서비스 거부, ( )종결
판정사유	

3. 가계도/생태도

가계도	생태도

4. 개인력/가족력

1) 개인력

2) 가족력

5. 가족 및 사회적 관계

6. 사회적 상황

경제상황	(수입/생활비/저축/부채 등)
건강상황	(장애/병력/진단 및 치료여부 등)
주거상황	(주거형태/방/화장실/난방종류/채광/환기 등)
사회심리적 상황	(생활상태/사회적관계망/심리·정서적인 상태 등)

7. 일상생활수행능력(ADL, IADL)

8. 대상자 욕구

9. 자원활용 상황

공식적 자원	비공식적 자원

10. 클라이언트 태도와 반응 및 사회복지사 의견

11. 서비스 계획

문제 및 욕구	서비스 계획

○○(종합)사회복지관

13
CHAPTER

사회복지실천평가기술

01 사회복지실천평가기술의 이해

1) 사회복지실천평가의 개념과 목적

사회복지실천평가가 강조되는 이유는 책무성, 법적 의무, 기술개발과 관련이 있다.

첫째, 사회복지실천평가는 전문직으로서의 책무성(accountability)을 향상시키기 위해 필요하다. 전문직이 다른 전문직과의 경쟁에서 우위를 점하고 정체성을 유지하기 위해 사회가 부여한 문제해결 능력을 인정받아야 한다. 문제해결 능력을 인정받게 되면 공적 지원을 받거나 소비자로부터 서비스 구매 동기를 유발할 수 있게 된다.

둘째, 외부의 재정 지원기관들은 지원이 이루어진 사회복지실천 프로그램의 효과성을 입증할 것을 요구하고 있다. 대표적으로 사회복지공동모금회는 재정 지원을 하는 개별 프로그램의 효과를 입증하기 위한 평가계획, 평가방법, 평가도구를 재정 지원 이전에 제시하도록 요구하고 있다. 또한 공적 지원을 받는 사회복지실천 프로그램도 법적으로 프로그램 효과의 입증 책임이 부여되고 있다. 사회복지사업법은 3년에 한 번 이상 평가를 실시하도록 규정하고 있다.

셋째, 효과적인 사회복지실천기술의 개발과 개선을 위해 프로그램 효과성을 측정하고 평가할 필요가 있다. 사회복지실천기술의 효과성 평가를 통해 우수한 기술의 선별 기준을 제시할 수 있다. 예를 들어, 특정 프로그램이 발달장애인의 문제행동의 횟수를 더 많이 감소시키거나, 더 빨리 감소시키거나 또는 재발률이 낮아진다면 이전 프로그램보다 우수하다고 볼 수 있다.

평가란 사회복지사의 활동결과를 효과성, 효율성, 노력성 등의 기준에 따라 충족 수준을 판단하는 활동을 말한다. 좁은 의미의 사회복지실천평가는 특히 효과성을 기준으로 프로그램 변화의 정도를 측정하는 평가를 지칭한다. 이를 간단히 프로그램 효과성 평가라고도 한다. 효과성이란 목표의 달성 수준을 말한다. 사회복지사는 개인, 가족, 집단, 지역사회를 대상으로 개입 활동에 따라 개인, 가족, 집단, 지역사회가 변화할 것으로 기대한다. 사회복지실천은 어떠한 개입기술을 통해 긍정적인 변화를 발생시킬 수 있는지가 주된 관심사이다. 개입기술에 따른 변화를 측정할 수 있다면 과거의 프로그램을 개선하거나 선택하는데 유용한 정보를 제공받을 수 있을 것이다.

사회복지실천평가의 목적은 프로그램 효과성을 평가하는 데 있다.

'프로그램의 효과성'에서 프로그램은 평가 대상을 지칭한다. 사회복지실천 프로그램이란 변화가 필요해서 개입이 이루어지는 인적, 물적, 공간적, 시간적 복합구성물을 말한다. 여기에 인적 투입요소는 개입 활동을 위해 투여되는 진행자 또는 진행보조자를 말한다. 개인을 대상으로 하는 면담에서는 한 명이, 집단 프로그램은 두 명으로 주로 구성된다. 물적 요소는 개입 활동에 소요되는 재정, 소구 등을 말한다. 공간적 요소는 개인대상은 정형화된 상담실이, 집단 대상은 프로그램실이 정형적인 형태이다. 그러나 사회복지실천이 방문이나 길거리에서 우연히 만나 이루어지기도 한다. 시간적 요소는 개입 기간을 말하는데 개인이나 집단 대상 프로그램은 짧게는 8회기, 보통 15회기 정도 이루어지지만, 문제 상황이나 개입전략에 따라 큰 차이를 나타내기도 한다. 위와 같은 요소 외에 접근 전략, 이론적 배경, 매체 등의 요소 등을 한 단위로 하는 프로그램이 사회복지실천의 평가대상이다.

'프로그램의 효과성'에서 효과성은 사회복지실천평가의 기준을 말한다. 평가의 기준은 효과성 이외에도 효율성, 노력성 등이 있을 수 있다. 이 기준들은 사회복지행정가의 주된 관심사이지만, 사회복지실천가의 입장은 비용보다 효과가 일차적인 관심사이다. 또한 유사 전문직도 주로 프로그램 효과를 중심으로 의사소통이 이루어지고 있으므로, 사회복지실천에서의 평가란 프로그램의 효과성 평가로 이해할 수 없다. 또한 사회복지분과와 경쟁하는 학문분과에서도 변화의 정도를 의미하는 효과성 측정을 중심으로 논의되고 있다. 왜냐하면 효율성이나 노력성은 사회복지실천에서 효과성이 전제될 때 비로소 의미가 있기 때문이다.

효과의 의미에 대해 간단히 살펴보면 다음과 같다. 프로그램이 효과가 있다는 것은 변화가 있었다는 것을 의미한다. 그리고 그 변화는 긍정적인 변화여야 한다. 예를 들어, 청소년의 비행이 감소되거나 자활사업 참여자의 근로의욕이 증진되어야 한다. 이때 긍정적인 변화라는 것은 기대하는 바람직한 상태로의 변화를 말한다. 또한 변화는 비교를 통해 확인이 가능하다. 비교를 위해서는 기준이 필요하다. 단일사례실험설계에서 기준은 기초선(A)에 해당되며, 실험설계에서는 통제집단(비교집단)에 해당된다. 비교의 대상은 두 가지로 구분해 볼 수 있다. 하나는 다른 대상과의 비교이다. 다른 하나는 이전 시간의 같은 대상과의 비교도 가능하다.

사회복지실천에서 개입에 해당하는 사회복지사의 유목적인 활동인 프로그램은 몇 가지 요소로 구성되어 있다. 대상자의 특성, 진행 방식에 따라 효과의 차이가 발생할 수 있다. 집단일 경우를 중심으로 살펴보면 대상자의 특성이란 집단의 성비, 나이 구성 등에 따라 차이가 있을 수 있다. 진행 방식은 프로그램 회기수, 회기당 진행시간, 집단 크기에 따라 효과의 차이가 발생할 수 있다.

또한 프로그램은 목적에 따라 이론적 토대를 근거로 구성된다. 프로그램명은 프로그램을 통해 얻고자 하는 목표에 해당되는 효과나 주된 매개체 관련 용어로 작명하는 경우가 대부분이다. 예를 들어, 발달장애인 사회성향상 프로그램이란 발달장애인을 대상으로 하는 사회성 기술 향상을 위해 조직된 프로그램을 말한다. 여기서 유의해야 할 사항은 같은 이름의 프로그램이라고 하더라도 프로그램 구성요소, 즉 몇 회기로 구성되고, 한 회기당 시간과 각 회기의 내용을 어떠한 이론적 기반하에 구성되는가에 따라 매우 다른 형태의 프로그램일 수 있다. 마치 동명이인의 프로그램인 것이다. 효과성이 뛰어난 프로그램을 활용하고 할 때 구체적으로 누가 만든 프로그램이고 각 회기당 어떻게 구성되어 있는지 세부적인 구성요소를 살펴볼 필요가 있다.

2) 사회복지실천평가의 원리

사회복지실천평가는 개입에 따른 효과를 파악하는 데 일차적인 목적이 있다.

사전 관찰 O_1, 사후 관찰 O_2, 사회복지사의 개입 X라 할 때, 사회복지실천은 **그림 13-1**과 같이 단순화할 수 있다. 이때 사회복지사의 개입 X를 프로그램이라고 부르기도 한다. X는 사회성 향상, 문제행동 감소, 청소년 비행 감소 프로그램을 간단하게 표현한 것이다.

쉽게 이해하기 위해 하나의 예를 들어 보자. 고도 비만으로 성인병이 있는 장애아동에 대한 사회복지사의 개입이 필요하다고 하자. 이 프로그램은 다양한 목적이 있을 수 있지만 그중 핵심은 몸무게를 줄이는 것이라고 하자. 그리고 개입 또는 프로그램을 우리가 이해하기 쉽도록 다이어트 프로그램이라고 부를 수 있다. 다이어트 효과를 알아보려면 어떻게 하면 될까. 다이어트 프로그램을 시행하기 전(O_1)의 몸무게를 측정하고, 다이어트 프로그램이 끝난 후(O_2)의 몸무게를 측정할 수 있다. 두 몸무게의 차이($O_2 - O_1$)가 다이어트 프로그램의 효과이다. 여러 개의 다이어트 프로그램이 있다면 사후 몸무게와 사전 몸무게의 차이가 클수록 효과성이 높은 프로그램이라고 할 수 있다. 사회복지실천평가의 원리는 차이를 보는 것이고, 비교하는 것이다.

프로그램의 효과를 평가하기 위해 계획하는 것을 설계라고 한다. 아래의 설계를 사전사후실험설계라고 한다.

$$O_1 \times O_2$$

| 그림 13-1 | 평가의 원리

그림 13-2와 같이 다른 각도에서 살펴볼 수 있다. 다음과 같은 경우는 대부분 개입 대상이 1명일 때 사용한다고 하여 단일사례실험설계라고 한다.

가로축은 시간을 나타낸다. 관찰시기일 수도 있다. 세로축은 몸무게이다. 다이어트 프로그램을 시작하기 전에 장애아동의 몸무게를 측정해 둘 필요가 있다. 왜냐하면 나중에 다이어트 효과를 보려면 비교(before-after)해야 하기 때문이다. 그런데 몸무게도 아침과 저녁 몸무게가 다를 수 있다. 그래서 보통 3~4회를 측정하여 평균값을 기초선으로 설정한다. 프로그램 개입이 시작된 후 이루어지는 시점(t_4, t_5, t_6)에서 몸무게를 측정하였을 때 지속적으로 감소했다고 가정하자. 이 경우 개입의 효과를 측정하기 위해 특정한 값을 설정하기 어려우므로, 세 번 측정한 값의 평균선인 b선이 개입 후의 평균 몸무게라고 할 수 있다. 따라서 개입 또는 프로그램의 효과는 a선에서의 몸무게에서 b선에서의 몸무게의 차이라고 할 수 있다. 앞의 사전사후실험설계와 본질적으로 차이가 없다. 결국 다이어트 프로그램 효과는 개입 후의 몸무게와 개입 전의 몸무게의 차이로 표현된다.

단일사례실험설계에서는 기초선을 A 기호로 표기하고, 개입 단계를 B로 표기하여 구분한다. 기초선이 한 번 있고, 개입 단계가 한 번 있는 단일사례실험설계를 특별히 AB설계라고 하며, 모든 단일사례실험설계의 기본이 된다.

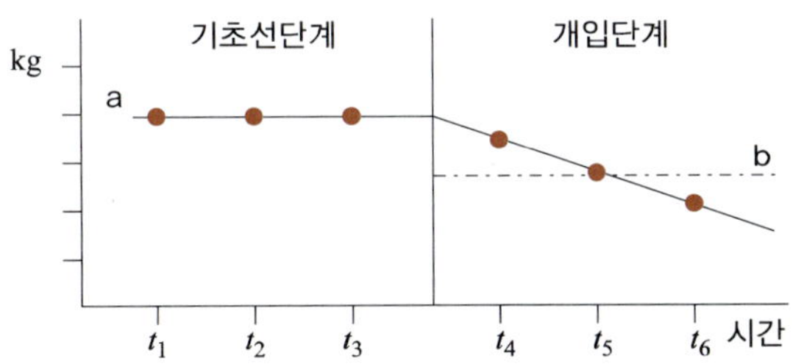

그림 13-2 단일사례실험설계에서의 효과

3) 평가의 절차

평가대상집단의 크기에 따라 평가방법을 달리한다. 개인을 대상으로 하는 사회복지실천의 평가에는 단일사례실험설계를 통해 평가할 수 있다. 반면 집단을 대상으로 하는 사회복지실천은 실험설계를 통해 개입, 평가를 거치게 된다. 평가대상 크기[1]에 따라 평가방법을 달리하지만 평가절차의 차이가 없다. 이를 도식화하면 **그림 13-3**과 같다.

첫 단계로 평가대상크기를 고려하여 실험설계를 선택하고, 기초선 또는 사전측정, 개입, 개입 단계 측정 또는 사후 측정을 한 후 분석, 해석 및 보고서 작성의 순서를 거치게 된다. 차이가 있다면 개인대상 사회복지실천에 대한 평가는 단일사례실험설계 중에서 세부 설계를 선택하고, 집단대상 사회복지실천에 대한 평가는 실험설계 중에서 세부 설계를 선택하는 것이다.

세부적인 분석과 해석에 대한 사항은 사회복지 자료분석론에서 학습하게 될 것이지만, 분석과 해석의 기본 원리도 차이를 통해 분석한다는 것을 기억해 두면 많은 도움이 될 것이다.

단일사례실험설계는 주로 1명으로 이루어진 개인대상 프로그램에 활용된다. 2명 이상이더라도 같은 프로그램이 적용된다면 단일사례실험설계의 일종인 복수기초선 설계가 활용될 수 있다. 실험설계는 단일사례실험설계와 달리 다수가 하나의 프로그램에 참여하여 그 효과를 집단적으로 살펴볼 때 적용된다. **그림 13-3**은 프로그램 대상자 수에 따라 단순히 단일사례실험설계와 실험설계를 구분하였으나, 프로그램의 형태가 개별적으로 이루어지는지(개인대상 프로그램인지), 집단적으로 이루어지는지(집단 대상 프로그램인지)에 따라 구분된다.

---

1) 2~3명의 경우 프로그램의 형태에 따라 단일사례실험설계의 복수기초선설계나 실험설계 모두 가능하다. 이러한 이유로 단일사례실험설계는 반드시 1명인 경우에만 사용할 수 있는 것은 아니다.

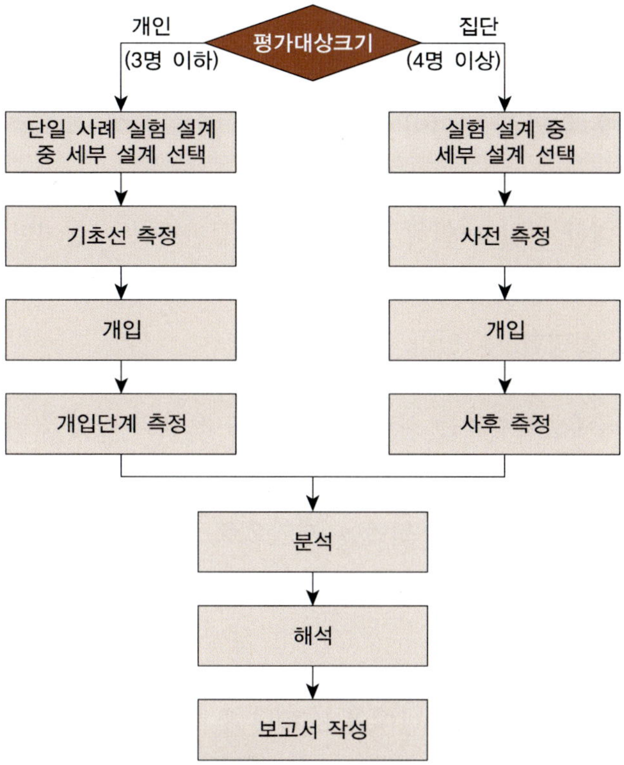

| 그림 13-3 | 특수교육대상자 진단·평가의뢰서 제출 및 처리절차

02 개인대상 프로그램평가기술과 지침

1) 평가 개요

개인대상 프로그램평가기술의 핵심은 단일사례실험설계에 대한 원리를 이해하고 적절한 실험설계를 선택하고 실천과 접목시키는 데 있다.

단일사례실험설계의 목적은 개인대상 프로그램에 대한 개입 또는 프로그램의 효과를 파악하는데 있으며, 효과의 크기는 개입과 기초선 평균값의 차이라고 설명하였다.

단일사례실험설계는 개인에 초점을 맞추었다는 공통점과 함께 단일사례실험설계가 사례연구에서 기원하였다는 점에서 비교가 되기도 한다. 사례연구는 관찰을 통해 많은 발견이 이루게 된다. 예를 들어, 행동주의이론의 기원이 된 파블로프(Pavlov)의 조건반사도 개의 관찰에서 얻어진 결과이다. 소수의 사례에 대한 관찰로 인해 그 자체로는 일반화가 어렵지만, 행동주의이론은 후대 사람들에 의해 수정·보완되고 있다. 사례연구와의 차이점은 크게 두 가지로 설명할 수 있다.

첫째, 단일사례실험설계는 사례연구와 달리 시간의 변화에 따른 개입효과를 시각적으로 표현하는 양적인 방법이다.

둘째, 단일사례실험설계는 원인을 개입으로, 결과는 개입 후의 효과에서 기초선의 효과의 차로 설명하여 사례연구의 기술적 연구의 한계를 극복하였다.

단일 사례실험설계는 1960년대와 1970년대 행동주의의 요구로 인해 발전하였고, 최근 계량화기술이 더욱 개선되어 사회복지사의 주관적 사정(assessment)을 극복하고, 개인대상 사회복지실천을 평가할 수 있는 유용한 도구로 활용도가 높아지고 있다.

단일사례실험설계가 갖는 특징은 다섯 가지로 정리된다.

첫째, 한 사례로 구성된 프로그램에 가장 적합하다. 한 사례라 함은 개인을 대상으로 하는 사회복지실천에 부합하지만, 한 가족, 한 집단, 한 지역사회도 가능하다. 그러나 단일사례실험설계의 한 형태인 복수기초선 설계를 활용할 경우 두 사례 이상도 적용이 가능하다.

둘째, 간단하다. 복잡한 통계적 지식이 없더라도 개입전과 개입후의 상태 비교를 통해 효과를 측정한다는 것을 이해하면 다양한 응용이 가능해진다.

셋째, 시각화를 통해 표현된다. 단일사례실험설계는 그래프를 통해 표현되므로 동기 부여를 위한 개입에 활용할 수도 있다.

넷째, 개입 도중에 개입방법을 수정할 수 있다. 예를 들어, AB설계로 진행하고 있으나 효과가 없을 경우 ABC설계나 ABCD설계로 변경할 수 있다.

다섯째, 단일사례실험설계는 평가와 실천을 분리하지 않고, 실천도구로 평가설계를 활용할 수 있다. 개입에 따른 변화가 일어나지 않았다면 그래프를 토대로 클라이언트와 과제수행이나 문제를 점검할 수 있는 계기가 될 수 있다.

2) 단일사례실험설계 그림 그리기

단일사례실험설계는 직관력이 높은 그림으로 인해 누구나 쉽게 이해할 수 있다. 사회복지실천기술에서 어떻게 활용할 수 있는지를 중심으로 설명하도록 하겠다. 금연 프로그램을 예를 들어 설명하면 다음과 같다.

첫째, 점은 표적행동(target behavior)을 의미한다. 주로 클라이언트의 문제행동 중에서 측정이 상대적으로 쉽고 클라이언트가 동의하는 바를 정한다. 표적행동은 두 개 이상일 수 있으나 이를 동시에 다루기 위해서는 복수기초선 설계가 더 적합할 수 있다. 표적행동은 구체적이어야 하고 측정가능해야 한다. 표적행동은 사회복지사가 클라이언트의 내용을 토대로 제안해 줄 필요가 있다. 이 예에서는 흡연량(담배 개수)을 제시하였다.

둘째, 기초선은 효과를 확인하기 위한 기준선을 말하며, 기초선을 의미하는 약자로 A가 사용된다. 기초선이란 이후의 효과의 발생을 확인하기 위해 기준을 의미하며, 개입 직전까지의 평균적인 상태를 말한다. 예를 들어, 금연 프로그램의 효과를 알아보기 위해서는 금연 프로그램을 적용하기 전의 흡연량을 측정하고, 금연 프로그램이 진행되는 도중 또는 프로그램이 종료된 후의 흡연량을 통해 금연 프로그램의 효과를 확인할 수 있다. 프로그램 개입 전에 매일 똑같은 양의 흡연을 하지 않을 수 있으므로 기초선은 통상 3~4회의 측정단위 간의 평균으로 설정한다. 프로그램의 효과는 개입이 이루어진 이후 변화의 평균으로 측정된다. 만약 기초선의 변화가 큰 경우에는 안정화될 때까지 장기간의 관찰이 요구된다. 기초선은 클라이언트에 대한 기록이나 자기보고서에 기반할 수 있다. 때로는 회고적 기억에 의존하여 구성하기도 한다.

셋째, 클라이언트의 변화를 위해 사용되는 사회복지사의 행위를 개입 단계로 표기하고, B를 약기호로 사용한다. 변화의 과정 중에 있으므로 개입 단계에서 값은 일정하지 않을 수 있다. 개입 단계에서 이루어진 측정값 평균은 개입으로 인한 변화로 간주된다. 개입의 효과는 두 값의 차이로 정의된다.

또한 가로축은 시간 또는 관찰 횟수를 나타내며, 세로축은 표적행동에 대한 빈도, 강도 등을 나타낸다.

3) 단일사례실험설계 유형의 선택

(1) AB설계

가장 단순한 단일사례설계는 기초선(A) 이후에 개입(B)이 이루어지도록 설계할 수 있다. 이 경우 그 차이를 프로그램의 효과로 해석한다.

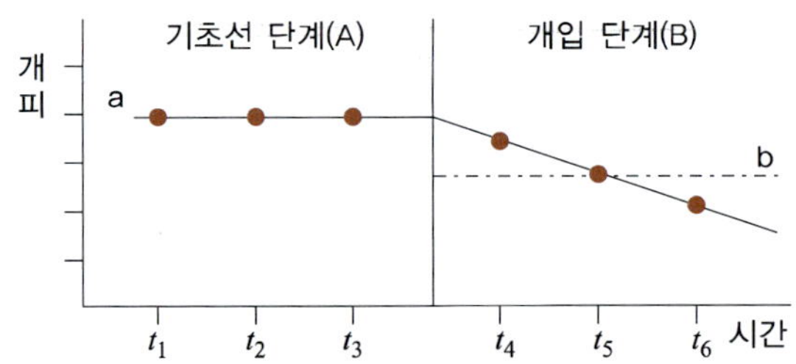

| 그림 13-4 | AB설계

(2) ABA설계

기초선(A)을 확인하고 개입(B)이 이루어진 후 다시 개입을 중단하는 형태(A)의 설계를 ABA설계라 한다. ABA설계는 AB설계의 확장이다. 두 설계의 차이는 효과의 지속성(예 다이어트 프로그램의 요요효과)을 확인하기 위해 사용된다.

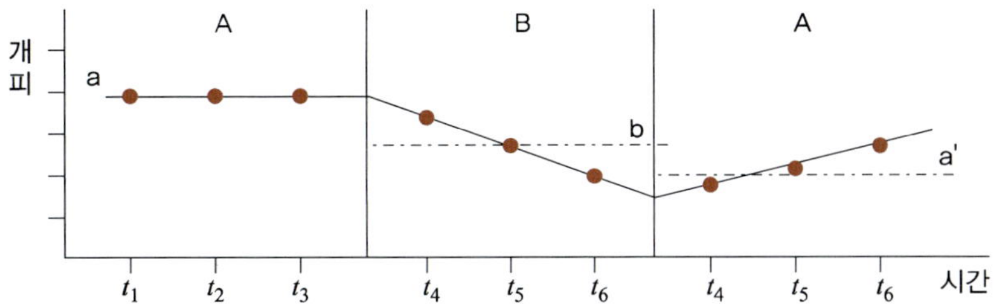

| 그림 13-5 | ABA설계

(3) ABAB설계

기초선(A)을 확인하고 개입(B)이 이루어진 후 다시 프로그램을 잠시 중단하다가(A) 다시 같은 프로그램으로 개입(B)이 이루어진 경우를 ABAB설계라고 한다. ABAB설계는 효과가 우연이 아님을 확인하기 위해 활용되는 설계이다.

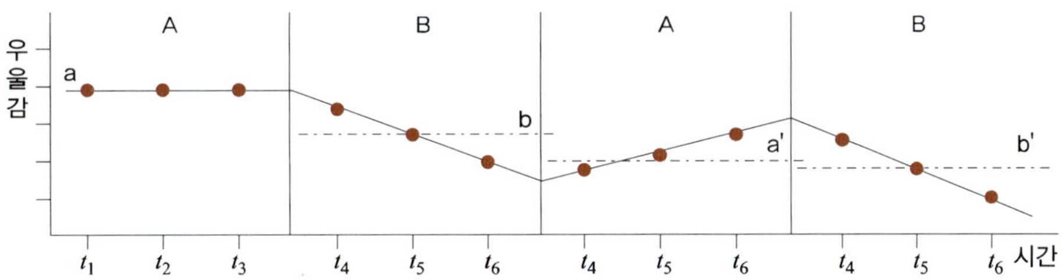

| 그림 13-6 | ABAB설계

(4) BAB설계

현장에서 기초선을 설정할 여유가 없는 경우가 있다. 예를 들어, 자살시도자나 재난으로 인한 위기상태에 있는 클라이언트의 기초선을 확인하기 위해 개입하지 않고 관찰한다는 것은 윤리적인 문제가 발생할 수 있다. 이 경우에는 먼저 개입(B)이 이루어지고, 안정된 상태에서 개입을 중단하여 기초선을 확인하고(A), 다시 같은 프로그램으로 개입(B)이 이루어질 때, BAB설계라고 한다.

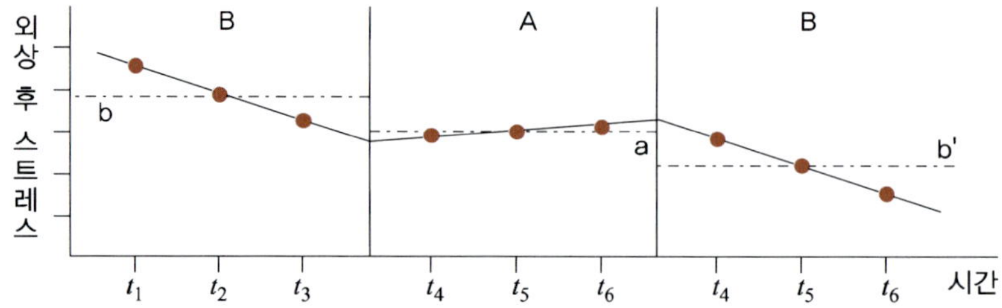

┃그림 13-7┃ BAB설계

(5) ABCD설계

ABCD설계는 AB설계의 확장이라고 할 수 있다. B 이후의 C, D는 B와 다른 개입 프로그램을 의미한다. 통상 기초선(A)을 확인하고, 프로그램 B를 통해 개입이 이루어졌으나 효과가 없어 프로그램 C로 전환하여 개입하였으나, 역시 효과가 없어 프로그램 D로 전환한 경우에 ABCD설계라고 한다.

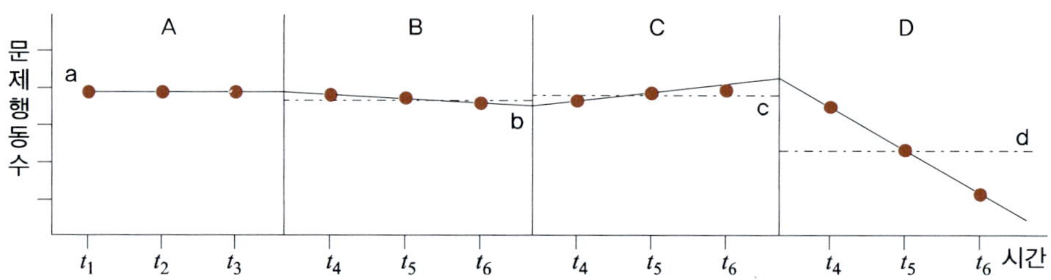

┃그림 13-8┃ ABCD설계

(6) 복수기초선 설계

단일사례설계는 통상 한 개의 사례를 대상으로 이루어지는 설계를 의미한다. 때로는 사례수는 개입이 이루어져야 할 문제수, 상황수가 복수 개인 경우가 있다. 이 경우 순차적으로 개입이 이루어지는 형태의 설계를 복수기초선 설계라고 한다.

03 집단대상 프로그램평가기술과 지침

1) 평가 개요

단일사례실험설계와 평가 원리는 같다. 집단대상 프로그램의 경우 프로그램에 참가하는 클라이언트수가 늘어나기 때문에 집단간 역동이 발생한다. 또한 평가 측면에서는 같은 효과가 있다고 하더라도 더 많은 사람이 참여한 개입이나 프로그램의 효과가 상대적으로 신뢰도와 외적 타당도가 높다고 볼 수 있다. 한 명에게만 이루어진 개입이 있을 때보다 동시에 여러 명이 이루어진 개입의 효과가 같다면 후자를 더 신뢰할 수 있다는 것은 다시 재현할 때 같은 효과가 나타날 가능성이 후자가 더 높다는 것을 말한다. 위와 같이 집단대상 프로그램이 단일사례실험설계보다 갖는 가장 큰 장점은 상대적으로 외적 타당도가 높다. 외적 타당도란 일반화시킬 수 있는 정도를 말하는데, 재현성으로 말하기도 한다.

앞서 단일사례실험설계와 유사하게 개입 또는 프로그램의 효과는 사후관찰값에서 사전관찰값을 뺀 차이에 의해 설명된다. 이때 개입이 원인(독립변수)에 해당되고, 사후사전값의 차이가 개입의 효과라는 결과(종속변수)에 해당된다.

앞에서는 설명을 쉽게 하기 위해 단순히 사전사후실험설계에 대해 제시하였으나, 실험설계의 기본은 **그림 13-9**와 같이 세 가지 요소로 구성된다.

첫째, 실험집단과 통제집단을 나눌 때 무작위 할당한다. 주로 두 집단은 제비뽑기로 구분된다. 무작위 할당한 경우 R이라고 표기한다.

둘째, 통제집단을 설정한다. 통제집단을 설정하는 이유는 개입효과를 평가하기 위한 기준(비교집단)을 설정하기 위해서이다.

셋째, 사전사후 두 번 이상의 관찰이 필요하다. 효과는 사후값과 사전값간의 차이를 말하므로 개입전후로 최소 한 번은 측정되어야 한다. 본 실험설계에서 원인(독립변수)은 개입 X를 말한다. 결과(종속변수)이자 효과에 해당되는 값은 $(O_2 - O_1) - (O_4 - O_3)$이다.

R	실험집단:	O_1	×	O_2
	통제집단:	O_3	×	O_4

| 그림 13-9 | 통제집단 사전사후실험설계

2) 실험설계 유형의 선택

대표적인 실험설계 유형은 통제집단 사전사후실험설계, 통제집단 사후실험설계, 솔로몬 네집단설계, 복수실험집단설계, 요인설계 등이 있다(표 13-1 참조). 통제집단 사후실험설계는 사전실험설계로 인한 내적타당도 감소를 줄이기 위해 사용된다. 솔로몬 네 집단설계가 가장 이상적이지만 네 개의 집단을 구성해야 한다는 점에서 프로그램 비용이 높은 설계 유형이다. 이외에도 복수의 실험효과를 측정하기 위해 복수실험집단설계나 요인설계 등을 수행할 수 있다.

그러나 실제 실험에서 무작위 할당을 할 수 있는 사회복지실천현장에서 여건을 형성하기 어렵다. 즉, 임의로 어떤 사람을 프로그램에 참여하지 못하도록 하는 것은 윤리적 문제 외에도 민원이 발생할 소지가 있다. 현실적 제약 때문에 **표 13-1**과 같은 유사 실험설계의 활용도가 높다. 대표적인 유사 실험설계는 사전사후실험설계, 비동일집단 사전사후실험설계, 비동일진단 사후실험설계 등이 있다.

집단대상 프로그램에서 활용도가 높은 3가지 유사실험설계(표 13-2)와 유용성이 높은 2가지 실험설계에 대해 설명하도록 하겠다.

표 13-1 실험설계의 유형(일부)

설계 유형	실험/통제집단	무작위 할당	사전검사	개입	사후검사
통제집단 사전사후실험설계	실험집단	R	O_1	X	O_3
	통제집단	R	O_2		O_4
통제집단 사후실험설계	실험집단	R		X	O_1
	통제집단	R			O_2
솔로몬 네 집단설계	실험집단(1)	R	O_1	X	O_3
	통제집단(1)	R	O_2		O_4
	실험집단(2)	R		X	O_5
	통제집단(2)	R			O_6
복수실험집단설계	실험집단(1)	R	O_1	X_1	O_4
	실험집단(2)	R	O_2	X_2	O_5
	통제집단	R	O_3		O_6
요인설계	실험집단(1)	R	O_1	X_1 T_1	O_5
	실험집단(2)	R	O_2	X_1 T_2	O_6
	실험집단(3)	R	O_3	X_2 T_1	O_7
	통제집단	R	O_4	X_2 T_2	O_8

표 13-2 활용도 높은 실험설계의 유형(일부)

설계 유형	실험/통제집단	무작위 할당	사전검사	개입	사후검사
사전사후실험설계	실험집단		O_1	X	O_3
비동일집단 사전사후실험설계	실험집단		O_1	X	O_3
	통제집단		O_2		O_4
비동일집단 사후실험설계	실험집단			X	O_1
	통제집단				O_2

(1) 사전사후실험설계

사전사후실험설계는 통제집단을 설정하지 않고, 개입 전후로 사전검사와 사후검사를 실행하는 것이 특징이다.

8명의 중학생을 대상으로 인터넷 게임 중독 경감이 목적인 집단 프로그램을 예로 들어 보자. 인터넷 게임을 하는 시간을 줄이는 것이 목표라고 하자. 개입 전에 8명의 프로그램 참가자의 인터넷 게임 시간을 각각 측정하고, 8회기의 집단 프로그램 이후에 인터넷 게임 시간을 측정한다. 인터넷 게임 시간이 줄었다고 하면 줄어든 시간은 집단 프로그램의 인한 효과라고 이해할 수 있다.

분석방법은 대응표본 t-test나 윌콕슨 검증(Wilcoxon Matched-Pairs Signed- Ranks test)을 사용한다.

$$O_1 \quad \times \quad O_2$$

$$(\text{효과의 크기}) = O_2 - O_1$$

그림 13-10 사전사후실험설계

(2) 비동일집단 사전사후실험설계

이 설계는 통제집단 사후실험설계에서 무작위 할당을 하지 않는 경우를 말한다. 사전사후실험설계의 효과 크기가 다른 요인에 의해 발생했을 수도 있는 효과를 통제하지 못한다는 단점을 보완하기 위해 비교집단을 설정한 설계이다.

5학년 3반 30명의 초등학생을 대상으로 장애인식개선 체험 프로그램을 진행하는 예를 살펴보자. 프로그램 수행 이전에 사전검사를 시행하고, 다른 요인에 의한 효과를 통제하기 위해 사회복지사는 통제집단을 설정하기 위해 같은 학교 5학년 7반 32명의 초등학생에게도 유사한 시기에 사전검사를 시행한다. 체험 프로그램은 5학년 3반에서만 시행하고, 시행 직후에 사전검사에 사용하였던 검사를 재실행하고, 체험 프로그램을 시행하지 않은 5학년 7반에서도 같은 검사를 반복해서 시행한다. 이때 인식개선은 프로그램을 시행한 5학년 3반의 인식개선 점수에서 5학년 7반의 인식개선 점수를 빼주면 효과의 크기를 산출할 수 있다.

분석방법은 주로 사전검사에 대한 동질성검사 후 사후검사는 독립표본t검증을 하는 방법이 사용된다.

$$O_1 \quad \times \quad O_3$$
$$O_2 \qquad\quad O_4$$
$$(\text{효과의 크기}) = (O_3 - O_1) - (O_4 - O_2)$$

그림 13-11 비동일집단 사전사후실험설계

(3) 비동일집단 사후실험설계

비동일집단 사후실험설계는 비동일집단 사전사후실험설계에서 사전검사를 할 수 없거나 하지 않는다는 점에서 차이가 있다. 위기개입과 같은 시간 관계상 개입이 먼저 이루어지는 경우에도 사용하는 경우가 많다. 또한 내적 타당도를 저해하는 검사효과(같은 검사도구를 사용하여 나타나는 점수의 상향 또는 하향 현상)를 통제할 수 있는 장점도 있다.

발달장애인의 사회성 향상 프로그램은 개입 이후에 검사가 이루어졌고, 유사한 집단을 통제집단을 선정하는 프로그램을 진행한 경우 이 설계에 해당된다. 이 경우 프로그램 효과는 실험집단의 사회성점수에서 통제집단의 사회성점수를 빼준 점수이다.

분석방법은 독립표본 t검증이나 맨휘트니 U검증(Mann-Whitney U)을 사용한다.

$$\times \quad O_1$$
$$O_2$$
$$(\text{효과의 크기}) = O_1 - O_2$$

그림 13-12 비동일집단 사후실험설계

참고문헌

고명수 외(2019). **사회복지실천기술론**. 경기: 정민사.

권오균 외(2011). **사회복지실천론**. 경기: 공동체.

김경호(2006). **사회복지실천기술론**. 서울: 청목출판사.

김범수(2010). **지역사회복지론**. 서울: 학현사.

김용환(2016). **사회복지실천기술론**. 서울: 동문사.

김종일(2004). **지역사회복지론**. 경기: 현학사.

김주연(2007). 사회복지실천기술의 의의. 인권복지연구 제2호. pp.39-75.

김혜란 외(2006). **사회복지실천기술론**. 서울: 나남출판.

김혜숙(2008). **가족치료 이론과 기법**. 서울: 학지사.

남세진 외(1991). **집단지도방법론**. 서울: 서울대학교출판부.

노충래 역(2006). **집단사회복지실천**. 서울: 학지사.

도광조(2018). **사회복지실천기술론**. 경기: 양서원.

문인숙(1991). **사회복지의 윤리**. 서울: 한국사회복지총람.

박병금 외(2014). **사회복지조사론**. 경기: 정민사.

박태영(2003). **지역사회복지론**. 경기: 현학사.

서미경 외(2000). **사회복지 실천윤리**. 경기: 양서원.

서울복지재단(2005). 지역사회조직화 실천방법. 사회복지 프로그램 매뉴얼 개발 연구 보고서.

설진화(2009). **사회복지실천기술론**. 경기: 양서원.

손광훈(2011). **사회복지실천기술론**. 경기: 공동체.

송진옥(2000). 전문직 사회사업가의 직업윤리와 가치에 관한 연구. 강남대학교 대학원 석사학위논문.

신성자(2012). **사회복지실천기술론**. 경기: 양서원

양옥경(2000). 한국임상사회복지실천의 효과성 연구 경향에 관한 연구. 한국사회복지 통권 42호.

어대훈(2010). **어대훈의 휴먼 사회복지학**. 경기: 공동체.

엄명용 외(2012). **사회복지실천기술의 이해**. 서울: 학지사.

엄명용 외(2013). **사회복지실천의 이해**. 서울: 학지사.

오봉옥 외(2013). **사회복지실천기술론**. 서울: 동문사.

오정수 외(2010). **사회복지학개론**. 경기: 양서원.

이애재(2006). **사회복지실천기술론**. 경기: 양서원.
이영분 외(2001). **사회복지실천론**. 서울: 동아출판사.
이영호(2008). **사회복지실천기술론**. 경기: 공동체.
이윤로(2005). 사**사회복지실천기술론**. 서울: 학지사.
장인협(1999). **사회복지실천론**(중): 제네럴리스트 접근(통합론). 서울: 서울대학교출판부.
한국청소년개발원(1993). **인간관계수련활동**. 서울: 서원.
허남순(2004). **사회복지실천이론과 기술**. 서울: 나눔의 집.
홍현미라 외(2010). **지역사회복지론**. 서울: 학지사.

저자 소개

한현지

대구가톨릭대학교 대학원 심리학 박사

현 성덕대학교 아동보육복지과 교수, 성덕대학교 원격평생교육원장

저서 아동권리와 복지(공저) 외 다수

박지유

경성대학교 사회복지학 박사(수료)

경성대학교 사회복지학 석사

현 동부산대학교 사회복지과 겸임교수

오승환

동국대학교 석사

동국대학교 박사

현 성덕대학교 스마트평생교육복지학부장

저서 사회복지프로그램개발과 평가 외 다수

이송희

한성대학교 행정대학원 석사 졸업

현 그린실버복지센터장, 고구려대학교 청소년복지상담과, 사회사업복지학부 겸임교수

이용환

현 혜전대학교 사회복지과 교수(학과장)

저서 사회복지개론, 사회복지법제론 외 다수

김우호

대구가톨릭대학교 사회복지학과 사회복지학 박사

현 경운대학교 초빙교수

저서 보육교사인성론, 실천기술론 외 다수

사회복지실천기술론

초판 1쇄 발행 / 2020년 2월 20일
초판 2쇄 발행 / 2021년 2월 20일
초판 3쇄 발행 / 2023년 8월 30일

•

공저자 / 한현지 · 박지유 · 오승환
이송희 · 이용환 · 김우호
발행인 / 이 중 수
발행처 / **동 문 사**

•

서울특별시 서대문구 홍제원 1길 12
(홍제동 137-8)
Tel : 02)736-3718(대), 736-3710, 3720
Fax : 02)736-3719
등록번호 : 1974.04.27. 제9-17호
가격 : 21,000원

•

ISBN : 979-11-6328-149-8 (93330)
E-mail : dong736@naver.com
www.dongmunsa.com